怎樣推動人類心智、心理、命運的進化？

中國如何引領和導向
世界未來的發展

徐是雄 編著

灼見名家
MASTER-INSIGHT.COM

目 錄

圖　表

「要按照立足中國、借鑒國外、挖掘歷史、把握當代，關懷人類、面向未來的思想，着力構建中國特色哲學社會科學，在指導思想、學科體系、學術體系、話語體系等方面充分體現中國特色、中國風格、中國氣派。」「努力構建一個全方位、全領域、全要素的哲學社會科學體系」。

2016 年 5 月 17 日　習近平在
哲學社會科學工作座談會上的講話

作者簡介

徐是雄教授，生物學家，學術和研究成就昭著，為北京師範大學–香港浸會大學聯合國際學院（UIC）榮休教授。曾任 UIC 副校長，香港大學植物學教授、植物學系主任及理學院副院長。也曾擔任過中國多所大學的客座教授及研究院的客座研究員。2003 年獲香港特別行政區政府頒銀紫荊星章。歷任香港《基本法》諮詢委員會委員、港事顧問、香港特別行政區籌備委員會委員、香港特別行政區第一屆政府推選委員會委員，香港區第七、八屆全國人大代表，第九、十及十一屆全國政協委員，香港臨時市政局議員，香港南區區議員，及珠海市榮譽市民。

前　言

近年我花了許多精力，在研究和探索有關人類在這地球上的長期生存和活動，其命運的進化趨勢，以及其可以怎樣持續發展下去的機制等問題。其中有些，在我編著出版的一系列的專著中，已作出了部分零星分散的論述。但較全面地有系統的綜合性討論和論證，則由於我沒有足夠的信心把有關的故事講好，所以久久沒有動筆。一直等到習近平 2022 年 5 月 25 日在中國人民大學考察調查研究時，我在《人民日報》看到他的講話，才觸動了我，覺得是時候把我在這方面，雖然還不很成熟的一些觀點和所思所想，編著成書，予以出版。

　　《人民日報》在 2022 年 5 月 26 日的有關報導中，摘要地指出習近平說：「當前，堅持和發展中國特色社會主義理論和實踐，提出了大量亟待解決的新問題，世界百年未有之大變局加速演進，世界進入新的動盪變革期，迫切需要回答好「世界怎麼了」「人類向何處去」的時代之題。要堅持把馬克思主義基本原理同中國具體實際相結合、同中華優秀傳統文化相結合，立足中華民族偉大復興戰略全域和世界百年未有之大變局，不斷推進馬克思主義中國化時代化，加快構建中國特色哲學社會科學，歸根結底是建構中國自主的知識體系。要以中國為觀照、以時代為觀照、立足中國實際，解決中國問題，不斷推動中華優秀傳統文化創造性轉化、創新性發展，不斷推進知識創新、理論創新、方法創新，使中國特色哲學社會科學真正屹立於世界學術之林。哲學社會科學工作者要做到方向明、主義真、學問高、德行正，自覺以回答中國之問、世界之問、

人民之問、時代之問，為學術己任，以彰顯中國之路、中國之治、中國之理為思想追求，在研究解決事關黨和國家全域性、根本性、關鍵性的重大問題上拿出真本事、取得好成果。要發揮哲學社會科學在融通中外文化、增進文明交流中的獨特作用，傳播中國聲音、中國理論、中國思想、讓世界更好讀懂中國，為推動構建人類命運共同體作出積極貢獻。」

　　從長遠來看，我認為中國所走的道路、中國式的現代化、「中華民族現代文明」（我稱之為「中華新文明」）、「中國模式」所彰顯的要素，必定會對自然界、對世界、對人類命運未來發展的認知、趨勢、形態、演進步伐和進化過程，都起着極其重要及具「引領和導向」（簡稱「引導」）性的實質影響和作用。

　　現今，中國正在努力推動和引導各國，引領時代，進入一個平等、互利、公平、開放、惠民的新時代；共同構建一個和平、進步、正義的新世界。中國的發展不但致力於維護自身的利益，同時也致力於維護國際社會的共同利益；追求的是互利共贏；引導推動多邊發展、合作增效；讓經濟（特別是世界經濟）能協調發展、保持其連續性、穩定性、可持續性。2023 年 1 月 24 日，拉美和加勒比國家共同體第七屆峰會在阿根廷首都布宜諾斯艾利斯舉行。習近平在峰會作視頻致辭時強調：「當前，世界進入新的動盪變革期，只有加強團結合作才能共贏挑戰、共克時艱。」因此，我深信中國會繼續與世界各國，守望相助，攜手共進、弘揚和平、發展、公平、正義、民主、自由的全人類共同價值，促進世界和平與發展，共同推動構建人類命運共同體文明，共同開創世界更加美好的未來，共同有序地引領和導向人類命運的進化。

　　我在已編著出版的一系列專書中（包括這一本書在內），都是循着建立新時代的要求，人類社會發展應可達致的高度，以及人類命運進化的規律，來編著我這一系列專書的。但在編著的過程中，我也發現了一些別人從未發現的，有關「文明」的新概念和理論，譬如：

1. 中國不單應只着重弘揚中華傳統文化，同時還應大力弘揚「中華新文明」或「中華民族現代文明」（這在香港尤其重要，因為港人對「中華新文明」或「中華民族現代文明」的認識非常之膚淺薄弱）。

至於「中華新文明」與「中華民族現代文明」之間的關係，就現今來說：「中華新文明」＝「中華民族現代文明」1.0版（或可稱之為「中華民族現代文明」1.0時代）。以後，「中華民族現代文明」1.0版會繼續發展和演進，形成2.0版、3.0版……（或2.0時代、3.0時代……）。也就是說，「中華新文明」包涵了「中華民族現代文明」各種不同時代（或版本）的內容。因此，我們簡約地可以把「中華新文明」視作為「中華傳統文明」＋「中國特色社會主義文明」的一個融合體。同樣地，「中華民族現代文明」也可以被視作為「中華傳統文明」＋「中國特色社會主義文明」在不同發展階段的融合體。（*註*：至於為什麼用「中華新文明」，這我主要是想把「中華舊文明」或「中華傳統文明」（即我們經常說的「中國五千多年文明」）區分開來。因為，自從新中國成立以來，中國就開始進入或形成一種嶄新的文明發展階段，即「社會主義文明」發展階段。而這一「社會主義文明」發展階段，與「中華舊文明」或「中華傳統文明」發展階段，顯然是不一樣。這也就是說，「社會主義文明」雖然承繼了許多中國舊文明的東西和元素，但它自身也不斷地在與時俱進，創造和發展出各種新的、具顛覆性及創新性的新文明元素。因此兩者的分別還是相當大的，這在我一系列的專著中都有談及，這裏不贅。）

習近平指出：「只有全面深入了解中華文明的歷史，才能更有效地推動中華優秀傳統文化創造性轉化、創新性發展，更有力地推進中國特色社會主義建設，建設中華民族現代文明。」而中華文明的重要特性，如習近平所指出的，就是：「具有突出的連續性、突出的創新性、突出的統一性、突出

的包容性、突出的和平性。」2023 年 6 月 14 日《人民日報》的一篇文章指出：這五個突出的特性，「是對中國歷史的深刻總結，科學揭示了中華文明深厚的歷史底蘊，深刻闡明了中華民族的文化基因所在、精神命脈所系、價值追求所向，是我們理解中華文明的指路明燈。」而我認為，這更是構建中華新文明（或「中華民族現代文明」）、世界新文明、全球文明、人類命運共同體文明不可或缺的基礎，更是促進人類社會可持續發展和進化的唯一途徑和正確方向。

2. 從人類命運進化的角度來看，我發現推動人類文明進化的關鍵節點，可以從以下的發展和演變規律及趨勢來顯示，即：

(a) 人類懂得用火（來取暖、煮熟食物來吃等）→ 文字的發明（推動人文藝術的進步，加快推進和方便了人與人之間的交流活動以及眾多的溝通方式）→ 科技方面的發明和應用（顛覆了傳統的農耕社會文明，促進了工業文明時代的形成和建立）→ 數字科技的發明和應用（啟動了數字化（或數位化）、網絡文明（包括：文明辦網、文明用網、文明上網、文明興網、網絡安全和資訊化保障等方面的發展）、大數據、生成式人工智慧（或智能）等的創新性發展），加速了人類文明朝着現代文明的高度發展和質的變化，徹底改變了人類命運的性質（changed the character of human destiny），以及人類命運的進化進程（affected the direction, progress/process and speed of human evolution）→ 而現今人類正邁向進入 [全面人工智能化] + [生物科技化] + [清潔能源化] + [新的未來科技化] 的「科技新文明」時代（the age of new science and technology civilization）。

其次，這是否顯示，人類文明的發展和演進，到此將進入一種長期的「平穩發展階段或狀態」（the

plateau of the process of development（or evolution）of human civilization)。或是否可以這樣說：到了這一發展階段，我們人類的心智的發達程度，是否已接近或到了頂點（ the development of human mind would have peaked)。這顯然不但是一個科學問題(或更精準地說，是一個有關人類命運進化的問題)，更是一個非常值得我們深入探討的哲學問題。

(b)　但從另一個角度，我們還可以看到，隨着科技文化文明（或科技現代化）的快速發展，科技文化文明已極大地影響着「人文」方面的發展。就拿中國來說，這從以下的發展路徑或軌跡，已清晰可見，即：[中華五千多年文明] 正朝着→ [中華新文明]（或 [中華民族現代文明]）邁進→ 進入一個 [全球文明] 時代。而這一 [全球文明] 時代的建立的基礎，籠統地來說，就是 [科技現代化] + [人類命運共同體文明]。而這正是現今中國不斷地在努力引領和導向世界未來發展的方向。因為中國現今正在引領和導向的 [科技現代化] + [人類命運共同體文明] 所包涵的範圍很廣（*註*：[科技現代化] + [人類命運共同體文明]，如從較為傳統的角度來看，綜合地可以被形容為包括：[科技 + 文化 + 文藝 + 人文 + 政治 + 社會 + 經濟 + 思想等文明])，而這 [科技現代化] + [人類命運共同體文明] 又不斷快速地在更新我們的思想方式、科技內容、藝術形式、話語方式、文化內涵、藝術價值等。而由於各種不同的 [人類命運共同體] 的不斷地在構建，更加速促進了「世界現代人文文明] 的發展，讓 [現代人文文明] 與 [現代科技文明] 可以更加快速地融合和發展。而同樣重要的是，我們還必須注意不要讓 [西方的人文文明]（或軟

實力），霸佔和控制了全部 [現代人文文明] 的未來發
展空間，更不要讓人類文明的多樣性或多元化的可持
續發展，全被西方的文化文明輾壓掉或遏制着，只剩
下 [西方的人文文明] 一家獨大或獨霸天下的情況的
出現。

3. 　而對中國來說，在推進建設文明方面，現今中國最重要的是
必須做到 [物質文明] 和 [精神文明] 的協調發展。鄧小平
曾指出：「我們要在建設高效物質文明的同時，提高全民族的
科學文化水平，發展高尚的豐富多彩的文化生活，建設高度
的社會主義精神文明。」而習近平也曾指出：「中國夢是物質
文明和精神文明均衡發展、相互促進的結果，是兩個文明比
翼雙飛的發展過程。」從以上鄧小平和習近平的言論，我們
可以清楚看到，中國正在建設的 [中華新文明] 或 [中華民
族現代文明 1.0 版]，既要有物質財富極大豐富的硬實力，同
時，也要有精神財富極大豐富的軟實力。而要達到此目的，
就必須推動物質文明（特別是 [現代科技文明]）和精神文明
（特別是 [現代人文文明]）互相促進、互相協調地發展。因
為只有這樣，才能推動、促進和實現政治文明、社會文明、
生態文明、世界文明、人類命運共同體文明的共同進步、進
化及協調發展。再說，由於以上各種文明，都是緊密聯合在
一起的共同體，所以他們都會互相影響、互為條件，統一於
人類具體的實踐和生活中的，特別是在現今這 [全球文明]、
[數位文明]、[人工智能文明] 在極速地發展和演進的時代。
在這時代，文明方面的各種相互聯系連結、相互滲透融通，
更是無孔不入、無處不在地在發展，已到了一個無法被割裂、
脫鈎或斷鏈的局面（而且事實上，也完全沒有這個必要去予
以割裂和斷鏈）。但要注意的是，中國在發展自身的中國式現
代化時，必須得首先鞏固好自身文化文明的主體性及發展方

向。因為這樣才不會迷失方向，不會犯顛覆性的錯誤。同時，還必須要兼顧，把物質文明和精神文明相協調的中國式現代化概念，推廣至全世界，讓全人類都認識和認同。因為只有這樣，才能保證未來中華文明不但不會斷裂，並且還能幫助築牢中華新文明、世界新文明、人類命運共同體文明的基石，讓人類文明行穩致遠，永發光芒。

4. 而當下最為重要的是要搞好中美關係，因為中美關係的好與壞，會直接或間接影響和決定人類命運的未來。2023 年 6 月 19 日習近平在會見美國國務卿布林肯時強調指出：「兩國應該本着對歷史、對人民、對世界負責的態度，處理好中美關係。」而對歷史負責，就是要看到「中美兩國能否正確相處」。因為，這是「事關人類前途命運」的大事。所以，搞好中美關係，並不是一道選擇題，而是一道能否保證人類文明，可以順利地持續發展和進化的必答題。而這一被稱為「世紀之問」的問題的答案，只有一個，正如習近平所說：「那就是和平、發展、合作、共贏。」但遺憾的是，現今美國還沒有這方面正確的認知，仍在不斷地搞單方面的新冷戰和大國競爭，惡意挑釁及全方位地去壓制中國的發展，不斷地搞其「脫鈎斷鏈」、「去風險」、「去中國化」的戰略戰術把戲。習近平明確地指出：「大國競爭不符合時代潮流，更解決不了美國自身的問題和世界面臨的挑戰」。同時，我認為這也難以控制或避免大家所不想見到的，各種不必要的戰爭、「文明衝突」、宗教衝突、民族衝突等的發生。但現今的問題是，這種事會否發生，主要還得看美國是否願意「讓中美關係穩下來、好起來」。美國是否願意走「理性文明」、「情感文明」、「心理文明」、「心智文明」之路，並在行動上放棄其霸權主義，改變其傲慢的不正常的霸凌心態（superiority complex），調整其一神教的封建、落後、迷信和不科學的宗教觀，而倡導具「現

代文明」的大愛精神及多樣性，以及具慰藉人心功能的、向上向善的同理心、同情心。並與中國相向而行，共同構建人類命運共同體文明，共同推動人類命運的進化，朝着人類和平共存的方向發展。

2023 年 7 月 21 日習近平在會見訪華的美國前國務卿基辛格時，進一步提醒大家要注意：「當前中美兩國又再一次處於何去何從的十字路口，需要雙方再一次作出選擇。」而對於這一個問題，習近平在與基辛格的談話中強調：「展望未來，中美完全可以相互成就、共同繁榮，關鍵是遵循相互尊重、和平共處、合作共贏三項原則。（*註*：這三項原則，就是我所倡導的、現今人類需要建立的「世界新文明」的內涵和基石。）在此基礎上，中方願同美方探討兩國正確相處之道，推動中美關係穩步向前，這對雙方都有好處，也將造福世界。」而美國對於中美關係這一長期未能解開的結，將會如何解開，現今全世界的人都心急如焚地在等待看着。

但可悲的是，正如馬凱碩在《亞洲的 21 世紀》一書中所指出的：「在美國，一個可悲的現實是，從實際運作上來看，美國無疑正從民主政治（民有、民治、民享的政府）轉變為金錢政治（「由極少數人擁有，被極少數人統治，為極少數人服務」的政府）。然而，這一政治現實儘管是無法否認的，但也是不能被捅破的」（見《亞洲的 21 世紀》第 21 頁）。或者更確切地應該這樣說，就算被「捅破」，美國大多數人都不會接受；因為現今美國這一「金錢政治國家」，已陷入了一種「虛假意識」的陷阱中而不能自拔！（*註*：「虛假意識」是借用馬凱碩的說法，見《亞洲的 21 世紀》第 21 頁。）如果美國真的是這樣的話，那麼美國只會變得愈來愈虛偽、霸道、霸凌；其金錢政治主導、富人挾持選票的情況，將愈來愈嚴重和難以改變。可以這樣說，現今美國（包括許多西方國家和美國的同盟國）只遵循一種「政治意識」，那就是霸權和戰

爭（包括冷戰和熱戰）。因為他們相信，只有這樣才能保持美國世界第一的地位、以及西方國家主導全球的位置！美國的這種「政治意識」與中國在這方面的「政治意識」，就完全不一樣，例如 2023 年 7 月 25 日，王毅在「加強『全球南方』國家合作會議」期間所提出的四點主張，即：「第一，要消除衝突，共建和平。第二，要重振活力，共促發展。第三，要開放包容，共謀進步。第四，要團結一致，共商合作。」中國與以美國為代表的西方，在「政治意識」方面的不同立場和矛盾怎樣解決，這我在本書中都有所談及，這裏不贅。

5. 但在這裏我還想指出的一點是，在本書中我花了好些篇幅，試圖講清楚人的 [理性]、[心理]、[情感] 之間的相互因果關係。譬如說：我們大家都清楚知道，人類的心理情感因素（包括感情、情緒、情誼、喜怒、哀樂、厭倦、懶散、浮躁、不拘、仇恨、躺平心態等）的變化，是非常多樣化和複雜的。而極端起來，是可以從一種「苛刻緊張到極致」的狀態，轉變為一種「過度自由寬鬆」的狀態（即從一個極端走到另一個極端），不斷形成社會上「物極必反」或「判逆」的心理狀態（或局面）的出現。舉個例子來說明一下：譬如在治國理政方面，我們可以看到政府（或為政者）在政策的制定方面，經常會從「緊」到「寬」、從「寬」到「緊」，從「嚴」到「鬆」、從「鬆」到「嚴」地，不停地搖擺或轉向。這種情況的出現，嚴重的甚至可以影響整個朝代的興衰和更替。因此，為政者如要避免這種不健康（或不理想）的情況的出現，唯一的辦法，就只能用理智或理性的辦法，去予以理順和克服。但在出現這種情況之前，重要的是為政者，還必須時時刻刻做好各種細緻的引領和導向的「教化」工作。那麼我們人類又為什麼能夠這樣做呢？主要是因為人類的大腦，具有這種理性的「教化」功能。而人類大腦的這種能力和「教化」功能，

通過實踐還能不斷地提升和優化，使人類社會可以不斷地去適應各種變化和克服各種困難，讓人類社會可以不斷進步，人類命運不斷進化。

6.　最近，謝茂松在他 2023 年出版的《大道相通》一書中，為文指出（見該書第 276 頁）：「中國共產黨在實現第二個百年奮鬥目標，即全面建成社會主義現代化強國之日，就是中國文明的全面復興之日，中國進而則延展出面向未來的新文明的想像力。而這首先要深刻中國共產黨的文明意義，要突破簡單地以政黨，尤其是套用西方的政黨，來理解中國共產黨而出現各種扞格不通的限制，要以文明來想像中國共產黨；中國共產黨是新型的文明型政黨，本身也將形塑新文明，進而成為新文明，必須意識到中國文明所具有的生長性。」而所謂「生長性」，依照我的理解，如果從進化的角度來看，就是說中國共產黨應被視作為，是一種不斷地在進步和進化的文明型政黨，本身也將形塑一種（或多種）新的進步和進化型文明（包括：中華新文明、世界新文明、人類命運共同體文明等），進而成為一種可以自主地，不斷進步和進化的「共產主義文明」。而在本書中，我還大膽地提出，從概念上，我們已可以把中國正在引領和導向構建的「人類命運共同體文明」，看成為是一種非常接近「共產主義文明」形態（即從屬於一種人類高度進化和成熟的文明）了（這我在本書的第 4 章等的論述中，都有提及)。即是說，人類進化至這一階段，之後就難以再有更高級的人類文明出現了！

　　由於我的創新思維能力和學術水平有限，所以我一系列的專著，對以上題目的闡釋，雖然已作出了多方面的探討、分析和引證，但肯定還不夠詳盡和全面，需要對以上題目有興趣的學者和研究者，作更深入的研究和探討。

　　現今假如有人問：中國將如何引領和導向世界未來的發展？那麼我的答案就很簡單，那就是：建立 [中華新文明]、[世界新文明]、[人類命運共同體文明]，來推動人類文明的持續發展、社會的進步、以及人類命運的進化。依我看來，這應是現在和將來，我們中華民族（及其他民族）生存在這地球上，最為重要的使命。

7.　2023 年 8 月 9 日，任理軒在《人民日報》為文指出，「文明是一個國家、一個民族過去探索和創造的豐富積累，也是一個國家、一個民族未來生存和發展的深層指引。中華文明積澱着中華民族最深沉的精神追求，是中華民族生生不息、發展壯大的豐厚滋養。在文化傳承發展座談會上，習近平總書記從歷史和現實相貫通、國際和國內相關聯、理論和實際相結合的寬廣視角，深刻闡釋了中國式現代化與中華文明的內在聯繫，精闢論證了中國式現代化賦予中華文明以現代力量、中華文明賦予中國式現代化以深厚底蘊的道理所在，作出了中國式現代化是中華民族的舊邦新命、必須推動中華文明重煥榮光的重大論斷，為我們在新的起點上繼續推動文化繁榮、建設文化強國、建設中華民族現代文明提供了根本遵循。……中華文明作為世界上唯一自古延續至今、從未中斷的文明，為世界貢獻了深刻的思想體系、豐富的科技文化藝術成果、獨特的制度創造，深刻影響了世界文明的進程，也使我國長期居於世界強國之列。」而「中國共產黨人[又]找到了馬克思列寧主義，並堅持把馬克思列寧主義同中國實際相結合，用馬克思列寧主義的力量，啟動了中華民族歷經幾千年創造的偉大文明。百餘年來，我們黨為了解決古老文明難以賡續的危機、為了實現中華民族偉大復興的目標，歷經千辛萬苦、付出巨大代價，成功創造了中國式現代化道路。在推進和拓展中國式現代化的過程中，我們『以古人之規

矩，開自己之生面』，推動中華優秀傳統文化創造性轉化、創新性發展，為中華文明積蓄新的發展動能，讓中華文明在現代化進程中煥發出新的蓬勃生機。」從任理軒的話，我們可以清楚看到，中國在推動中華文明重煥榮光，構建中華新文明方面，已成功地為文明的推陳出新、文明的更新、促使人類文明的進步，注入了許多新的和創新性的進化元素；為中華民族未來的生存發展、生生不息，提供了許多人類文明的進化因素。而這些推動人類文明進化的因素，在我的一系列專書中已指出過，基本有兩個，即 (1)人類為了生存，通過實踐懂得必須自強不息；(2) 跟從時間的推移，人類的大腦愈來愈發達和理性化，並通過實踐和認知的提高，懂得怎樣去適應環境，改變環境，使人與人、國與國、人與自然環境之間的關係，可以永續地共同和諧發展。

作為總結，我希望我的這一系列著作（包括本書在內），對當下中國正在努力開創、引領和導向人類社會文明的發展、實踐、探索（特別是在 [中華傳統文明]、[中華新文明]、[全球文明]、[科技文明] + [人文文明]、[中國特色社會主義文明]、[物質文明] + [精神文明]、[人類命運共同體文明] 等方面的研究及探索），能成為中國及外國的學術界，對這些題目及此類問題的探索及理論研究等，起到拋磚引玉的作用（或作為一塊踏腳石），供大家參考指正。

在編著此書的過程中，我得到許多人的幫助，在此表示衷心的感謝。

徐是雄

第 1 章

人的行動和活動能力的機制

人的行動和活動能力在人類的進化過程中，是不斷的進步着的。從開始人只能做簡單的動作和開展簡單的活動，到現今人能做各種非常複雜的（一般動物都無法做到的）動作和開展各種極其複雜的活動（例如：各種社交活動、農業種植活動、工業組織活動、文化藝術活動等）。這些能力（特別是適應能力，adaptability）都是經過一段很長的逐步進化的時間階段而形成的（*註：從進化的角度看，有些是需要萬年以上才能逐步形成和穩定固化下來*）。人的活動和行動能力的基礎，大家若讀過人體結構或一些基本的生物學都懂得，是需要身體各部位許多獨有的和獨特的機制的涵蓋和參與（involvement and participation），才能完成的。其中最重要的身體部位和功能，就是人的腦子（一般稱為大腦）及其所做的一切。大腦之所以重要，是因為大腦擁有特殊的統領身體其他各部位的能力，以及擁有許多獨特和特殊的運作和調控機制。現今我們知道，大腦所擁有的這些特殊運作和調控機制，主要是通過或根據以下三條功能途徑（functional route）或功能鏈（functional chain）（*註：也可稱為「功能途徑鏈」（functional-route-chain）*）建構起來，顯示出來或得到表達的（structured and expressed）。

A.　神經元系統（nerve system）＋ 荷爾蒙系統（hormone system）

+ 神經遞質刺激運作系統（stimulation and transmission systems）。

B. 信息獲得系統（information capture system）+ 算法系統（algorithm system）+ 混合計算系統（combinatorial computation system）+ 邏輯法則系統（logic and rule system）。

C. 心智的活動（mind initiated activities）+ 思考（thoughts）+ 感受（或感覺，feeling）+ 心理因素（psychology）。

　　以上這三條功能途徑鏈的建構及表達，不但在每一條功能途徑鏈的建構中，起到作用和顯現出來，而且三者之間（即：A+B+C）的相互作用及運作聯繫和效應，也是頗多樣化和非常複雜的。但至今我們對於每一條功能途徑鏈的建構及顯現表達方式等，知道得並不多；而我們對這三條功能途徑鏈之間的關係、相互作用及表達方式等，則知道得更少。

　　不過在這裏我需要指出，本書的目的並不預備就以上這三條功能途徑鏈的建構及顯示表達方式等，作深入的介紹和闡釋。我在本書，只想集中聚焦說明 C，即：人的心智的活動（mind initiated activities）+ 思考（thoughts）+ 感受（或感覺，feeling）+ 心理因素（psychology）之間的相關機制，以及這些機制，特別是在人類的整個進化過程中，是怎樣起作用和產生效應（affecting/effecting each other）的。下面我就針對 C，把這些產生人的活動和行動能力的各種要素綜合起來，放在一個現今我們所知的有關人的各種活動和各種行動的互相聯繫及互動的架構或框架之內。為了方便介紹和討論起見，我還把它們之間的聯繫和關係，扼要地作出了整合（connect and associate），形成六個（1–6）可以相互影響及能夠互動的活動和行動機制（見圖 1.1 所示）。（*註*：但我不會就它們所包括的各種其他功能，如：啟動（initiate），控制（control），反應（response），反饋（feed-back），互動（interact）等活動及行動途徑、過程及機制，作詳細的介紹和討論。我更不會對它們的各

圖 1.1　智人（*Homo sapiens*）的各種活動能力
相互之間的聯繫和影響示意圖

1. 人的物質基礎　＝　物理性能　＋　化學性能

↓

2. 心智（**mind**）←→腦（**brain power**）[舊的概念　＝　身體（**body**）]

↓

3. 潛意識 [或下意識]（**subconscious**）←→　意識（**conscious**）

↓

4.1. 科學、理性、人文（**science, rationality, humanism**）	**4.2.** 感覺、情感、情緒（**feeling, emotion**）	**4.3.** 理想、信念、信仰（**ideal, faith, belief**）

↓

5. 判斷、選擇、抉擇、認知、感知、情懷、愛心（包括：愛情、親情、友情、情義、熱愛的興趣）、心流（**flow**）、仁心、同理心、同情心……等

↓

6. 行動（**action**）；行為（**behaviour**）

種生物化學、生理運作、細緻的物理性狀等功能及機制展開討論。我所關心的是　1←→2←→3←→4←→5←→6　之間的功能性聯繫（functional connection）及其總的運作（major functions）方式、結果和效果。）

　　下面我就圖 1.1 中所示各鏈條（1–6）的功能，簡要地逐一介紹一下。

1.　　人作為人的基礎是物質。換句話說，就是人體都是由物質組成的，並具有兩種性能，即：(1) 物理性能（physical properties）；和 (2) 化學性能（chemical properties），它們相互交織

和作用，組成和推動人體結構各部分機體的形成及機制的運作。（*註*：唯物主義者認為：人是沒有所謂靈性（spiritual）和靈魂（soul）這些東西的，因為這些東西都是宗教信念（religious believes）、人為迷信（superstition）和神話幻想（mythical imagination），因此這些東西，不是推動和組成人體結構各部分運作的機制。）

2.　控制人或人體活動的最主要部分是人腦（human brain）。在西方文明形成和出現的時代的人（包括西方的智者），不知道有「人腦」這東西的存在，他們只知道有「人體」（body）這一東西。古西方的哲人，把「人」的組成，分作「心智」和「身體」（mind and body）這兩種概念，並在「心智」和「身體」的「認知」基礎上，形成了許多不同的哲理學派。各種學派之間，由於觀點不同，所以不斷會引發和挑起許多討論、辯論和爭論。直至今日，西方的哲學家和思想家，在這方面的爭論仍在繼續，從未停止過！而中國的古代哲人和思想家，則對「心智」和「身體」之間的關係，只形成一些頗為模糊的概念，因此，並沒有出現像西方的思想家和哲學家在這方面那麼多具針對性的討論和爭論。

　　當今具有很大影響力的美國哈佛大學語言學和認知心理學家，史蒂芬·平克教授指出，現今「我們並不了解心智如何工作——我們對心智的了解程度遠不及我們對身體的了解程度。」[1] 但是有一點現今我們清楚知道，所謂「心智」：「就是大腦所做的事情。」[1]（*註*：事實上，我們對腦的功能，還不能說已完全了解。有關腦功能這一謎團，還有待研究者繼續努力予以解開！有人甚至說，腦功能這一謎團，是永遠無法解開的！）

　　古人不知道腦與身體的關係，更不知道腦這東西的存在，所以他們無法了解和解決各種有關「心智」和「身體」方面的問題。但現今我們可以清楚告訴大家，人因為有了大

腦，就能控制人的身體。其次，人腦還具有強大的運作能力（請參考拙著《人類命運的演進印跡和路程》（修訂版）一書中的有關討論），這些運作能力，產生我們所說的：思想、意識、智能（或智慧）等這些特殊功能，並且還能「令我們能視物、思考、感覺、選擇以及行動。」[1] 總括以上的論述，濃縮成一句話，就是：**人擁有了大腦及其功能，才能使人行動和活動起來，並做出和形成各種各樣的行為。**

3.　心智是如何與物質相互作用這一個問題，我們直至現今還不大清楚。但有一點我們是清楚的，那就是腦物質的運作能產生「意識」。（*註*：當然還能產生其他如：信念、欲望、想像等，這我在其他章節會談到，這裏暫不展開討論。）那麼意識又是怎麼回事？史蒂芬·平克在他著作的《心智探奇》一書中，引述古爾德的話，說他認為：「除人類外所有其他動物都不具有意識。」[1] 史蒂芬·平克在書中，又引朱利安·詹寧斯的話，說他宣稱：「意識是一項晚近的發明。早期文明中的人們，包括古希臘的荷馬和舊約中的希伯來人，都是無意識的。」[1]（*註*：這句話所指的「無意識的」，可能是翻譯有誤，如譯作「還沒有形成真正的意識」，可能更合邏輯一些。）史蒂芬·平克還在他的書中，引丹尼特的話，指出丹尼特認為意識「在很大程度上是一個文化演變的產物，它是在幼年的訓練學習中賦予大腦的。」[1] 而史蒂芬·平克自己則認為「意識」可「被看作是『智力』的一個高雅代名詞」，並且具有三種含意：

(1)　「意識的第一種含意是自我認識」。

史蒂芬·平克說：「在一個智能生命所能擁有的、有關各種人和物體的信息中，有一些信息是關於這個生命自身的。我不僅能感受到疼痛和看見紅色，我還可以在腦子裏自言自語。」所以「意識通常被定義為『構建一個包含自我世界的內部模型』，『反思自身的理解

模式』。」自我認識還「包括使用鏡子的能力，並不比『認知』和『記憶』等其他問題更加神秘。」(1) 我想，所謂神秘，意思就是說，我們對理解「自我認識」、「認知」和「記憶」的機制都知得非常之少，所以對我們來說，都很神秘。（同時請參考拙著《人類命運的演進印跡和路程》（修訂版）一書中，有關這一問題的討論。）但我深信，像美國斯坦福大學李飛飛教授等專家，在使用人工智能、深度學習等技術，試圖解開人類辨認物件（object recognition）的視覺聯系（visual relationship），將視覺用語言表示出來（transforming visual images into captioning language），並把視覺所形成的「知」（perception）轉化為「行」（action）（即把「知」與「行」連接起來（linking perception with action））等方面的研究，將會很快對我們的人腦在這方面的認知機制、意識形成等，提供許多具突破性的知識及新的發現和思路。

(2)　「意識的第二種含義是信息獲取」。

(3)　「意識的第三種含義是『感知力』」，如：主觀體驗，可感覺的知曉等。

現在我們知道，以上這三種意識的運作機制都非常複雜，但現今研究有關計算機程序和人工智能的研究者，都熱衷於希望能夠複製人腦處理信息的模式。但遺憾的是，我們離開複製人腦處理信息這一目的，還遙遠得很；因為我們對人腦的神經網絡，網絡的運作機制是怎樣的等問題，都仍然沒有辦法搞清楚！不過，另一方面，我們可以問，用電腦製造出來的計算程序（或算法），有可能會像人一樣形成意識嗎？（註：據傳谷歌的研究者已能製造出擁有「意識」的機器人！）使用腦機連接技術所產生的，又是一種什麼樣的「意識」呢？這種人工製造出來的「意識」，又能否形成、產

生和衍生人類所熟悉的情感和情緒呢？如能，這種情感和情緒，是否與正常的人所產生的情感和情緒是一樣的呢？且讓我在以後的章節內試作出回答，這裏暫不展開討論。

現在我們講一下「潛意識」或「下意識」（subconscious）的問題（註：包括所謂「直覺」、「靈感」等）。在這裏我只想說，我們除了對腦子怎樣產生意識的機制知道得非常之少外，我們對人腦怎樣產生潛意識的機制知道得更少。其次，我們對腦子怎樣引導和促使潛意識和意識相互起作用、相互制衡等機制的知識，更是貧乏不堪。所以無論什麼人在這方面，提出任何想說明潛意識的運作機制的理論，都是無法把這一個問題講得很清楚的，因為我們離開了解腦的真實情況，還有成千上萬里的路要走呢！（同時請參考拙著《人類命運的演進印跡和路程》（修訂版）一書，有進一步的論述。）

4.　不過有一點我們是可以肯定的，那就是由於意識的運作，產生了以下三種引發人類「認知方式」的出現，即 (1) 科學、理性、人文；(2) 情緒、感受（或感覺）、情感；(3) 理想、信念、信仰。（見本書第 2、3、4 章，有進一步的討論）。

5、6.由於人類發明了以上三種認知的方式，導致人類可以更好地作出各種行動（initiate actions）和產生各種行為（produce human behaviour），促使人類不斷進化、變得更文明（become more civilized）和持續發展。但影響、引導、引發、導使人類作出各種具體的行動或行為，是需要經過人腦產生和形成許多複雜的「認知」和「感知」的相互作用；而這些作用，則會在形成各種「理性」與「心理」相互之間的融合、互動、糾纏之後，進而產生出各種不同的「心智」意識、狀態和情況，例如：形成判斷力；作出決定、選擇、抉擇；產生情懷、愛（包括：愛情、親情、情義、仁愛等）、興趣等；進入一種「入迷」、「群眾情緒」、「心流狀態」（包括：佛教的「入定」狀態）等（見圖 1.1，第 5 項所示）。（註：法國的群體心理學

家勒龐在 1895 年出版的名著《烏合之眾：大眾心理學研究》，最能夠解釋到群眾的行為。勒龐說：「一個人沉浸於群體內一段時間，很快就會迷失於群體的意志當中，造成群體的無知，而群眾進入好像被催眠的狀態。」勒龐認為群體有幾種性格，包括衝動、易怒、缺乏理性、缺乏批判精神和判斷力、對情感過度誇張等。由於這一個原因，所以香港的一位政治評論員盧永雄，在一篇他發表的文章中，指出了這樣的一個問題：「為什麼沒有人敢責怪群眾？」[2]。依我的看法，群眾犯了錯，的確不容易追究。但負責管理或治理群眾的負責人或管理者，是需要負責及被問責的。因為他們肯定在事發之前，缺乏對群眾預先作足夠正確的引導或教育（或作預測性的事先防備）。因此，任何「群眾事件」的失控，管理者是必須負起「導致群眾失控」的責任的。）

在本書以後的章節內，我會就 (1) 科學、理性、人文；(2) 情緒、感受（或感覺）、情感；(3) 理想、信念、信仰；這三種我稱之為人類的思想、認知方式和能力（thinking ability, cognitive ability and capacity），作再深入的討論和論證。

參考資料

1.　史蒂芬·平克（Steven Pinker）著，郝耀偉譯，《心智探奇：人類心智的起源與進化》（*How the Mind Works*）。2016 年，浙江人民出版社，「前言」，第 25，135–136 頁。

2.　盧永雄，〈為什麼沒有人敢責怪群眾？〉。2022 年 11 月 3 日，《頭條日報》。

第 2 章

推動人類心智進化的引領和導向
要素：科學、理性、人文

我在拙著《人類命運進化的基石及元素》一書中，介紹了美國哈佛大學史蒂芬·平克教授在他著作的《再啟蒙的年代》[1] 一書中，所推崇的通過理性（reason）、科學（science）、人文主義（humanism）和人類進步（progress）的未來發展和進化模式。所以在這裏，我就不再重複介紹了，而只想指出，我同意他對「理性」的闡述。他說：「一旦你開始探究生存的意義（探討其他問題也是一樣），只要你認為你的答案合理、正當或真實，而其他人也應當相信，那麼你便是忠於理性，願意讓自身的信念接受客觀的標準檢驗。若說啟蒙思想家有所共識，想必是人類應致力以理性的標準去理解所處的世界，而非依靠那些會產生謬妄的事物，如信仰（*註*：指的應該是宗教信仰）、教條、天啟、權威、玄學、占卜、異像、直覺等或者是對神聖文本的人為解讀。」[1]

　　總的來說，我基本上都同意平克的觀點和論據，但在拙著《人類命運進化的基石及元素》一書中，我並沒有明確指出，他的《再啟蒙的年代》[1] 一書，也存在着頗多觀點上的偏差和錯誤。在這裏，我試把平克書中的一些重要論點的偏差和錯誤予以指出。

　　平克所犯的錯誤，我認為基本上是出在他對人文主義

（humanism）的理解具有偏見和帶着有色眼鏡。他所推崇的人文主義，主要是基於以下兩個觀點：

1. 他認為人文主義比宗教主義更為優越。他認為人類要做到向善，是無須通過神的參與的，因為他不相信神的存在。這點我同意。

2. 他認為人文主義的主旨，就是要保證每一個人能夠自由發揮，並認為只有信奉西方的「自由民主」制度，才能達到此目的。這點我不同意。

　　平克的人文主義觀點，與西方許多人文主義的信奉者，有着如下面我在網上下載和摘錄的幾段話差不多的觀點：

- "Humanism is a democratic and ethical life stance which affirms that human beings have the right and responsibility to give meaning and shape to their own lives. It stands for the building of a more humane society through an ethics based on human and other natural values in a spirit of reason and free inquiry through human capabilities. It is not theistic, and it does not accept supernatural views of reality." (Humanists International)

- "Humanism is an approach to life based on reason and our common humanity, recognizing that moral values are properly founded on human nature and experience alone." (The Bristol Humanist Group)

- "Humanism is a progressive philosophy of life that, without theism or other supernatural beliefs, affirms our ability and responsibility to lead ethical lives of personal fulfillment that aspire to the greater good." (American Humanist Association)

　　從以上的幾段文字，我們可以看到，西方信奉人文主義的人士，認為只有西方的自由民主制度能代替宗教的位置，雖然現今以美國為代表的西方民主制度，正如福山（Francis Fukuyama）所說，已是一個千瘡百孔，需要動大手術去挽救的制度[2]。

　　2022 年 6 月 20 日葉小文在《人民日報》撰文指出：「西方近代人本主義思潮強調人作為個體的自由與權利，強調尊重人的本能欲望，這雖然促進了資本主義經濟迅猛發展，但也帶來個人主義的膨脹。」[3]（*註*：現今中國證明，除資本主義之外，社會主義一樣可以促進經濟的迅猛發展，但同時是不需要過分強調「個人的威力」和「個人主義」的！）而個人主義的膨脹，則肯定會阻礙人類心智的進化以及人類的全面發展。因為，個人主義的膨脹，容易促使人走上非理性、逆科學、違背人本主義的社會道德標準的歪路。

　　但遺憾的是，西方信奉人文主義的人士，至今仍不願意接受，個人主義的膨脹會對人的心智的進化帶來危害；也不肯不帶偏見地，去細心聆聽信奉社會主義人士反對個人主義的理由和說法；更不願意接受像中國這樣一個成功實行社會主義國家的經驗和現實。中國的特色社會主義制度，現今已被證明，在處理個人和集體、個人與國家的關係上，要比西方的極端個人主義、自由民主制度（liberal democracy）優越得多（*註*：這我在拙著《人類命運演進的終極目標：中國必勝》及 *What will be the Driving Force behind Humanity's Progress? The China Model and Chinese Power of Discourse vs The Western Model and Western Power of Discourse* 二書中，已有詳細的討論，這裏不贅）。

　　譬如，就個人對理想、國家、民族的關係，中國是這樣看的：「在現實生活中，每個人都有自己的理想，都有對物質文化生活以及事業等方面的追求。但在追求個人理想時，既要考慮自身的特點和條件、興趣和願望，更要關注國家和民族的發展，將個人的理想融入國家和民族理想之中，正確地處理個人發展與國家、民族命運的關係。只有關注民族振興、國家富強這一大目標，使個人理想順

應社會發展的要求，才能在對社會的貢獻中實現自我的價值。」[4]
「人是名副其實的社會動物，不能脫離社會而存在和發展。每一個
人從其誕生的那一天起，就置身在一定的社會歷史條件下和生活
於一定的社會關係中。個人需要的生產、發展和滿足，都要通過社
會得到實現。」[4]

　　「每一個人、每一個組織、每一個社會都會自覺不自覺地擁
有自己的價值觀。無論是個體的價值觀，還是群體的價值觀，都不
是先天固有的，也不是人們頭腦中主觀自生的，而是在一定的社會
化過程中逐步形成的。」[4] 所以不同的社會有不同的價值觀，並
不奇怪。但遺憾的是，西方信奉人文主義的人士，卻被西方的所謂
民主國家的政黨及政客忽悠、欺騙和洗腦，說中國這一特色社會主
義國家，是一個「威權主義國家」，不尊重個人人權。事實上，中
國的自由開放程度和對人權民主的要求，比西方信奉人文主義的
人士的要求，還要高和寬大及包容。但由於現今中國的特色社會主
義制度，還是在初級發展階段，所以我殷切希望，西方信奉人文主
義的人士，能給中國一些時間去進一步實驗、改進和優化其制度。
我認為中國現今正在做或試圖要做的事情，基本上都符合人文主
義所推崇的科學、理性和人類進步的原則。所以我看不懂，為什麼
西方的人文主義人士，要抹黑和敵視中國實行的特色社會主義制
度呢？

　　人類所形成的理性、科學、人文主義的各種概念和理論等，
是人類自有文明開始到現今我們所熟悉的現代文明，是經過幾千
年的實踐和經驗的積累的結果。人類在這地球上所構建的文明，是
由我們人類心智的不斷演進和進化所導致的結果（the evolution of
human mind）。這是一個科學的結論，是不爭的事實（同時請參考
拙著《怎樣提升人類命運的進化？構建：中華新文明、世界新文明、
人類命運共同體文明》一書內，對此有深入的討論）。

　　史蒂芬·平克在他著作的《心智探奇》一書中指出：「心智是
一個由若干計算器官所組成的系統，它是我們祖先在解決生存問

題的過程中,『自然選擇』出來的。心智不是大腦,而是大腦所做的事情。人是心智造化的產物,而不是剃光了毛的『裸猿』。心智進化的最終目的,是為了複製最大數量的基因,而正是基因創造了心智。」[5]

　　以上是平克對心智是什麼的解釋,但有些地方講的並不正確和有問題,譬如他說:「心智進化的最終目的,是為了複製最大數量的基因,而正是基因創造了心智。」當然,「心智進化的最終目的,是為了複製最大數量的基因」,是有可能的,因為總的來說這對自然選擇有利。但心智的產生,也有可能譬如是由於在自然選擇的壓力下,使更多已存在的「心智基因」活躍起來,而並不是促使新的基因的形成或複製(*註*:換言之,基因的數量並沒有增多)。又譬如在自然選擇的壓力下,並不一定會提高基因的活躍度,而只是形成更多基因之間的連接和聯繫(connect and/or interact),使心智更能活躍起來,更有能力去適應某種場景(niche)或環境(environment)。當然,此外還有許多其它的可能性,但總的來說,基因的運作的複雜性,對我們來說還是一大謎團。平克把心智進化的最終目的,視為複製更多的「基因」,似乎是武斷了些,而且把問題看得太簡單一些了吧!

「自然選擇」與「心智」的關係

現在我想先簡要地討論一下,有關「自然選擇」與「基因」及「大腦」,是怎樣進行運作,以及在人類的進化過程中所起的作用,及所涉及的機制等問題。因為,現今我們已清楚知道,無論是理性、科學或人文主義,都指向一個事實,那就是人的心智是在不斷地進化着的(*註*:說人的心智是在不斷地進化着的證明,是人的智力、能力(intelligence and intellectual capacity)是在不斷進步着的這一事實)。這是因為人的行動、活動及行為都是在不斷的變化着,而

這些變化，都是由於人在各種不同的環境下，和在實踐的過程中心智狀態（或心態）等的變化所導致的。由於人是受着其心智狀態（mindset or psychological mindset）的運作的影響、左右、甚至決定，才能作出行為的表達和有所行動。而人的心智狀態，則又經常會受到人的 (a) 自身的基因，(b) 大腦和 (c) 外部環境的因素的影響、驅動、控制、激勵、刺激，而隨時隨地作出各種適當或最佳的調節、適應、制約的行為（見圖 2.1 所示）。但可惜的是，有關大腦的靈活性和所涉及的機制，我們知道的並不多。不過，在下面我會就現今我們所知道和能掌握到的有關知識，用圖 2.1 作出解釋。

從圖 2.1 中我們可以看到：

1. 人腦的內部結構（innate constituent elements）和人腦的功能

圖 2.1　人腦內部和外部的結構聯繫＋運作＋功能的示意圖

1. 基因（gene）←→ 自然選擇（natural selection）

↓↑

2. 產生（initiate, form and produce）：
   心智（mind）←→ 認知（cognition）←→ 理知（rationality）

↓↑

3. 形成各種心理狀態（psychological make-up）：
   感受（feeling）、情感/情緒（emotion）、理念（ideas）、
   信念（belief）、信仰（faith）

↓↑

4. 行動（motion, action），活動（activities）

↓↑

5. 行為（behaviour）

↑↑↑　　　　　↓↓↓

6. 外部環境（external environment）（對以上 1–5 都有影響）

機制的形成，以及人腦所涉及的生理生化聯繫、互動作用和運作機制，都是由基因直接或間接控制的。一般來說，人類的基因是很保守（conservative）和不會輕易變化（change）或突變（mutate）的。而基因如要變化，其變化後的結果的好與壞，必須通過自然選擇才能得到保留，不然就有很大機會被淘汰。但不管是保留或被淘汰，整個過程，一般來說，都是頗為緩慢的。不要忘記，人腦進化至今所形成的能力（capacity and capability），已有百萬多年的歷史！（*註*：考古的證據顯示，例如：澄江化石群（Chengjiang biota）顯示的寒武紀生命大爆發（Cambrian Explosion）似乎說明，生物物種的出現，可以是非常突然和快速的。這顯示生物物種的形成，是可以依循兩條不同的途徑進行的，即 (1) 一條非常快速的，和 (2) 一條非常緩慢的途徑。而人類的進化，到底是循快速的還是緩慢的途徑來形成現今的人類，我們並不清楚。但有一點是比較清楚的，那就是人類文明的進化，很明顯地呈現着兩個截然不同的發展階段：即在工業革命出現之前的一段人類文明發展得非常緩慢的階段，以及在工業革命出現之後出現的文明發展爆發階段。但這似乎都與基因突變無關，而與基因的表達能力及腦功能的快速發展和演進有關。）

2. 人腦在緩慢的進化過程中，逐漸產生了非常高超的心智運作能力，包括：認知能力+理性思考能力等。這些能力導使人類可以啟動和控制人類所有的個人行動和行為：人與人之間的溝通、相互作用以及各種群體性和社會性的活動能力及行為（見圖 2.1 中 4–5 所示）。（*註*：人腦當然不但能產生高超的心智運作能力，包括：認知能力+理性思考能力等，還能產生其他許許多多人腦所控制的生理生化等運作能力及功能。但這些都不是本書要談的問題和範圍。）

3. 人腦不但能產生高超的心智運作能力，包括：認知能力+理性

思考能力，還能形成和呈現出各種心理狀態（或心態）。這些構成的心理狀態，為了方便討論起見，我給了它一個總稱，叫做「心智心理的引領和導向狀態」（lead and direct psychological state or mindset，可簡稱為「心智心理引導狀態」）。（*註*：這種「心智心理引導狀態」，是在漫長的進化過程中，緩慢地逐漸形成的，所以也可以被視作為一種「心智心理進化狀態」（evolutionary psychology make-up or mindset），這我在其他的章節內會再詳細介紹。）「心智心理引導狀態」的形成，可被分成為 (A) 主動，和 (B) 被動兩種形成類型。所謂「主動」指的是一種「自發式」（self-initiate）的「心智心理引導狀態」；而「被動」的則是指受外界因素的影響，而形成的一種被引領和導向的「心智心理引導狀態」。因此，這與美國心理學家馬丁·賽里格曼的「正向心理學」（Seligman's Positive Psychology）的「正向心理狀態」（positive psychological state）的形成或構成，有部分相似之處。但「心智心理引導狀態」所涵蓋的面，要比「正向心理狀態」更為寬廣。而「心智心理引導」作用的呈現，一般來說，都得通過從被動影響主動而起作用，即需要外部的引領和導向才起作用。所以外部的引領和導向，對一個人的心智心理狀態的形成，以及所造成的對行為的影響，都非常之的重要（*註*：對於這一個問題，下面還有進一步的討論）。其次，「正向心理狀態」偏向於只注重「個人」的心理健康和心理狀態的增進，而不注重外面「社會」與「個人」之間的心理健康所產生的作用，更不注重外面「社會」對「個人」所產生的心理健康的促進作用及其重要性。因此，如果我們用「引領和導向」的角度去分析和研究人類的心智心理狀態的構造和形成，我們得出的與西方利用「正向心理」的導向和引領所起的作用和效果，會很不一樣，而包括其觀點、結論和需要研究和注意的重點，研究方法、實驗手段和問卷的設計等，

也都會很不一樣。因為我們所指的「心智心理引領和導向」所注重的，是社會對人的「思想」、「問題」和「目標」的引領和導向，而不像「正向心理學」只集中在個人對自己所要的或追求的「快樂」、「幸福」、「滿足感」的導向。

　　在下面的章節內，我會從不同的角度舉例，把人的感受（或感覺）、情感、理想、信念、信仰的由來等，用心智心理的引領和導向作用，作較為宏觀的分析，特別是在「個人」與「集體」，「個人」與「社會」之間，人在感受、情感、理想、信念、信仰等方面所呈現的各種心智心理狀態。（*註*：這可以說是我主要想在這本書內討論的問題之一。）

4. 但在討論有關人腦或心智心理的內部運作機制時，必須把影響人腦或心智心理的內部運作機制聯繫起來（見圖 2.1 及 2.2 所示），因為人腦或心智心理的內部運作機制與外部的環境，是有着密不可分的關係的。這我們從圖 2.2 中可以更清楚地看到。

　　圖 2.2 中所示 A 的流程，表示人腦的內部（物質）是有一套非常複雜的運作機制（或產生「內因」的機制），這一機制能完全

圖 2.2　人（人腦）與外部環境的互動示意圖

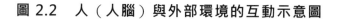
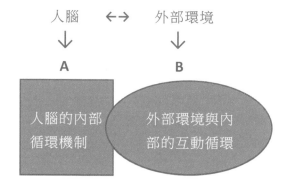

在腦的內部,自身開展各種運作功能和思維方式,從而產生出許多腦的功能及其運作,並不一定需要受外部環境(即「外因」)的刺激和影響,才起作用和發揮其自身的能力的。(*註*:這就是為什麼平克說人(人腦或心智)不是一塊「白板」(not a blank slate)[6]。)但這些「內部能力」(inner capacity)必須通過融入外界環境,受到外界環境因素的影響,特別是各種的引導,才能呈現出具有意義的行為。而人腦的功能及其運作,就是隨時都能接收各種外部環境的刺激和影響而起作用,發揮其內在的多樣功能,以及活動機制的運作,這即是圖 2.2 中 B 的流程所示。換言之,就是說 A 和 B 是擁有一種與生俱來的,可以互動的機制。但是由於我們對這機制的運作方式,所知非常之少,所以在這一章內,我暫且不談,留待在以後的章節再試圖解釋。

但有一點在這裏還是需要指出的,那就是人必須通過「實踐→認識→再實踐→再認識」的認知過程,並得到外界社會正確的引領和導向,才能不斷地提高對自己和對外面世界的認識。假如沒有通過實踐檢驗的所謂「認知」,則只是幻想、主觀臆測、空想。

人腦沒錯是受基因控制的,所以人腦所產生的幻想、臆測、空想也是受基因控制的。但現今我們還不知道,基因具體地是怎樣去形成和控制幻想、臆測、空想的。而從生物進化的角度看,有一點我們是比較清楚的,那就是基因的「認知」功能及其發揮,不但要通過譬如腦的功能,才能完成或起作用,並且還得受制於外界的自然選擇、引領和導向作用,對其產生如「思想取向」、「思維能力的發揮」或「行為特徵的顯現」(behaviour traits)等所作出的反應性的選擇(即或予以保留、或被壓制、或被淘汰)。其複雜的程度,暫時我們的科學技術知識和對人腦的了解,還無法作出科學及理性的解釋。所以,我們必須把「引領和導向」作為一門新的學科(我暫稱其為「引領導向學」),作更深入的研究和了解。而其中有些方面,我在下面的章節內,會作進一步的討論。

參考資料

1. 史蒂芬・平克（Steven Pinker）著，陳岳辰譯，《再啟蒙的年代：為理性、科學、人文主義和進步辯護》（*Enlightenment Now: The Case for Reason, Science, Humanism and Progress*）。2020 年，商周出版，第 29 頁。

2. Fukuyama, Francis, *Liberalism and Its Discontents*. New York: Farrar, Straus and Giroux，2022.

3. 葉小文，〈弘揚中華民族協和萬邦的天下觀（學術圓桌）〉。2022 年 6 月 20 日，《人民日報》。

4. 中共中央宣傳部理論局，《馬克思主義哲學十講》。2013 年，黨建讀物出版社，學習出版社，第 144，149，174 頁。

5. 史蒂芬・平克（Steven Pinker）著，郝耀偉譯，《心智探奇：人類心智的起源與進化》（*How the Mind Works*）。2016 年，浙江人民出版社。

6. Pinker, Steven, *The Blank Slate: The Modern Denial of Human Nature*. New York: Penguin Books, 2002.

第 3 章

建立人的感受和情感的心理
引領和導向作用

人類之能夠產生感受和情感，因為這些都是我們大腦運作的一種
屬於情緒方面（emotion）的結果或產物。這指的是包括：喜悅、
憤怒、悲傷、恐懼、厭惡、驚奇、羨慕、窘迫、內疚、害羞、驕傲、
感慨、熱情等的複雜感覺。在拙著《人類命運的演進印跡和路程》
（修訂版）一書中，我已經指出過，大腦主要是由三大神經網絡系
統組成的，其中一個網絡系統區域，是存在大腦的外表面部位，稱
為「大腦皮層」（cerebral cortex），負責產生出人類複雜的認知
（cognition）和感知（perception）等能力。大腦皮層之下的區域，
被稱為「邊緣系統」（limbic system），包括：杏仁核（amygdala）
和海馬體（hippocampus）等，則負責形成人類（與一些動物差不
多）的原始本能，例如：情慾、攻擊行為及衝動等。大腦最下面的
區域，是由邊緣系統至脊髓神經的腦幹（brainstem）組成的區域，
這一區域控制着人的生存機能，包括：消化、呼吸、心跳、睡眠週
期等。有人把這三部份大腦分別叫做：思考大腦（thinking brain）、
情緒大腦（emotional brain）及生存大腦（survival brain）[1]。這三
個區域的大腦，在功能方面有一定的分工，但三者之間仍保留着非

常緊密的功能上的聯繫和互動機制，其運作的複雜性，我們知的不多。

　　而至於大腦的皮層和邊緣系統等，到底是通過怎樣的機制來產生和控制情緒、感受和情感的，直至現今我們還不完全清楚。但這一系統的複雜性，並不是我在這裏想要討論的範圍和重點。在這裏我想集中首先討論的，是有關「正向心理學」（或「積極心理學」，positive psychology）及其所推崇的各種感受：自我做決定與自由的心裏感受，個人發展與成長成為獨立個體的心裏感受，追尋有意義生活的心裏感受，對生活抱有正向的態度、熱情和情感，人與人之間所建立的正常信任關係和友情，及怎樣建立主觀幸福感和心理幸福感（*註*：在下面有進一步的討論和解釋）等。

　　正向心理學，是心理學的一個新的分支或科目（discipline），處理心理優勢、特質、美德與個人潛能等方面的問題，由美國的心理學家塞利格曼發明和倡導（*註*：這一學科或科目的出現和發展，只有幾十年的歷史）。用賽里格曼的話來說，他希望「心理學不僅針對醫療科學、或療癒負向情事，也關乎教育、工作、婚姻、甚至是運動。我真正想看見的是，心理學家會嘗試在所有領域，去幫助人們增強個人的能力。」[2] 所以賽里格曼所倡導的正向心理學，其目的就是要用正向心理來增強個人的能力。

　　賽里格曼認為，在增強個人能力，以及人與人之間必要的正常的信任關係和感情，及主觀幸福感和心理幸福感等方面，需引進一種新的概念，叫做「真實的幸福」（authentic happiness）。這一概念「包含三項基本層面：(1) 高度的正向情緒及生活滿意度；(2) 包括持續吸收與心流（flow）之生活品質，並提供有意義的生活；(3) 容許個人為比自己更偉大且強大的人服務之有意義生活。第一層面可用享樂取向（主觀幸福感）來解釋；第二及第三層面則包含功能取向（心理幸福感）。當投入第一層面的活動時，會為個人產生正向情緒；而在第二及第三層面投入活動時，則能為個人的生活添加意義和價值。從這觀點而言，就能同時增加主觀幸福感及心理幸

福感之個人經驗，並能提升幸福，而且為生活的平衡與完整打下基礎。」[2] 之後，賽里格曼又進一步擴展幸福感的定義，以致包含五種核心可衡量及建構之要素（PERMA）：正向情緒（Positive emotion）、投入（Engagement）、關係（Relationship）、意義（Meaning）、及成就（Accomplishment）。在他的《邁向圓滿》（*Flourish*）一書中，他強調沒有單一的要素能獨立地用來定義幸福感，並認為每項要素都要有三種核心成分：能對幸福感做出貢獻、能為自己的緣故去追求、及可被獨立於其他的要素來定義與衡量。他深信只有同時培養每項要素，才能走向真實的幸福感。」[2] 換言之，也只有這樣，才能使每一個人可以「邁向圓滿」。

　　以上賽里格曼所強調的，在建立自己個人，以及人與人之間必要的正常的信任關係和情感時，所彰顯的不管是主觀幸福感還是心理幸福感，所針對的都是獲得以「個人」為主導的幸福感。這種只聚焦在和涵蓋促進「個人」的正向心理，所涉及和覆蓋的面，比較狹窄（因為只集中在「個人」幸福的獲得），具有一定的局限性（limitation）和缺失（defect）。因為，它忽視了我所倡導的「心智心理引領和導向」（見第 2 章的有關討論）所強調的，兩種非常重要的可以導致獲得幸福感的正向心理狀態，那就是：(a) 個人對家庭和國家的情感的付出所獲取的正向心理幸福感；以及 (b) 人作為群體或社會其中的一分子，為追求理想、信念、「信仰」，又能起到引導作用，而能夠獲得的正向心理幸福感。（*註*：這裏所說的「信仰」，不是宗教信仰，或是只能空想而無法實現的信仰，而是可以成為現實和能具體貫徹落實的信仰，特別是政治信仰。）

　　我認為，通過 (a) 和 (b) 這兩種心智心理狀態的建立和夯實，是可以更好地獲得「真實的幸福」的。但賽里格曼並沒有對這兩種正向心理狀態，予以足夠的重視。而在中國，對於這兩種正向心理幸福感的獲得，則非常重視和重要，因為中國是一個社會主義國家，所以我們和西方許多所謂「自由民主」國家的人民的看法，是不相同的。

　　講到這裏，我還可以再舉一個例子說明一下，中國特色社會主義國家和西方許多所謂「自由民主」國家，對幸福的獲得的看法的分別之處。《人民日報》曾經發表過這樣的金句：「人們總是把幸福解說為『有房、有車、有錢、有權』，但幸福其實是『無憂、無慮、無病、無災』。」（*註*：我認為還應加多兩項：老有所養，和死得安樂和有尊嚴。這當然主要是針對老年人來說，但必須看到，現今中國已進入老齡社會，所以這一個問題，是影響每一個人的大事之一，必須盡快予以妥善解決才好。而要解決好這一個問題，是需要政府作出思想和政策上的有效引領和導向才行。）但『有房、有車、有錢、有權』和『無憂、無慮、無病、無災』，並不是單靠個人的努力追求，就可以得到的，而是要靠人民社會整體發展的好壞來定的。而『無憂、無慮、無病、無災』則更在很大程度上，是要靠政府的有效社會治理，和能保持社會安定，才能達致的。這就是為什麼習近平要把人民的幸福生活，提到「國之大者」的高度來看待。因為他曾說：「國之大者，就是人民的幸福生活。」所以，我認為西方人所追求的，以及現代我們一些人學習西方人所追求的所謂幸福，是不夠全面和不夠完美的。

　　其次，西方大多數的人，由於受到自身的文化、信仰等因素的影響所困囿和限制，他們心理上只比較注重追求「個人」的幸福（即中國人所說的「小我」），而對追求「集體」的幸福（即中國人說的「大我」），則在心理上不太接受（*註*：形成這種心理狀態的原因，在我所編著的一系列書中，都有談及，這裏不贅），這就造成西方的「個人主義」意識，比我們中國人強烈；因此，他們容易走上狂妄自大，剛愎自用和傲慢的路，以及陷入「自戀狂」的不正常的心理狀態。而中國人則不一樣，他們倡導追求一種「集體」與「個人」的適度平衡及和睦的幸福感；所以中國人和西方人所追求的幸福感是有很大差別的。舉個例子，譬如就美國人來說，他們的人生目的，追求的是個人的富裕和自由，基本上只願為獲取個人的利益和自由而奮鬥。而中國人則倡導追求人民的共同富裕，願為人民大

眾的集體利益的獲取而奮鬥，不斷地去建全共建共治共享的國家治理體系和制度。

現今，中國許多大學都在教授「正向心理學」（或「積極心理學」）這一門課程，但我認為，我們一定要牢記，不能全部照搬西方正向心理學在這方面的理論或實驗設計或闡釋，而必須在教授時，指出西方的正向心理學的不完美處（imperfection）、問題及弱點，並建立起中國自己的正向心理學，以及我們的國家、社會、文化、文明等的新的正向心理價值觀和正向心理意識形態。我在第 2 章已指出過，現今我們急切需要的，是儘快樹立起從屬我們中國特有的、更為宏觀和包容的正向心理學概念，也就是「引領和導向學」或「心智心理引導學」概念。

上面所指的 (a) 和 (b)，都從屬「引領和導向」概念的範疇。他們兩者之間有相同之處，但也有不同之處。在這一章內我會就 (a)：個人對家庭和國家的情感的付出，所獲得的正向心理幸福感，先作出闡釋；而在第 4 章內，我會就 (b)：人作為群體或社會其中的一分子，為追求理想、信念、「信仰」，又能起到引導作用，而獲得的正向心理幸福感，作出詳細的闡釋。

習近平一再強調：中國必須「加快構建中國特色哲學社會科學，歸根結底是建構中國自主的知識體系。要以中國為觀照、時代為觀照，立足中國實際，解決中國問題，不斷推動中華優秀傳統文化創造性轉化、創新性發展，不斷推進知識創新、理論創新、方法創新，使中國特色哲學社會真正屹立於世界學術之林。」[3] 所以我會盡量沿着這一方向和思路，在下面的章節內，作出有關的論證和討論。不過，為了方便討論，我先舉幾個例子予以說明一下。

例子(I)：通過建設優良的家風獲取幸福感

2022 年 5 月 16 日《人民日報》一篇評論員文章指出：「家庭是社

會的基本細胞，家庭的前途命運同國家和民族的前途命運緊密相連。」(4) 文章還說，習近平指出：「不論時代發生多大變化，不論生活格局發生多大變化，我們要重視家庭建設、注重家庭、注重家風。……廣大家庭都要弘揚優良家風，以千千萬萬家庭的好家風支撐起全社會的好風氣。……大國之大，也有大國之重。千頭萬緒的事，說到底是千家萬戶的事。」(4) 習近平又說：「千家萬戶都好，國家才能好，民族才能好。……我們要重視家庭文明建設，努力使千千萬萬個家庭成為國家發展、民族進步、社會和諧的重要基點，成為人們夢想啟航的地方。」(5)

從以上的摘錄，我們可以看到，中國是把社會的治理，置放在家庭基礎之上，強調「發揮家庭家教家風在基層社會治理中的重要作用。……家庭文明建設是鄉風文明與社會和諧的支點。」(4) 所謂「家和萬事興，家齊國安寧。」(4)

習近平 2022 年 6 月，在四川考察時進一步指出：「要推動全社會注重家庭家教家風建設，激勵子孫後代增強國家情懷，努力成長為對國家、對社會有用之才。」(6) 強調「黨員、幹部特別是領導幹部要清白做人、勤儉齊家、乾淨做事、廉潔從政，管好自己和家人。」(6) 像中國那樣強調家庭家教家風，對治國理政的重要性，西方人士是不容易理解和明白的。但這是中國國情使然，一種重要的中國人的傳統和文化傳承；而更重要的，是一種夯實社會主義不可或缺的正向心理建設。所以在中國，政府給予人民正確的家庭家教家風的引領和導向，對治國理政的重要性來說是非常重要，並且必須給予高度的重視。

2016 年 12 月，習近平在會見全國第一屆文明家庭代表時強調，社會要廣泛參與家庭精神文明建設，要「推動形成愛國愛家、相親相愛、向上向善、共建共享的社會主義家庭文明新風尚。」(7) 習近平所指的*「相親相愛」應是家風的情感訴求*；*「向上向善」應是家風的價值導向，而「共建共享」則應是家風的實踐路徑。*

在張彥、郗鳳芹等著的《涵養好品德》一書中，談到有關家

風傳承問題時指出:「家是最小國,國是千萬家。家風的『家』是家庭的『家』,也是國家的家。家風在傳承中華民族傳統美德、涵育個人道德品行和弘揚社會正能量等方面,一如既往發揮着重要作用。……時代在變遷,社會在發展,優良家風建設的問題在不同的場合被提及和強調,得到了全社會的重要關注。然而,新時代的社會特點,多元價值觀的衝擊、家庭結構的變化等各種因素仍不可避免地讓新時代的家風建設,面臨着一些新的問題和挑戰。」[8]

假如我們從「心智心理引導」的角度,來分析家風建設的問題,那麼我們可以感受到,「家風在傳承中華民族傳統美德、涵育個人道德品行、和弘揚社會正能量等方面」就是一種深刻在我們心中(即大腦)的情感方面的烙印。是一種每一個人,在正常的家庭內成長的過程中,在有意識和下意識之下,都可以感受到的。而這種情感烙印,也是每一個家庭成員,永遠無法從他們的腦子抹得去的,是埋在每一個人心中深處的永久痕跡。但這種情感烙印,是需要長期通過政府 + 社會的正確引領和導向,才會成為一種美好的記憶及潛在的情感意識。當然,假如在年輕時就能建立起自我引導的基礎,那在接受被引領和導向時,就更會相得益彰和更具成效了。

另一方面,當我們面對一個陌生的社會環境,一個多元價值觀對我們固有的家庭觀念、情感的衝擊,或家庭的結構突然起變化時,我們對家庭的觀感、情感,就很可能會產生許多情緒方面的波動,會忐忑不安,引起心理方面的糾結或矛盾。假如要有效地去舒緩和解救這些困擾的話,我想單靠「正向心理學」所說的,從解決「個人」的問題着手,並不是最好的辦法;而是要依靠和通過國家社會的力量,使用各種正確的引導心智心理發展的方法(即由國家或社會主動設法去引領和導向)才能解決。而這種辦法,只有中國這樣的社會主義國家才能做到,其他的西方社會,就不容易做到。所以在解決有關家庭的問題時,必須依靠國家長期對家風家教的全方位的「正向」建設,親情關係深入的培育,美德教育的不斷熏

陶，人與人及人與社會之間的情感的維繫，來作出各種心智心理方面的引領和導向，才容易處理好個人與家庭之間出現的各種問題。也只有這樣，才可以讓我們的社會長期保持穩定和諧，家庭幸福。

　　但也必須看到，個人與家庭、個人與社會，是存有千絲萬縷、錯綜複雜的各種屬於「人情世故」、「哥們義氣」及「利害關係」的關係網絡的（包括：上下級關係、親情關係、同學關係、同事關係、師徒關係等等）。這些關係網，如果不在情感和理性方面，給以正確、正向、向好、向善的引導，就很容易會使人走入歧途，或陷入反社會，甚至犯法的窘境，而不能自拔。所以人人都要時刻在這方面提高警惕，務必要清白做人，做好自己，理性地掌控自己的情緒和情感。

例子(II)：引導建設愛國情懷的心理

西方的正向心理學，對人的愛國情懷心理的處理和建構，並不會擺放在一個很重要的位置，因為他們所關注的，只是「個人」的情懷能否得到心理的滿足。但中國則非常重視愛國情懷這一心理環節的構建。張彥、郤鳳芹等在他們著的《涵養好品德》一書中指出：「愛國不僅是一種自然意義上的『血緣』認同，更是一種政治認同、歷史認同、文化認同與道義認同。……愛國是人的社會本質的主要呈現樣態。『我』和『我的祖國』在真實真誠的互動中達至共感、同情與合作的狀態，實現彼此之間的相互理解、意義共生與價值共享。……在絕對自由觀念的支配下，個體強調情感的自由性，將愛國情感視為一種強制性情感灌輸，忽視愛國情感生成的『自然性』與『樸素性』。事實上，人與祖國有着類似生物學意義上子女與父母的血脉相連。人的感性存在決定其對祖國生於斯、長於斯的地方具有深深的情感依戀。否認這一情感依戀，意味着否認愛國主義生成的感性基礎。」[8]

　　「人的感性存在決定其對祖國生於斯、長於斯的地方具有深深的情感依戀」這種心態，從心理學和人類進化的角度來看，都是很自然的事。因為人腦對於「生於斯、長於斯的地方」之所以在心理上（即腦子裏）「具有深深的情感依戀」，是因為這是一種與生俱來的，可以促使人類能夠用自身的「適應能力」、「習慣性」、「忍耐力」和「韌性」機制，達到增進生存機會的能力。所以，從「適者生存」和「進化」的角度來看，中國對愛國情懷的建設的重視，是非常正確的做法。假如我們能把增進愛國情懷的建設，置放在正確引導心智心理發展的方向予以推廣和夯實，那就更是一種極之有效，可以達致相得益彰，行穩致遠的做法。

　　張彥、郗鳳芹等在《涵養好品德》一書中，進一步指出：「愛國之情、強國之志與報國之行統一於實現中國夢的偉大征程中。中國夢指引下的愛國主義不是狹隘的愛國主義，而是關係理性視域下愛國主體間合作、共贏、共享、『美美與共』的愛國主義，是個人夢與中國夢、中國夢與世界夢的共融共通；不是物化、異化的愛國主義，而是克服工具理性、堅守價值理性、踐行美好生活的愛國主義，是人的自由全面發展與社會全面發展的理性統一。」[8]

　　張彥、郗鳳芹等還強調：「受中國夢這一大眾化、形象化、具體化的價值感召，愛國者逐步確立為國家富強、民族振興與人民幸福而不懈奮鬥的具體目標，在原初的自然情感基礎上逐步向認同、踐行中國夢的價值性自覺邁進。這一過程旨在實現一種自由自覺的、根源性的國家認同，生成作為中國人的底氣、自信與自豪，達致情感認同與價值認同的有效統一。」[8]

　　不過也必須指出，將愛國主義等同於地方性、排外性的民族主義，是錯誤的，也是有違人類命運共同體意識的構建的，因為「個人命運與國家命運存在密不可分的內在關聯。個人對國家有着物質與精神的雙重依存性，愛國情感作為公民首要的情感寄托，是激發人們作出愛國行為的不竭動力。」[8] 所以，堅持推動愛國行為的實踐，及愛國情懷在心智心理方面的建設，通過「心智心理的引

導」、陶冶，以及實踐創新，把外來的有關理論同中華民族的歷史文化、思維方式、民族心理結合好，這對每一個中國人來說，都是非常重要。

例子(III)：中國堅持人民至上、生命至上的治國理政理念

中國政府的執政理念，是要做到堅持人民至上、生命至上，這不是每一個國家的政府都能夠做得到的。譬如，中國在處理抗新冠肺炎疫情的方法來說，就非常科學。中國起初堅持用「動態清零」的方法來解決「新冠病毒肺炎」的傳播，之後，逐漸變通。當「新冠病毒肺炎」的毒害漸漸減弱，成為一種常態化的「新冠病毒感染」病時，就改用「動態防治優化」的方法來處理。這與其他許多西方的所謂「自由民主」國家，採用的非常不負責任和不人道的「集體免疫」和「躺平」的做法，完全不一樣。其結果是，西方國家死了無數不應該死的人；而在經濟上，則比中國付出了更沉重的代價。這我在拙著《誰是驅動人類命運演進的未來力量？中國模式 ＋ 話語權 vs 西方模式 ＋ 話語權》一書中，已作出了詳細的討論，這裏就不再展開討論了。對於中國的做法，2022 年 6 月 29 日習近平在湖北武漢考察時強調指出：對中國來說，「新冠肺炎疫情是一場大考。我們堅持人民至上、生命至上，堅持外防輸入、內防反彈，堅持動態清零，因時因勢不斷調整防控措施，最大程度保護了人民生命安全和身體健康。我國人口基數大，如果搞『集體免疫』、『躺平』之類的防控政策，後果不堪設想。我們實施動態清零政策，是黨中央從黨的性質宗旨出發、從我國國情出發確定的，寧可暫時影響一點經濟發展，也不能讓人民群眾生命安全和身體健康受到傷害，尤其是要保護好老人、孩子。如果算總賬，我們的防疫措施是最經濟的、效果最好的。」[9]

中國採用了「動態清零」的做法，為中國穩住了經濟約三年左右的穩定發展期，並且還大大減少了因疫情而引發的死亡率。等到疫情開始減弱時，又逐步優化完善防控措施，減輕人民因「動態清零」的防控措施而帶來的不便和壓力。孫春蘭 2022 年 11 月 30 日在國家衛生健康委員會召開的座談會上指出：「疫情防控近三年來，黨中央、國務院始終把人民群眾生命安全和身體健康放在第一位，因時因勢優化完善防控措施。……隨着奧密克戎病毒致病性的減弱，疫苗接種的普及、防控經驗的積累，我國疫情防控面臨新形勢新任務。要深入貫徹習近平總書記重要指示精神，落實黨中央、國務院決策部署，以人民為中心，防控工作穩中求進，防控政策持續優化，走小步不停步，不斷完善診斷、檢測、收治、隔離等措施，加強全人群特別是老年人免疫接種，加快治療藥物和醫療資源準備，落實好『疫情要防住、經濟要穩住、發展要安全』的要求。」[10] 而到了 2023 年初，奧密克戎病毒的致病性已大大減弱，成為一種「風土病」，此時中國對疫情的防控，就可以用防備一般的「風土病」來處理了。

　　為什麼中國要這樣分階段來處理疫情呢？除了習近平等所說的理由外，我想主要是因為中國共產黨的治國理政哲學，是一定要尊重科學、尊重人民。特別是要對人民有強大的愛護之心，以及對人民有深切的感情。而其他許多西方的執政者，則不會這樣做，因為他們對政治和權力，缺乏正確的認知，只懂得怎樣去搶選票、弄權、甩鍋、掠奪利益，以及為自己創造機會。其次，中國的傳統道德觀，崇尚人要有「仁心」。葛兆光在他著的《中國思想史》一書中指出：「仁是什麼？按照《論語·顏淵》中一句最直截了當的話來說，就是『愛人』。」[11] 就是要有「愛人之心」。「這種『愛人』出自內心深處的平和、謙恭和親熱之情。」[11]

　　所以我們不能無選擇性地去專注學習，和支持西方那些只崇尚西方的那種「愛」的心理構建。因為他們所謂的「愛」，只熱衷於崇尚「個人主義」，追求個人化的「自由民主」，鼓勵「自私自利」

的那種不正常的心理狀態和意識。譬如許多西方人士，由於強調「個人自由」，就反對戴口罩。又譬如在美國，人人都可以擁有槍械來保護自己，但其結果又怎樣？美國差不多每天都有槍殺案發生。所以，就中國來說，中國不能在這方面去學習美國。中國必須用積極引領和導向的方法，培養和建立自己的，具有「仁愛」之心的、能充份發揮人的正確的情感意識和情懷、以及推動社會發展和進化所需的善良的好公民意識和心態。

參考資料

1.　Lo's Psychology 著，《改變人生的正向心理學》。2021 年，花千樹出版社，第 124 頁。

2.　Messias，Erick; Hamid Peseschkian; Consuelo Cagande 著，郭約瑟譯，《正向心理科學臨床實務》（*Positive Psychiatry, Psychotherapy and Psychology: Clinical Applications*）。2022 年，啟示出版，第 59，65 頁。

3.　習近平 2022 年 4 月 25 日在中國人民大學考察調研時的講話。2022 年 4 月 26 日，《人民日報》。

4.　〈黨的十八大以來家庭家教家風建設實現高質量發展——繪就家和萬事興的幸福圖景〉。2022 年 5 月 16 日，《人民日報》。

5.　〈千家萬戶好，國家才能好，民族才能好——習近平總書記這樣重視和引領家庭家教家風建設〉。2022 年 5 月 15 日，《人民日報》。

6.　李浩燃，〈涵養新時代共產黨人的良好家風〉。2022 年 6 月 12 日，《人民日報》。

7.　習近平，《習近平談治國理政，第二卷》。2017 年，外文出版社版，第 356 頁。

8.　張彥、郗鳳芹等著,《涵養好品德》。2020 年,人民出版社,第 12,44,45 頁。

9.　〈2022 年 6 月 29 日習近平在湖北武漢考察時的講話〉。2022 年 6 月 30 日,《人民日報》。

10.　〈孫春蘭:以人民為中心優化防控政策〉。2022 年 12 月 1 日,《大公報》。

11.　葛兆光,《中國思想史,第一卷》。2021 年,復旦大學出版社,第 89 頁。

第 4 章

引領和導向建立有理想、信念、「信仰」的「心學」

習近平 2022 年 3 月 1 日在中央黨校（國家行政學院）青年幹部培訓班開班式上強調：「理想信念是立黨興黨之基，也是黨員幹部安生立命之本。年輕幹部接好班，最重要的是接好堅持馬克思主義信仰、為共產主義遠大理想和中國特色社會主義共同理想而奮鬥的班。黨員幹部只有胸懷天下、志存高遠，不忘初心使命，把人生理想融入黨和人民事業之中，把為人民幸福而奮鬥作為自己最大的幸福，才能擁有高尚的、充實的人生。堅定理想信念，必先知之而後信之，信之而後行之。堅定理想信念不是一陣子而是一輩子的事，要常修常煉、常悟常進，無論順境逆境都堅貞不渝，經得起大浪淘沙的考驗。」[1]

　　曹英 2022 年 5 月 2 日在《人民日報》撰文說：「習近平總書記指出：『理想信念是共產黨人的政治靈魂，是共產黨人初心的本質要求。』」[2] 曹英又說：「中國共產黨自成立之日起，就是一個有着崇高理想和堅定信念的黨。在百年奮鬥歷程中，一代代共產黨人堅守對馬克思主義的信仰、對中國特色社會主義的信念、對實現中華民族偉大復興中國夢的信心，始終為大公、守大義、求大我。理想信念是共產黨人的精神之『鈣』，對於黨員、幹部成長發展至

關重要。加強黨性鍛煉，首先要築牢理想信念根基。應當看到，前進道路上仍然有不少『攔路虎』『絆腳石』。如果理想信念不堅定，精神上就會得『軟骨病』，就會在風雨面前東搖西擺；只有理想不滅、信念不倒、精神不垮，才能經得起風浪、抵得住誘惑。修好共產黨人的『心學』，需要教育引導黨員、幹部涵育堅守信仰、獻身理想的高尚品格，解決好世界觀、人生觀、價值觀這個『總開關』問題，矢志不渝為實現共產主義遠大理想和中國特色社會主義共同理想而奮鬥。」(2)

曹英跟着說：「中國共產黨自成立之日起就是一個有着崇高理想和堅定信念的黨。在百年奮鬥歷程中，一代代共產黨人堅守對馬克思主義的信仰、對中國特色社會主義的信念、對實現中華民族偉大復興中國夢的信心，始終為大公、守大義、求大我。」(2) 這些話清楚的告訴我們：(1) 中國共產黨的崇高遠大理想，就是要在中國實現共產主義；(2) 如果是中國共產黨人的話，那麼一代代的中國共產黨人，必須堅守這一信念；(3) 為了達致以上的目標，中國共產黨依靠馬克思主義，通過實踐，將馬克思主義中國化，並在中國逐步把對馬克思主義的「信仰」予以落實和轉化為現實。故此，根據這一邏輯推理以及中國共產黨過去的成功歷史，相信中國共產黨定能繼續成功。用較現代的話語來形容，這就是中國共產黨的「使命與願景」（mission and vision）。

所以，中國共產黨在以後的歲月裏，是否能夠長期保持執政的地位，關鍵主要是要看中國共產黨，在踐行共產主義的過程中，能否做到永遠堅守馬克思主義不動搖；怎樣堅守馬克思主義（但要防止出現過左或過右的傾向）；怎樣對馬克思主義的「理想信念」保持賡續虔誠；如何把馬克思主義繼續成功地予以「中國化」，以及怎樣把馬克思主義從「信仰」成功地變為現實。

那麼，中國共產黨怎樣才能保持對「理想信念」的賡續虔誠呢？依照我的看法，中國共產黨以後必須做好以下兩件事，即：

(I)　繼續把中國共產黨的理想信念，建立在理性的、科學的理論

之上，建立在對歷史規律的正確認識之上，建立在對基本國情的準確把握之上；

(II)　中國共產黨認為人類最美好的崇高「信仰」，不應只停留在「信仰」階段，而應讓「信仰」逐步變為現實；而所謂現實，即如 170 年前，馬克思‧恩格斯所指出的：把「一個沒有壓迫、沒有剝削、人人平等、人人自由的理想社會，有序地建立起來。」[3]（*註*：實事求是的說，「一個沒有壓迫、沒有剝削」的社會，是比較容易達致的；但「一個人人平等、人人自由的社會」是較難以達致的，因為這涉及到人的構造（特別是腦的基因構造）。譬如：人的大腦構造、人的本性（所謂「本性」，用較準確的語言來說，指的應是基因的組合及表達形式）、人的心智心理因素、人的能力等，都是千差萬別的，是多元的。因此，我認為，馬克思‧恩格斯的意思，指的只能是，盡量做到社會和經濟層面的「人人平等、人人自由」。要想做到人的能力方面個個平等（即人人一個樣）是不可能和不科學的。）

下面我試把 (I) 和 (II) 這兩件事，再說清楚一些。

2022 年 5 月 16 日《人民日報》的一篇評論員文章指出：「理想信念只有建立在對科學理論的理性認同上，建立在對歷史規律的正確認識上，建立在對基本國情的準確把握上，才能虔誠而執着、至信而深厚。……堅定理想信念，必先知之而後信之，信之而後行之。」才能「從自內心深處厚植對黨的信賴、對中國特色社會主義的信心，對馬克思主義的信仰。」[4]

《百年大黨面對面》一書指出：「信仰，探究和解決的是人的終極問題。在人類社會從蒙昧走向文明的過程中，信仰始終是縈繞人的精神生活的永恆話題。在人類生產力落後、科技不發達、認知水準低下的古代，信仰或被訴諸『普度眾生』的宗教，或被訴諸『承接天命』的帝王，或被訴諸『超然塵世』的神話，或被訴諸

『神秘詭異』的傳說……這些讓人在面對現世苦難的時候,在一定程度上給人以精神的安慰、心靈的寄託。」⁽⁵⁾

　　而「中國共產黨［則］是為了共同的理想信念［及信仰］走到一起的。」而不是一個「利益結成的政治團體」。所以,共產黨之所以叫共產黨,「是因為從成立之日起就把共產主義寫在自己的旗幟上,作為矢志不渝追求的遠大理想。」⁽⁵⁾「無數共產黨人在信仰燈塔下踔厲奮發,*盡管他知道,自己追求的理想並不一定在自己手中實現,但他們堅信,人類最美好的崇高信仰必定會變為現實。*」⁽⁴⁾(註:*中國共產黨對馬克思主義的「信仰」,是要及能夠把馬克思主義的「信仰」變為現實;而這是其他任何「信仰」都無法做到的。這樣就把中國共產黨的「信仰」,與其他的「信仰」(例如各種的「宗教信仰」)區分開來。這就是為什麼馬克思主義可以成為一種科學的理論,而宗教信仰則不能,而只能是一種迷信。*)

　　而中國共產黨,因為「堅信人類最美好的崇高信仰必定會變為現實」,所以能成功地走到現在——這而且已是歷史事實。但問題是,現今我們還不清楚知道,今後中國共產黨還需堅守多長的時間在這一「堅信」階段。還是說,中國共產黨已經在做準備,要在未來的 30–50 年內,把全部的「堅信」變為現實。所以我認為,中國共產黨現在是時候,應該認真研究怎樣在未來的歲月,具體地把這「崇高信仰變為現實」的路線圖和時間表,擘畫出來。因為,假如中國共產黨不這樣做的話,那就容易給人一種錯覺,以為中國共產黨所謂的「信仰」與其他的「宗教信仰」都是一樣的,而「變為現實」也都是非常非常遙遠的事,甚至是個「烏托邦」。但事實當然並非如此,因為 2018 年 5 月 4 日習近平在紀念馬克思誕辰二百週年大會上的講話,指出:「馬克思主義是科學的理論,創造性地揭示了人類社會發展規律;是人民的理論,第一創造了人民實現自身解放的思想體系;是實踐的理論,指導着人民改造世界的行動;是不斷發展的開放的理論,始終站在時代前沿。馬克思主義的命運早已同中國共產黨的命運、中國人民的命運、中華民族的命運,緊

緊連在一起，它的科學性和真理性在中國得到充分檢驗，它的人民性和實踐性在中國得到了充分貫徹，它的開放性和時代性在中國得到充分彰顯。新時代的中國共產黨人仍然要學習馬克思，學習和實踐馬克思主義，高揚馬克思主義偉大旗幟，不斷從中汲取科學智慧和理論力量，更有定力、更有自信、更有智慧地，堅持和發展新時代中國特色社會主義。要堅持用馬克思主義觀察時代、解讀時代、引領時代，用鮮活豐富的當代中國實踐來推動馬克思主義發展，用寬廣視野吸收人類創造的一切優秀文明成果，堅持在改革中守正出新、不斷超越自己，在開放中博採眾長、不斷完善自己，不斷開闢當代馬克思主義、二十一世紀馬克思主義新境界。」[6]

我先前在拙著《怎樣提升人類命運的進化？構建：中華新文明、世界新文明、人類命運共同體文明》一書中指出，在下一階段，我相信中國共產黨是能夠講清楚以下的兩個問題（見圖 4.1）。

從圖 4.1 中我們可以看到，中國共產黨在中國實現共產主義，是可以依照圖中的 (I) 和 (II) 兩個模式來進行的。

但在討論這兩種模式之前，讓我們先重溫一下，中國共產黨第二十次全國代表大會在 2022 年 10 月 22 日通過的《中國共產黨黨章》內的那句話：「中國共產黨人追求的共產主義最高理想，只有在社會主義社會充分發展的高度發達的基礎上才能實現。」從這一句話我們可以看到，所謂的「在社會主義社會充分發展的高度發達的基礎」或階段究竟是什麼，在黨章內並沒有詳細說明。

《百年大黨面對面》一書指出：「在過去較長時間裏，我們對所處的發展階段認識不是很清醒，或急於『跑進入共產主義』，或認為仍是兩個階級激烈鬥爭的『過渡時期』，從而導致時『左』時『右』的錯誤發生。我們黨在深刻認識當代中國基本國情的基礎上，對我國所處發展階段作出科學判斷，認為社會主義本身是共產主義的初級階段，而我國處在社會主義的初級階段，就是不發達的階段。這是我國社會主義建設的坐標基點、發展原點，黨的所有路線方針政策都立足於此來制定和推進。」[5]

圖 4.1　中國共產黨在中國實現共產主義的路線圖

模式 Ⅰ

中國特色社會主義初級階段➔➔中國特色社會主義高級階段➔
➔中國共產主義全面發展階段

模式 Ⅱ

中國特色社會主義初級階段（與中國共產主義最初級階段重疊）➔
➔中國特色社會主義高級階段（與中國共產主義初級階段重疊）➔
➔中國共產主義全面發展階段

中國特色社會主義初級階段➔➔ ↓ ↓ 中國共產主義最初級階段➔➔	中國特色社會主義高級階段➔➔ ↓ ↓ 中國共產主義初級階段➔➔	中國共產主義全面發展階段 中國共產主義全面發展階段

模式 I

所以，根據以上的解說，模式 Ⅰ 所示的路線圖就較易懂和明白。
因為這一模式顯示，建立共產主義，是由一個階段逐步地進入另一
個階段這樣銜接發展下去的。唯一不能肯定的是，在這模式的每一
階段，需要花上多少時間？《中國共產黨黨章》說：「社會主義制
度的發展和完善是一個長期的歷史過程。」但具體到底需要多長時
間？幾十年，還是幾百年？無人知道，只有通過實踐才能知曉。

模式 II

模式 II 所示的路線圖較為複雜些，即社會主義的發展階段，在一定程度上，與共產主義的發展階段是重疊的；即你中有我，我中有你，最終在不知不覺中，由社會主義轉變為或過渡到共產主義。從現今中國的發展情況來看，我認為模式 II 的解說，較為符合中國的發展實際和規律。假如真是這樣的話，那麼我認為，中國需積極使用引領和導向方法，做好每一個中國公民在這方面的「心」的工作。只有做好這方面的工作，中國共產黨才能達到習近平所說的：「以百姓心為心，與人民同呼吸、共命運、心連心」⁽⁵⁾ 的境界。所以依我的看法，中國必須不斷建立正確的理論和實踐「引導」，來鞏固習近平所強調的，要堅守「黨的初心，也是黨的恆心」⁽⁶⁾ 的忠告。

　　其次，如上面所說，假如社會主義的發展階段與共產主義的發展階段，是有重疊的地方，那麼最好把這些重疊的地方具體說明白。不然，人民在認知方面就會出現困難。因為譬如：不知哪些政策措施是暫時的，哪些是長久的；哪些政策措施，是需要從社會主義的發展階段，過渡至共產主義的發展階段。又譬如：就以現今社會主義的發展階段，所實行的具體政策措施為例，有些民族政策、宗教政策等肯定是暫時的，那麼，從長遠的角度來考慮，這些政策又會怎樣改變呢？所以，為了避免出現這方面的思想混亂，以及被西方的敵對勢力長期玩弄和戰略性地抹黑，我建議，理論上是否可以應用「進化論」的概念，指出所有的事物，都是會朝着好的和更為優化的方向發展的。因為從人類社會進步的角度來看，只有最適宜發展的事物，最有利於讓人民安居樂業、讓人民可以獲得幸福感、滿足感、快樂感、安全感的政策和措施，才會被保存下來。達爾文的進化論的觀點，事實上與「唯物辯證法中的『發展』與『運動』、『變化』」⁽⁷⁾ 的概念不但相似，而且是可以相輔相承的。因為「事物的普遍聯繫、相互作用，必然導致事物的運動變化發展。運

動是物質的存在方式，發展是事物前進的變化或上升的運動，意味着新事物代替舊事物。自然界的進化，人類社會的變遷，乃至人的思維變化，總體上是不斷由低級向高級發展的過程。」[7]

　　從中國成功地以科學的實踐觀和發展觀為基礎，把馬克思主義予以中國化並與中國的實際相結合，綜合地來說，我們可以把中國這些實踐馬克思主義的歷史經驗，分成以下三個發展進化階段，來說明中國所走過的馬克思主義與中國實際結合的過程，為什麼可以成功，為什麼是符合人類進化的規律的。

　　從圖 4.2 我們可以看到「人類社會是一個由低級形態向高級形態發展的過程。每一社會形態的發展過程，都會經歷若干不同發展階段」[7]；而就中國的發展情況來看，可被分成為 I、II 及 III 的三個發展演進階段。

圖 4.2　馬克思主義與中國實際結合而產生的
各階段的發展演進示意圖

階段 I →→	階段 II →→	階段 III
~[進入革命階段，新民主主義革命和推進社會主義建設階段]	~[進行改革開放，社會主義現代化建設和開創中國特色社會主義新時代階段]	~[進入共產主義持續發展和光大階段]
具體主要內容包括： 踐行農村包圍城市 + 武裝奪取政權 + 成立和建設新中國	具體主要內容包括： 建立中國特色社會主義 + 中國式現代化理論體系 + 構建特色社會主義社會及各種人類命運共同體	具體主要內容包括： 建立和發展 [中華新文明] + [世界新文明] + [人類命運共同體文明]

從圖 4.2 所示，我們可以看到：

階段 I：以毛澤東為代表的中國共產黨人，「把馬克思主義與中國實際相結合，創造性地運用『無產階級的宇宙觀』，即馬克思主義哲學，分析中國革命問題，開創了農村包圍城市、武裝奪取政權的革命道路」[7]，最後成功地建立了新中國，讓中國人民重新站起來，步入新民主主義和社會主義建設階段。

階段 II：中國共產黨在這一階段開始探索中國特色社會主義道路的進程，「圍繞着什麼是馬克思主義、怎樣對待馬克思主義，建設什麼樣的社會主義、怎樣建設社會主義，建設什麼樣的黨、怎樣建黨，實現什麼樣的發展、怎樣發展等基本問題，把馬克思主義與當代中國實際和時代特徵緊密結合起來，創造性地提出了一系列新思想新觀點新論斷，比較系統地回答了，在中國這樣一個有着十幾億人口的發展中大國，堅持、鞏固和發展社會主義的一系列重大問題，創立了中國特色社會主義理論體系，領導全國人民成功地開創和拓展了中國特色社會主義道路。中國特色社會主義理論體系，是包括鄧小平理論、『三個代表』重要思想、科學發展觀在內的科學理論體系，是馬克思主義中國化最新成果，生動地體現了馬克思主義的世界觀和方法論，是馬克思主義哲學在當代中國創造性運用和發展。黨的十八大以來，以習近平同志為總書記的黨中央高舉中國特色社會主義偉大旗幟，進一步推進馬克思主義中國化，堅持和豐富了中國特色社會主義理論體系」[7] 開創了中國特色社會主義新時代。（*註*：「三個代表」指的是由江澤民所提出的：強調中國共產黨始終代表中國先進生產力的發展要求，代表中國先進文化的前進方向，及代表中國最廣大人民的根本利益。）

階段 III：有關這一階段的發展，我在拙著《怎樣提升人類命運的進化？構建：中華新文明、世界新文明、人類命運共同體文明》一書中，已有詳盡的討論，這裏就不再討論了。只想在這裏指出一

點，那就是：構建中華新文明、世界新文明、人類命運共同體文明，正是習近平新時代在積極構建的發展體系，是創建中國特色社會主義高級階段及最終進入共產主義全面發展階段中，不可或缺的重要一步的內涵。（*註*：以上的三個階段，有人建議可看作為中國發展的 0.1 版、0.2 版及 0.3 版。）

從中國的發展經歷，我們可以看到「人的一切活動，都是在一定思想指導下進行的，是有計劃、有目的的活動。……人給自己構成世界的客觀圖景，並以自己的行動把頭腦中的圖景變成現實的存在，貫注了人的改造世界的創造性，體現了主體活動的能動性。人在認識和改造世界的歷史進程中，不斷地提升了自己的認識能力和實踐水準，從而提升了自己的主觀能動性。」[7]

從以上我們可以清楚看到，人的理想、信念、「信仰」、正確思想，是通過我們的腦子，再通過實踐，並在兩者的互動作用之下產生的。而人的正確思想，正如毛澤東所說：「只能從社會實踐中來。」[7] 換句話說，就是人腦的進化、人類命運的進化、人類社會的進化，都必須通過人類的實踐活動才能實現。這就是為什麼我在上面說，馬克思主義與進化論，能相輔相承地引導和推動人類及人類社會向前、向上發展的原因。也可以這樣說，馬克思主義與進化論是直至現今人類所能發現的，最直接影響人類命運能向前、向上發展的最重要的科學理論。

另外，由於人的思維能掌控和指導人的實踐活動（見圖 2.1所示），所以思維活動和實踐活動之間的互動，都是需要通過正確的心智心理的「引導」，才會產生好的思維方法和價值觀的。譬如我們要實現人的自由全面發展，首先就必須解決好人的個體發展與社會發展的關係，即「『每個人』發展與『一切人』發展的關係」[7]、個人自由與社會責任的關係、個人自由與社會秩序的關係等。歷來西方國家在價值觀方面，也非常關注個人自由發展的問題。但他們的着眼點，只強調個人的自由發展在資產階級社會制度之下的自由發展。這與中國的社會主義和將來的共產主義所強調

的，是不一樣的。***中國所倡導的是：整個人類的自由發展，不以犧牲一部分人的發展為代價，而是彼此和諧地發展***。「把每個人的發展當成為其他人發展不可缺少的條件，能夠有助於其他人的發展，而不應成為其他人發展的障礙。」[7] 而這種對個人及社會的價值觀，在不同的社會制度，肯定是不會相同的。這就是為什麼我說，中國必須創建屬於自己的心智心理的「引領和導向學」，而不能全面照搬西方的「正向心理學」或「社會心理學」的方法，來引領和導向中國未來發展的原因。

引領和導向中國未來發展的例子(I)

現今，中國的中心工作是推動經濟發展，而每一個中國人都知道，這是國強民富之本。高培勇 2022 年 7 月 19 日在《人民日報》撰文指出：「中國是最大的發展中國家，長期處於社會主義初級階段。發展始終是解決我國一切問題的基礎和關鍵，必須把發展作為黨執政興國的第一要務。新發展階段仍是社會主義初級階段中的一個階段；進入新發展階段後，上述大邏輯並未改變。從國際視角看，就大勢而言，『東升西降』，國際格局正在發生由量到質的變化。但就存量而言，依舊是『西強東弱』，美西方在國際體系中佔據主導地位。只有繼續發展社會生產力，才能彰顯社會主義制度的優越性。從國內視角看，經濟增速下行使得高增長掩蓋下的發展質量問題『水落石出』，衝擊着不發生系統性風險的底線。面向未來，我們必須堅持辦好自己的事，用發展的辦法不斷壯大綜合實力，為化解各類風險挑戰提供更為堅強的物質支撐，朝着全面建成社會主義現代化強國的宏偉目標不斷前進。」[8] 所以必須看到，中國的發展是「目標導向和問題導向相結合」[9] 的發展，因此政府在這方面的引領和導向是必須的，這與西方國家的所謂「自由放任」（laissez-faire）發展思想和模式是很不一樣的。

另一方面，我們中國正在大力推動世界各國，為未來的發展構建各種人類命運共同體，因為只有通過建立各種不同的人類命運共同體，我們才能把「人類命運共同體文明」建立起來（見拙著《怎樣提升人類命運的進化？構建：中華新文明、世界新文明、人類命運共同體文明》一書中的有關討論）。張鷟在〈推動構建人類命運共同體的人類文明新形態〉[10] 一文中指出：「當今世界上有 200 多個國家和地區、2500 多個民族，每一個國家和地區都有不同的歷史文化、政治制度、歷史風俗，因而必然孕育各種獨具特色的文明。伴隨科學技術的進步與社會生產力的高速發展，各國封閉的地域性存在轉變為脫域性的存在，不同的語言文字、歷史風俗、思想觀念、社會制度在普遍交往的基礎上相互碰撞和融合，多種思想和生活狀態相互衝擊，多樣性的人類文明應運而生，從而使人類文明多姿多彩。……另一方面，西方發達國家致力於以強權建立一統天下的單一文明。從人類歷史來看，共同體之間經歷了無數次大大小小的戰爭，尤其是兩次世界大戰的爆發，使人類文明遭受了不可逆轉的傷害。人類從兩次世界大戰的慘痛後果中認識到了多元文明和合共生的重要性。」[10] 故此，人類命運共同體這個構想，作為順應時代發展要求和各國人民共同嚮往的一種新型文明，也就浮現出水面。其特徵就是要堅持構建人類多元文明或多元的人類命運共同體文明。而多元文明的特徵，主要是呈現在以下的幾個方面：

1. 「人類命運共同體內含的文明觀打破了國家、種族、地域、意識形態的界限，以『一榮俱榮，一損俱損』的『共同命運』，取代了語言、血緣的認同紐帶，將多元人類文明的命運和未來發展緊密聯繫在一起，主張以文明交流互鑒和求同存異化解文明衝突，以共同發展和合作共贏超越文明優越，主張建立多元文明共生共榮與合作共贏的文明新秩序，從而超越了以往文明觀的建構基石，為人類文明未來發展指明了正確方向」[10]，創建了正確的引領和導向。

2.　「人類命運共同體內含的文明觀符合大多數國家和人民的
　　期待。多元文明的碰撞並不必然產生衝突，單一文明也並非
　　所有國家和人民的共同嚮往，多元文明完全可以在融合與互
　　塑中求同存異，進而實現共同進步、共同繁榮。」[10]

3.　楊洪源、康峻川指出：「從倡議和理念到思想的昇華，構建人
　　類命運共同體充分昭示出歷史邏輯、理論邏輯、實踐邏輯的
　　統一。通過對時代之問的解答，人類命運共同體思想以確立
　　相互依存、命運與共、合作共贏的核心理念的方式，在價值
　　觀層面上完成了歷史出場。爾後，經由對人類前途命運和時
　　代發展變化的深刻洞察，人類命運共同體思想從政治、安全、
　　經濟、文化、生態等方面作了總體佈局，並且為了不斷與時
　　代發展的需要相契合，提出了建設持久和平、普遍安全、共
　　同繁榮、開放包容、清潔美麗的世界的具體路徑，實現了理
　　論創新與實踐發展的良性互動。從相互依存、命運與共、合
　　作共贏的核心理念，到「五大方面」總體佈局再到「五個世
　　界」總體路徑，在人類命運共同體思想及其實踐中始終貫穿
　　着文明邏輯，即立足全人類進步與文明新形態創造所做出的
　　深刻而整體的把握。」[11]（*註*：「五大方面」指的是政治、社
　　會、經濟、文化、生態文明五個方面；而「五個世界」指的
　　是：(1) 堅持對話協商，建設一個持久和平的世界；(2) 堅持
　　共建共用，建設一個普遍安全的世界；(3) 堅持合作共贏，建
　　設一個共同繁榮的世界；(4) 堅持交流互鑒，建設一個開放包
　　容的世界；(5) 堅持綠色低碳，建設一個清潔美麗的世界。)

4.　人類命運共同體顯示，只有通過合理的文明的社會制度和新
　　型的多元的人類命運共同體的建立，每個人的自由發展才能
　　實現。換言之，「個人自由發展的實現，是以社會的發展，即
　　『自由人聯合體』的形成為前提的。只有在集體中，個人才
　　能獲得全面發展其才能的條件和可能。」[7] 關祥睿在〈作為
　　文明觀的人類命運共同體思想及其理論淵源〉[12] 一文中指

出：「人的自由個性只有在『真正的共同體』中才成為可能，這是馬克思主義共同體思想的核心要義。與過去存在的『自然的共同體』和『虛幻的共同體』不同，『自由人聯合體』作為『真正的共同體』，取代了個人與個人之間、個人與共同體之間以及共同體與共同體之間的分裂、衝突與對抗，真正實現了個人自由與共同體的自由之間的內在統一。顯然，『自由人聯合體』是未來社會共同體的理想形態。」(12)

其次，他還指出：「當然，『自由人聯合體』和『人類命運共同體』之間存在的時空差異，也使兩者在內涵上並不完全相同。『自由人聯合體』是指社會制度差別消除、階級和國家消亡的理想社會，而人類命運共同體主要是指包容發展程度、發展道路、社會制度差別的國際大家庭。人類命運共同體儘管並非馬克思所說的『自由人聯合體』，但是構成了通往這一理想的現實路徑。這是因為對人類整體發展和共同利益的關照，必然要求對人類的命運予以特別的關注；而要真正實現『作為目的本身的人類能力的發揮，必然需要在現實中推進人類命運共同體的構建。』」而這一構建的工作，中國正在努力作出引領和導向，使成為一種全新的『人類命運共同體文明』。(12)

而這一「人類命運共同體文明」比上面提到的、「遙遠」的、較為「虛幻」的馬克思所說的「自由人聯合體」，從人類社會的發展和人類命運進化的角度來看，我認為中國現今所創造的「人類命運共同體文明」，將比馬克思所說的「自由人聯合體」更容易實現及達致人類命運進化的最終目的。更確切地說，我相信「人類命運共同體文明」及「自由人聯合體文明」，兩者的發展過程，就像社會主義和共產主義的發展過程那樣，都是會在許多方面，有所 (1) 融合，(2) 趨同，及 (3) 重叠的。這在現今趨向全球化的時代，這種融合、趨同、重叠的客觀要素的出現和形成，已愈來愈佔主導地

位，例如在解決地球氣候變暖、資訊的全球化、保護生態環境等問題方面。從客觀上看，要解決這些全球化的問題，我們就得把國家及民族之間的界限和利益予於淡化。因為只有這樣，我們人類才能解決各種具全球化性質及影響人類生存的各種挑戰和危機。就這一點，從一定程度上顯示了共產主義所預見的，在將來的共產主義社會，人類的發展將會促使全球觀念取代國家觀念。即是說，未來國家的概念將會慢慢消失，取而代之的是一種「人類命運共同體」概念。當然，在這取代過程中，我們首先需要把各種「人類命運共同體」或「人類命運共同體文明」構建好。

故此，我認為「人類命運共同體文明」應被看作為「自由人聯合體文明」的低級或初級發展階段。在現今這一「人類命運共同體」低級或初級的發展和進化階段，最為重要的就是必須給予「人類命運共同體」的發展正確的引領和導向，保證其不走歪路、不停滯不前，不影響其「共產主義文明」初級階段的形成。

當然，「人類命運共同體能否在現實中形成，取決於這個共同體的成員是否形成價值上的共識，而價值共識能否形成的關鍵在於有沒有共同的利益。處於社會交往中的人們之間的共同利益越是不斷擴大，由他們組成的共同體的根基就會愈加鞏固。共同利益的存在並不意味着共同體內部不存在利益矛盾和衝突，在共同體中仍然存在着特殊利益與普遍利益的矛盾。正是因為這種矛盾的存在，『共同利益』才採取國家這種與國際的單個利益和全體利益相脫離的獨立形式，同時採取虛幻的共同體的形式。⋯⋯⋯這些始終真正地同共同利益和虛幻的共同利益相對抗的特殊利益所產生進行的實際鬥爭，使得通過國家這種虛幻的『普遍』利益來進行實際的干涉和約束成為必要。因此，如何處理和解決全人類共同利益和特定民族國家的特殊利益之間的矛盾，構成了全球治理和構建人類命運共同體的一個核心問題。」[12] 而解決的辦法看來只能是引領和導向人類：(1)「通過人類命運共同體思想主張以協商對話、合作共贏的方式，來解決人類的共同利益和民族國家的特殊利益

之間的矛盾」[12]；(2) 必須堅持維護人類文明的多樣性（包括政治、經濟、制度、社會、文化等的多樣性），因為這是促使人類文明進化的不可或缺的條件和前提；(3) 堅持通過尊重科學、理性、和平的方式和態度，並以思想引領和理智引領的方法，去解決問題和矛盾，因為這是人類不至於走向自殘而滅亡的唯一途徑。

引領和導向中國未來發展的例子(II)

再舉一個例子：譬如從全球發展的角度來看，我們可以清楚看到中國在全球發展這方面是有自己的使命的，而這使命與其他國家的是不一樣的。習近平 2022 年 7 月 4 日向「全球發展：共同使命與行動價值」智庫媒體高端論壇致賀信時說：「當前，世界百年變局和世紀疫情疊加，全球經濟復甦脆弱乏力，南北發展鴻溝進一步拉大，世界進入新的動盪變革期，促進全球發展已成為人類面臨的重大課題。為此，中國提出了全球發展倡議，中國願同世界各國一道，堅持以人民為中心，堅持普惠包容、創新驅動、人與自然和諧共生。推動將發展置於國際優先議程，加快落實聯合國 2030 年可持續發展議程，推動實現更加強勁、綠色、健康的全球發展。」[13] 從習近平的賀信，我們可以看到中國的價值觀和使命與其他的國家的價值觀和使命是不一樣的。但雖然如此，中國仍然希望能和各國一道，如黃坤明所說：「攜手開創普惠平衡、協調包容、合作共贏、共同繁榮的全球發展新時代。」[14] 中國的這種價值觀和使命，可以說是中國人獨有的，是存在每一個中國人心智內的一種根深蒂固的，內化於心、外化於行的信念和心理狀態。《人民日報》2022年 5 月 16 日的一篇評論指出：「信念關乎國家未來……理想遠大、信念堅定，是一個國家、一個民族無堅不摧的前進動力。」[15] 這一觀點，我非常贊同。

　　此外，我們還必須正確理解，中國現階段正在努力推進中國

式現代化的目的。習近平 2023 年 2 月 7 日在學習貫徹黨的二十大精神研討班開班式上發表講話時指出：「黨的十八大以來，我們黨在已有基礎上繼續前進，不斷實現理論和實踐上的創新突破，成功推進和拓展了中國式現代化。我們在認識上不斷深化，創立了新時代中國特色社會主義思想，實現了馬克思主義中國化時代化新的飛躍，為中國式現代化提供了根本遵循。我們進一步對中國式現代化的內涵和本質的認識，包括形成現代化的中國特色、本質要求和重大原則，初步構建中國式現代化的理論體系，使中國式現代化更加清晰、更加科學、更加可感可行。我們在戰略上不斷完善，深入實施科教興國戰略、人才強國戰略、鄉村振興戰略等一系列重大戰略，為中國式現代化提供堅實戰略支撐。」[16]

　　「一個國家走向現代化，既要遵循現代化一般規律，更要符合本國實際，具有本國特色。中國式現代化既有各國現代化的共同特徵，更有基於國情的鮮明特色。黨的二十大報告明確概括了*中國式現代化是人口規模巨大的現代化、是全體人民共同富裕的現代化、是物質文明和精神文明相協調的現代化、是人與自然和諧共生的現代化、是走和平發展道路的現代化這五個方面的中國特色，深刻揭示了中國式現代化的科學內涵。*」[16]

　　「中國式現代化，深深植根於中華傳統文化，體現科學社會主義的先進本質，借鑒吸收一切人類優秀成果，代表人類文明進步發展方向，展現了不同於西方現代化模式的新圖景，是一種全新的人類文明形態。中國式現代化，打破了『現代化 ＝ 西方化』的迷思，展現了現代化的另一幅圖景，拓展了發展中國家走向現代化的路徑選擇，為人類對更好社會制度的探索提供了中國方案。中國式現代化蘊含的獨特世界觀、價值觀、歷史觀、文明觀、民主觀、生態觀等及其偉大實踐，是對世界現代化理論和實踐的重大創新。」[16]

　　由中國自主獨立創建的中國式現代化，以及中國正在推動構建的各種人類命運共同體，即 [中國式現代化文明 ＋ 人類命運共

同體文明]，對未來世界的發展，如要起到有效的推動作用，中國就必須把在這些方面的，引領和導向的「心學」建立起來，才能讓 [中國式現代化文明 ＋ 人類命運共同體文明] 行穩致遠。最終，在不知不覺中，就中國來說，由以社會主義為基礎的 [中國式現代化文明] 轉化過渡到由以共產主義為基礎的 [中國式現代化文明]（*註*：當「中國式現代化文明」發展至高級階段時，[中國式現代化文明] 便可被視作為「中國傳統文明因素」 ＋ 那時段的「社會主義文明因素」（或共產主義文明因素） ＋ 那時段的「現代化文明因素」三位一體所形成的文明。而這一文明，再加上那時段的「人類命運共同體文明」，就已非常接近「共產主義文明」，成為「共產主義文明」不可或缺的基礎組成部份。）因此，[中國式現代文明 ＋ 人類命運共同體文明] 的建構，肯定會逐步、全方位和深刻地影響全世界新文明的建立，把人類命運的進化，逐步引領和導向至更高級的人類命運共同體文明發展階段。

最後，讓我扼要地就以上的討論作出總結。2022 年 10 月 16 日，習近平在中國共產黨第二十次全國代表大會的報告中指出：「擁有馬克思主義科學理論指導是我們黨的堅定信仰信念、把握歷史主動的根本所在。」[17]

因為「中國共產黨人深刻認識到，只有把馬克思主義基本原理同中國具體實際相結合、同中華優秀傳統文化相結合，堅持運用辯證唯物主義和歷史唯物主義，才能正確回答時代和實踐提出的重大問題，才能始終保持馬克思主義的蓬勃生機和旺盛活力。」[17]

而我在上面還指出過，共產黨對馬克思主義的「信仰」是與「宗教信仰」不一樣的。因為馬克思主義的理論，是可以用來解決實際問題和指導實踐的科學理論；而「宗教信仰」或宗教信仰的理論，則不能做到這一點。用通俗一點的話來說，就是：馬克思主義的理論，是可以兌現的理論，其真理性或真實性是可以在現世界被證實的，而「宗教信仰」則只是空頭支票而已，是無法在現世界實現或被證實的東西。

　　現今已有許多事實證明，中國堅持以馬克思主義為指導，並應用其科學的世界觀和方法論，的確解決了許多中國需要面對的治國理政的問題。其次，更值得指出的是，中國並沒有把馬克思主義當成一成不變的教條，而是正如習近平所說：中國「堅持解放思想，實事求是，與時俱進、求真務實，一切從實際出發，着眼解決新時代改革開放和社會主義現代化建設的實際問題，不斷回答中國之問、世界之問、人民之問、時代之問，做出符合中國實際和時代要求的正確回答，得出符合客觀規律的科學認識，形成與時俱進的理論成果。」[17]

參考資料

1.　習近平 2022 年 3 月 1 日在中央黨校（國家行政學院）中青年幹部培訓班開班式上的講話。2022 年 3 月 1 日，《人民日報》。

2.　曹英，〈修好共產黨人的「心學」〉。2022 年 5 月 2 日，《人民日報》。

3.　宣言，〈什麼是中國共產黨，中國共產黨幹什麼〉。2022 年 6 月 30 日，《人民日報》。

4.　〈理想遠大、信念堅定（人民觀點）〉。2022 年 5 月 16 日，《人民日報》。

5.　中共中央宣傳部理論局，《百年大黨面對面》。2022 年，學習出版社、人民出版社，第 20，21，23，70 頁。

6.　中共中央黨史和文獻研究院，《馬克思主義中國化一百年大事記（1921–2021 年）》。2022 年，中央文獻出版社，第 422–423，446 頁。

7.　中共中央宣傳部理論局，《馬克思主義哲學十講》。2013 年，黨建讀物出版社、學習出版社，第 3，4–5，28，29，41，70，96，168–169 頁。

8. 高培勇，〈引領新時代中國經濟發展的強大思想武器〉。2022 年 7 月 19 日，《人民日報》。

9. 寧吉喆，〈深入學習貫徹習近平經濟思想，紮實推動我國經濟高質量發展〉。2022 年 7 月 22 日，《人民日報》。

10. 張鷟，〈推動構建人類命運共同體的人類文明新形態〉，見：顏曉峰、楊群主編，《創造人類文明新形態》(《人類文明新形態研究叢書》)。2022 年，社會科學文獻出版社，第八章，第 189–192 頁。

11. 楊洪源、康峻川，〈人類命運共同體思想的歷史生成與文明邏輯〉，見：楊洪源 等著，《構建命運共同體的人類文明》(顏曉峰、楊群主編，《人類文明新形態研究叢書》)。2022 年，社會科學文獻出版社，第二章，第 29 頁。

12. 關祥睿，〈作為文明觀的人類命運共同體思想及其理論淵源〉，見：楊洪源 等著，《構建命運共同體的人類文明》(顏曉峰、楊群主編，《人類文明新形態研究叢書》)。2022 年，社會科學文獻出版社，第一章，第 9–10 頁。

13. 習近平給「全球發展：共同使命與行動價值」智庫媒體高端論壇的致賀信。2022 年 7 月 5 日，《人民日報》。

14. 黃坤明在「全球發展：共同使命與行動價值」智庫媒體高端論壇的主旨講話。2022 年 7 月 5 日，《人民日報》。

15. 〈理想遠大、信念堅定（人民觀點）〉。2022 年 5 月 16 日，《人民日報》。

16. 〈正確理解和大力推進中國式現代化〉。2023 年 2 月 8 日，《人民日報》。

17. 〈高舉中國特色社會主義偉大旗幟，為全面建設社會主義現代化國家而團結奮鬥〉(2022 年 11 月 16 日)，《習近平著作選讀，第一卷》。2023 年，人民出版社，第 14–15 頁。

第 5 章

心懷「國之大者」之事，得用「引導」方法予以強化才易成功

在前幾章我對中國政府應怎樣強化「心智心理引領和導向」來提升公民的心智心理狀態，作出了討論和論證。現今中國正進入快速發展的新時代，政府許多想創新、實踐的「國之大者」之事，仍需要用積極引領和導向的方法，把公民的心智心理狀態激活、擺正，才會有美好快速的結果。

下面我用三個例子說明一下：(1) 全面推進依法治國；(2) 構建人類命運共同體；(3) 推動中國生態文明的建設。(*註*：還可以列舉其他許多例子，譬如：保護好青海生態環境及「中華水塔」，糧食安全和節約糧食，鞏固中華民族共同體，築牢中國人民對國家認同的文化基礎，等等。但由於篇幅有限，這裏就無法展開全面的討論了；不過，可以參考我近年編著出版的有關專書。）

全面推進依法治國

中國共產黨如要實現黨和國家的長治久安，就必須不斷健全中國特色社會主義的法治體系，發揮「法治固根本、穩預期、利長遠的

保障作用」⑴。所以，中國共產黨必須首先提升用來領導治國理政的能力。而要做到這一點，最有效的辦法，就是必須在每一個中國公民的心中，建立起依法治國的「心」。要達到這一目的，我認為有必要利用「引領和導向」的方法，把中國特色社會主義的法治精神、以人民為中心的法治道路、以德治國與依法治國結合的理念、「讓法安天下、德潤人心的『中國之治』」⑵、依法治國和依規治黨的思想有機統一、依法治國與制度治黨的制度予以堅守、嚴厲懲治執法司法腐敗的做法，牢固地嵌在每一個公民的心中。只有當每一個中國公民的心中都存有「法治精神」，才能使中國共產黨（作為中國國家的長期執政黨）的法治引領和導向作用，可以得到有效的發揮。也只有這樣，才能保障中國國家的安全、經濟發展、文化繁榮、社會穩定、生態文明等各種建設的成功。

構建人類命運共同體

習近平在 2022 年 6 月 22 日，以視頻方式出席了金磚國家工商論壇開幕式，並發表主旨演講；他指出：「我們要不畏浮雲遮眼，準確認識歷史發展規律，不為一時一事所惑，不為風險所懼，勇敢面對挑戰，向着構建人類命運共同體的目標勇毅前行。」習近平在他的講話中，還進一步明確提出：「*我們要『團結協作，共同維護世界和平穩定』，『守望相助，共同促進全球持續發展』，『同舟共濟，共同實現合作共贏』，『包容並蓄，共同擴大開放融合』四點主張。習近平的主旨演講，深刻回答了『世界向何處去？和平還是戰爭？發展還是衰退？開放還是封閉？合作還是對抗？』的時代之問，充分彰顯了堅定不移推動構建人類命運共同體的使命擔當。*」⑶

　　習近平所提出的四點主張，值得我們細讀，因為這是順應和平、發展、合作、共贏的，構建人類命運共同體潮流發展的正確方向。

下面我再摘錄習近平的一些話，供大家參考。他說：「第一，我們要堅持和衷共濟，維護世界和平與安寧。一些國家力圖擴大軍事同盟謀求絕對安全，脅迫別國選邊站隊製造陣營對抗，漠視別國權益大搞唯我獨尊。如果任由這種危險勢頭發展下去，世界會更加動盪不安。」因此，各個國家「要在涉及彼此核心利益問題上相互支持，踐行真正的多邊主義，維護公道、反對霸權，維護公平、反對霸凌，維護團結反對分裂。中方願同各夥伴一道，推動全球安全倡議落地見效，堅持共同、綜合、合作、可持續的安全觀，走出一條對話而不對抗、結伴而不結盟、共贏而非零和的新型安全之路，為世界注入穩定性和正能量。」[4]

「第二，我們要堅持合作發展，共同應對風險和挑戰。」近期出現的「新冠肺炎疫情和烏克蘭危機影響交織疊加，為各國發展蒙上陰影，新興市場國家和發展中國家首當其衝。危機會帶來失序，也會催生變革，關鍵取決於如何應對。」所以，所有「國家應該促進產業鏈供應鏈互聯互通，共同應對減貧、農業、能源、物流等領域挑戰。要支援新開發銀行做大做強，推動完善應急儲備安排機制，築牢金融安全網和防火牆。」要拓展各個國家在「跨境支付、信用評級合作，提升貿易、投融資便利化水準。」中方願同各「夥伴一道，推動全球發展倡議走深走實，推動聯合國 2030 年可持續發展議程再出發，構建全球發展共同體，助力實現更加強勁、綠色、健康的全球發展。」[4]

「第三，我們要堅持開拓創新，激發合作潛能和活力。企圖通過搞科技壟斷、封鎖、壁壘，干擾別國創新發展，維護自身霸權地位，注定行不通。要推動完善全球科技治理，讓科技成果為更多人所及所享。」各國要加快「新工業革命夥伴關係建設」，「加強產業政策對接開闢新航路。着眼數字時代人才需要，建立職業教育聯盟，為加強創新創業合作打造人才庫。」[4]

「第四，我們要堅持開放包容，凝聚集體智慧和力量。」不搞「封閉的俱樂部」，也不搞「排外的『小圈子』」，而是守望相助的

大家庭、合作共贏的好夥伴。」要「為廣大新興市場國家搭建新的合作平台，成為新興市場國家和發展中國家開展南南合作、實現聯合自強的典範。」在「新形勢下，更要敞開大門謀發展、張開懷抱促合作。」[4] 因為，只有這樣各國才能「衝出迷霧走向光明」。而「最強大的力量是同心合力，最有效的方法是和衷共濟。」[3]

　　而就中國自身來說，就是要堅定信心、激流勇進。所以我認為，如要做到這一點，還得依靠中國政府以後繼續長期不暇地「引導」中國公民，向人類命運共同體的目標勇毅邁進，才能戰勝挑戰，迎來光明的未來！

推動中國生態文明的建設

習近平 2013 年 4 月 10 日在海南考察工作結束時的講話，強調：*「縱觀世界發展史，保護生態環境就是保護生產力，改善生態環境就是發展生產力。良好生態環境是最公平的公共產品，是最普惠的民生福祉。對人的生存來說，金山銀山固然重要，但綠水青山是人民生活的重要內容，是金錢不能代替的。你掙到了錢，但空氣、飲用水都不合格，哪有什麼幸福可言。」*[5]

　　2020 年 10 月 26–29 日中共十九屆五中全會召開，全會通過了《中共中央關於制定國民經濟和社會發展第十四個五年規劃和二〇三五年遠景目標的建議》，指出：「統籌推進經濟建設、政治建設、文化建設、社會建設、生態文明建設的總體佈局，協調推進全面建設社會主義現代化國家、全面深化改革、全面依法治國、全面從嚴治黨的戰略佈局，堅定不移貫徹創新、協調、綠色、開放、共享的新發展理念。」[5]

　　2021 年 4 月 30 日習近平主持中共十九屆中央政治局第二十九次集體學習時的講話還指出：「『十四五』時期，我國生態文明建設進入了以降碳為重點戰略方向、推動減污降碳協同增效、促進經

濟社會發展全面綠色轉型、實現生態環境質量改善由量變到質變
的關鍵時期。要完整、準確、全面觀察新發展理念，保持戰略定力，
站在人與自然和諧共生的高度來謀劃經濟社會發展，堅持節約資
源和保護環境的基本國策，堅持節約優先、保護優先、自然恢復為
主的方針，形成節約資源和保護環境的空間格局、產業結構、生產
方式、生活方式、統籌污染治理、生態保護，應對氣候變化，促進
生態環境持續改善，努力建設人與自然和諧共生的現代化。」[5]

　　自十八大以來，習近平更「把生態文明建設作為關係中華民
族永續發展的根本大計，從思想、法律、體制、組織、作風上全面
發力，開展一系列根本性、開創性、長遠性工作，決心之大、力度
之大、成效之大前所未有。」[6] 習近平強調：「建立健全綠色低碳
循環發展經濟體系，促進經濟社會發展，全面綠色轉型，是解決我
國生態環境問題之策。」[6] 可見中國在大力推動綠色低碳循環的
發展，是非常認真和用力的。中國生態環境部指出，中國根據習近
平的指示，要做到「堅定不移貫徹新發展理念，將綠色低碳循環發
展，作為推動高品質發展的內在要求和自覺行動，把碳達峰、碳中
和納入經濟社會發展全域和生態文明建設整體佈局，着力建立健
全碳達峰、碳中和『1+N』政策體系。」（註：「1」是中國實現碳
達峰、碳中和的指導思想和頂層設計，「N」是重點領域和行業實
施方案，包括：能源綠色轉型行動、工業領域碳達峰行動、交通運
輸綠色低碳行動、循環經濟降碳行動等。見 2021 年 11 月 11 日習
近平以視頻方式在亞太經合組織工商領導人峰會上的主旨演
講[6]。）生態環境部還進一步指出，就現今來說，「全國已累計淘
汰鋼鐵產能近 3 億噸，化解煤碳過剩產能 10 億噸。目前，全國新
能源汽車保有量超過 1000 萬輛，產銷量居世界第一。建成全球規
模最大的碳市場和清潔發電體系，可再生能源發電裝機容量超 10
億千瓦，水電、風電、太陽能發電、生物質發電裝機容量，均居世
界第一。」[7] 此外，中國還「持續深入開展污染防治攻堅戰，加
強生態系統保護修復力度」；因此，中國在生態環境保護方面，已

「發生歷史性、轉折性、全域性變化，綠色發展不斷顯現，生態環境改善成效顯著，生態系統得到持續修復。」[7] 現今中國在這方面仍在繼續努力「堅定走生產發展、生活富裕、生態良好的文明發展道路，堅持黨的全面領導，堅持科學理論引領，以高水平保護推動高質量發展，建立健全生態文明制度體系。」[7]

戴木才等在《中國式現代化道路》一書中指出，中國歷來重視「共建共治共享的發展邏輯，所以必然要求人與自然的和諧共生。」[8] 在書中戴木才等還進一步指出：中國「在人與自然的關係上，命運與共的新型社會關係，也為人與自然的和諧共生，提供了思想基礎和理論支撐。所以，『環境就是民生』成為了環境與人民之間共生關係的重要內容，自然生態也成為人的主體性內容，打造優美環境，滿足人民對優美環境的需求，自然而然也就成為衡量現代化的生態標準。在滿足人民美好生活需要的過程中，中國式現代化道路堅持人與自然的和諧相生，實現自然生態的可持續發展，將保護生態環境和促進經濟增長有機結合起來，創建綠色發展模式，形成節約資源和保護環境的空間格局、產業結構、生產方式和生活方式。」[8]

從習近平以上的一些講話和指示中，大家可以清楚看到，中國在生態文明建設方面，做了許多重要的決定。以後，就得看政府怎樣去落實了。而我認為，如要把中國公民引導好和發動起來，讓他們願意長期堅持把生態環境保護好，只能用「引領和導向」的方法，不斷提高他們在這方面的意識和認識，才會有成效。而在這一個問題上，我深信中國必定會堅持下去。因為，中國共產黨的至善追求和終極目標，是要滿足人民美好生活的需要，以及把實現人的自由全面發展可以具體落實。為此，我認為中國必定會把生態環境保護好，因為這是滿足人民美好生活的需要，實現人的自由全面發展的其中一個重要的前提條件（precondition）。讓我再重複上面引用過的習近平的那句話：「對人的生存來說，金山銀山固然重要，但綠水青山是人民生活的重要內容，是金錢不能代替的。你掙到了

錢，但空氣、飲用水都不合格，哪有什麼幸福可言。」[5] 所以，如果不把環境搞好，要滿足人民美好生活的需要，實現人的自由全面發展，就完全是不可能！

　　在 2022 年 10 月 30 日，人大常委會通過的《中華人民共和國黃河保護法》，就是一個很好的解決「國之大者」問題的具體例子之一。所謂「黃河寧，天下平」，可見對中國來說，保護黃河不但是要解決保護環境的問題，而更重要的是要具體解決好中國能長期持續穩定發展的「國之大者」其中的一個重大問題。

　　從以上的三個例子，我們可以清楚看到，政府在推動建立「國之大者」之事時，如能長期預先做好公民群眾的心智心理引導工作，那肯定就會事半功倍。而這就是為什麼我在本書中一再強調，中國必須創建積極正向的「引領和導向學」（例如：建立自己的「心智心理引導學」理論、「引領和導向方法學」，以及在這方面的實踐經驗和知識總結等），因為只有這樣，我們才能把公民在這方面的正確意識和正向積極的心智心理引領好導向好，也只有這樣我們才容易把中國的「國之大者」之事做好，把中國公民在這方面的認知能力和水平不斷提高。

參考資料

1.　〈新時代的原創性思想、變革性實踐、突破性進展、標誌性成果〉。2022 年 6 月 24 日，《人民日報》。

2.　〈法治中國建設邁出堅實步伐〉。2022 年 6 月 24 日，《人民日報》。

3.　〈向着構建人類命運共同體的目標勇毅前行〉。2022 年 6 月 24 日，《人民日報》。

4. 〈習近平 2022 年 6 月 23 日主持金磚國家領導人第十四次會晤並講話〉。2022 年 6 月 24 日,《人民日報》。

5. 中共中央黨史和文獻研究院,《馬克思主義中國化一百年大事記（1921–2021 年）》。2022 年,中央文獻出版社,第 351,461,475 頁。

6. 《習近平外交演講集,第二卷》。2022 年,中央文獻出版社,第 414 頁。

7. 生態環境部,〈美麗中國建設邁出重大步伐〉。2022 年 7 月 22 日,《人民日報》。

8. 戴木才等著,《中國式現代化道路》。2022 年,人民出版社,第 143–144 頁。

第 6 章

「馬克思主義」和「進化論」相輔相成共同引導推進人類文明的進化

馬克思主義的出現,「揭示了自然界、人類社會、人類思維發展的普遍規律,照亮了人類尋求自身解放的道路。這是人類思想史上一座令人嘆為觀止的高峰。」[1] 現今馬克思主義的「科學性和真理性得到充分檢驗。『*正像達爾文發現有機界的發展規律一樣,馬克思發現了人類歷史的發展規律。*』」[1]

自從人類發現了達爾文的進化論及馬克思主義之後,人類的命運和人類社會的發展,起了翻天覆地的變化。而我深信,在以後的歲月裏,由於達爾文的進化論及馬克思主義相互之間,能持續產生相輔相承和協同增效的作用,所以他們仍然會為人類的未來發展,作出引導性的巨大推動作用,甚至具顛覆性的改變。而改變和進步,又必定能為人類帶來更多更大的幸福。但是另一方面,現今威脅人類生存的最大危險:戰爭和氣候變化等,仍然存在並揮之不去。所以我很欣慰,我們的中國政府,面對着巨大的挑戰和困難,仍然堅守着馬克思主義和進化論的科學真理,維護着人類生存的三條底線,即:(1) 維護世界和平;(2) 堅持發展;(3) 實現中國式現代化。

維護世界和平

2022 年 6 月 25 日《人民日報》的一篇評論指出:「當今世界正在經歷百年未有之大變局。這場變局不限於一時一事、一國一域,而是深刻而弘闊的時代之變。時代之變和世紀疫情相互疊加,各種安全挑戰層出不窮,世界進入新的動盪變革期。『前事不忘,後事之師』。上世紀,人類先後經歷了兩次世界大戰的浩劫和冷戰對抗的陰霾。慘痛的歷史表明,霸權主義、集團政治、陣營對抗不會帶來和平安全,只會導致戰爭衝突。一些國家力圖擴大軍事同盟謀求絕對安全,脅迫別國選邊站隊,製造陣營對抗,漠視別國權益,大搞唯我獨尊。如果任由這種危險勢頭發展下去,世界會更加動盪不安。沒有和平,衝突不斷甚至戰火紛飛,經濟增長、民生改善、社會穩定、人民往來等都會淪為空談。歷史和現實深刻表明,安全問題是事關人類前途命運的重大問題。促進和平與發展首先要維護安全穩定;沒有安全穩定就談不上和平與發展。」[2]

　　2022 年 6 月 25 日《人民日報》的這篇評論文章還指出,習近平主席強調:「歷史告訴我們,和平是人類共同事業,需要各方共同爭取和維護。只有人人都珍愛和平、維護和平,只有人人都記取戰爭的慘痛教訓,和平才有希望。……沒有和平就沒有發展,沒有穩定就沒有繁榮。和平是各國人民最大的共同期盼;國家無論大小、強弱、貧富,都應該做和平的維護者和促進者。國際社會要摒棄零和博奕,共同反對霸權主義和強權政治,構建相互尊重、公平正義、合作共贏的新型國際關係,樹立休戚相關、安危與共的共同體意識,讓和平的陽光照亮世界。全球安全倡議着眼構建人類命運共同體,秉持真正的多邊主義,面向全球開放,歡迎各國共同參與,走出一條對話而不對抗、結伴而不結盟、共贏而非零和的新型安全之路。」[2]

　　2023 年 1 月 28 日,習近平主持中共十八屆中央政治局第三次集體學習時指出:「走和平發展道路,是我們黨根據時代發展潮

流和我國根本利益作出的戰略抉擇。和平發展道路能不能走得通，很大程度上要看我們能不能把世界的機遇轉變為中國的機遇，把中國的機遇轉變為世界的機遇，在中國與世界各國良性互動、互利共贏中開拓前進。」他強調：「我們要堅持走和平發展道路，但決不能放棄我們的正當權益，決不能犧牲國家核心利益。任何外國不要指望我們會拿自己的核心利益做交易，不要指望我們會吞下損害我國主權、安全、發展和利益的苦果。中國走和平發展道路，其他國家也都要走和平發展道路，只有各國都走和平發展道路，各國才能共同發展，國與國才能和平相處。」[3]

　　2013 年 3 月 23 日習近平在莫斯科國際關係學院發表演講，強調：「人類越來越成為你中有我、我中有你的命運共同體，呼籲各國共同推動建立以合作共贏為核心的新型國際關係。指出：要跟上時代前進步伐，就不能身體已進入二十一世紀，而腦袋還停留在過去，停留在殖民擴張的舊時代裏，停留在冷戰思維、零和博弈的老框框內。面對國際形勢的深刻變化和世界各國同舟共濟的客觀要求，各國應該共同推動建立以合作共贏為核心的新型國際關係，各國人民應該一齊來維護世界和平、促進共同發展。我們要實現的中國夢，不僅造福中國人民，而且造福各國人民。」[3]

　　2022 年 12 月 30 日，習近平和俄羅斯總統普京舉行視頻會晤時強調指出：「當前，世界又一次站在歷史的十字路口。是重拾冷戰思維，挑動分裂對立、集體對抗，還是從人類共同福祉出發，踐行平等互尊、合作共贏？這兩種取向考驗大國政治家的智慧，也考驗全人類的理性。」[3] 我認為，這兩種考驗「大國政治家的智慧，也考驗全人類的理性」的取向問題，正是人類在和平發展的道路上，不只要求大國的政治家，而是所有的政治家們，都必須負起引領和導向世界走向永久和平的問題。

堅持發展

發展是人類社會的永恆主題，也是人類社會得以進步、人類文明得以延續、人類命運得以進化的主題。2022 年 6 月 24 日習近平在「全球發展高層對話會」上的講話，指出：「我深深感受到，只有不斷發展，才能實現人民對生活安康、社會安寧的夢想。這是一個充滿挑戰的時代，也是一個充滿希望的時代。我們要認清世界發展大勢，堅定信心，起而行之，擰成一股繩，鉚足一股勁，推動全球發展，共創普惠平衡，協調包容、合作共贏、共同繁榮的發展格局。……只有各國人民都過上好日子，繁榮才能持久，安全才有保障，人權才有基礎。我們要把發展置於國際議程中心位置，落實聯合國 2030 年可持續發展議程，打造人人重視發展，各國共謀合作的政治共識。……保護主義是作繭自縛，『搞小圈子』只會孤立自己，極限制裁損人害己，脫鈎斷供行不通、走不遠。我們要真心實意謀發展、齊心協力促發展，建設開放型世界經濟，構建更加公正合理的全球治理體系和制度環境。……創新是發展的第一動力。我們要推進科技和制度創新，加快技術轉移和知識分享，推動現代產業發展，彌合數位鴻溝，加快低碳轉型，推動實現更加強勁、綠色、健康的全球發展。」[(4)] 習近平在同一講話中，還進一步指出：國際間只有「合作才能辦大事，辦成好事，辦成長久之事。發達國家要履行義務，發展中國家要深化合作，南北雙方要相向而行，共建團結、平等、均衡、普惠的全球發展夥伴關係，不讓任何一個國家、任何一個人掉隊。要支持聯合國在全球發展合作中發揮統籌協調作用，鼓勵工商界、社會團體、媒體智庫參與全球發展合作。」[(4)]

《百年大黨面對面》一書的編者，從中國自身的角度看中國的發展，指出：「*中國共產黨誕生於人類解放事業的大潮中，自成立之日起，就把改變民族命運的進程與促進世界和平發展的大勢緊密聯繫在一起，義無反顧承擔起拯救中華民族於水火的崇高使命，責無旁貸肩負起推動人類文明進步的神聖職責。中國共產黨在*

『為人民謀幸福、為民族謀復興』的偉大征程中，始終踐行『大道不孤、四海一家』的行動價值，以百年奮鬥的『自轉』推動世界歷史的『公轉』，深刻改變了世界發展的趨勢和格局，為促進人類進步、追求世界大同作出了不可磨滅的貢獻。」[1] 從這一段話，我們可以清楚看到，中國是非常希望能與所有的國家，「共同凝聚促進發展的國際共識，共同營造有利於發展的國際環境，共同培育全球發展新動能，共同構建全球發展夥伴關係。」[1]

但怎樣能夠讓人類充分認識到發展的必要性和重要性，而同時又充分明白影響我們人類生存和發展的各種危害和風險呢？就中國來說，我認為最好的辦法，就是政府需通過應用「引領和導向」的方法，以及加強人們對馬克思主義和進化論的認識，不斷把科學的、發展的進化概念及其「風險」，牢固地刻在人民的心中。而對中國來說，當然最重要的就是，首先要築牢人民在這方面的心智心理防線，進而推動馬克思主義和進化論的中國化時代化，將這些科學理論與中國的實際相結合，用他們來繼續引導和指導中國的發展和實踐。

2022 年 7 月 1 日《求是》雜誌發表了習近平的講話，指出：「當代中國正在經歷人類歷史上最為宏大而獨特的實踐創新，改革發展穩定任務之重、矛盾風險挑戰之多、治國理政考驗之大都前所未有，世界百年未有之大變局深刻變化前所未有，提出了大量亟待回答的理論和實踐課題。我們要準備把握時代大勢，勇於站在人類發展前沿，聆聽人民心聲，回應現實需要，堅持解放思想、實事求是、守正創新，更好地把堅持馬克思主義和發展馬克思主義統一起來，堅持用馬克思主議之『矢』去射新時代中國之『的』，繼續推進馬克思主義基本原理同中國具體實際相結合、同中華優秀傳統文化相結合，使馬克思主議呈現出更多中國特色、中國風格、中國氣派，續寫馬克思主義中國化時代化新篇章。」[5] 習近平還指出：「要正確把握社會主要矛盾和中心任務。」[5] 而這「中心任務」，如要真正得到貫徹落實，我認為除築牢中國人民對馬克思主義的

心智心理建設之外，同時還必須築牢中國人民對進化論的心智心理建設。因為馬克思主義和進化論，是可以起着相輔相承的協同增效作用的。繼續推進馬克思主義和進化論的基本原理同中國具體實際相結合、同中華優秀傳統文化相結合，使馬克思主義和進化論呈現出更多中國特色，從而推進馬克思主義和進化論在中國化時代化的進程中，更好地發揮兩者的協同效應和作用。譬如說，要保證糧食高產，就必須不斷提高糧食作物的種子質量、育種方法、高產能力和抗病能力等。而只有讓馬克思主義和進化論結合得好，才能有效保持糧食生產的穩產，以及推進糧食生產的發展。扼要地就是說：假如我們要保證糧食穩產增產，就必須 (1) 要有國家制度的保障（在中國來說就是要有馬克思主義引導的國家制度），同時 (2) 還必須要有能培育出優良的種子的科學（即是要有以進化論為主導的育種方法等），兩者不可缺一。其他如環境保護、生物多樣性、氣候變暖、重塑綠水青山等之「國之大者」之事，假如我們要保證他們能更好地持續發展下去，那麼，我們就得把馬克思主義和進化論更好地結合和統一起來，用馬克思主義和進化論的科學理論合力地來推動許多「國之大者」之事，不斷向前發展。這樣做，同時還可以在發展的道路上避免走彎路，以及跳出「本本主義」的思想桎梏，創造出我們中國自己更多的 [馬克思主義 + 進化論] 的新思想和新科學理論（特別是在許多有關人工智能、生物基因改造、人腦功能的理解、人類老齡化等方面）。

這裏還可以舉一個影響人類未來發展與馬克思主義和進化論直接有關的例子，那就是「新優生學」（New Eugenics）或「基因工程」的發展。從過往的歷史，我們知道德國的納粹主義者，為了達到自己的政治目的，利用「優生學」來滅絕猶太人。這種極其錯誤和慘無人道的做法，使得人們對「優生學」有了很大的反感，連帶怪罪於進化論，使進化論長期被誤解和冷落。現今由於基因工程、基因編輯、腦機對接等技術的蓬勃發展，人們對「優生學」又掀起了新的關注。利用基因工程等技術來改良和優化農作物和畜

牧的品種，在農業方面應用得已相當普遍。其所涉及的「優生學」概念和方法，基本上已被大家所接受。但當這些技術被應用在人類的身上，大家就難以接受。因為，把基因工程的技術等用在改良和優化「人種」方面（譬如：增進人的 IQ、記憶力、體力等），就涉及到許多倫理道德方面的問題。而這些問題，都是非常非常難解決的！

　　但在這裏，我提出一個還不很成熟的解決辦法，供大家參考。這一辦法，我認為在中國既可以解決人們擔心的道德問題，同時又不會阻礙基因工程、分子生物學、創新醫藥學等的發展。

1.　對於能幫助醫治疾病的基因工程技術，應大力支持。

2.　與醫治人類疾病無直接應用關係的基因工程技術，不應該支持。（註：原因是直至現今，我們對人類「基因」的性能及功能方面的認識，還是非常之不足夠。直至現在，我們對人類百分之九十以上的「基因」，或更正確地說，核酸的功能，或由核酸等所形成的網絡和功能結構，還是一無所知。如果貿然應用，風險不但巨大，而且會後患無窮和後果不堪設想，所以一定要謹慎小心。）

3.　一些屬於灰色地帶的問題或基礎性的研究，應設立有關的專家組作出裁決。一般來說，應採取積極的態度來鼓勵基礎研究工作的探索。（註：2022 年 12 月 9 日，谷業凱在《人民日報》撰文指出：「黨的二十大報告指出，『加強基礎研究，突出原創，鼓勵自由探索。』因為「基礎研究是科技創新的『總開關』、整個科學體系的源頭；基礎研究的突破，往往能夠帶來生產力的深刻變革和社會的巨大進步。例如人工智慧、晶圓技術、區塊鏈技術等新技術的突破，有賴於數學理論的進一步探索。基礎研究底蘊越深厚，就會激發更多新技術、新發明的出現。對建設創新型國家來說，基礎研究的意義不言而喻。基礎研究搞好了，就會對實現高水準科技的自立自強產生積極的推動作用。」）

4.   有關基因工程所涉及的法律問題，應設立特別的法庭予以處理。

　　有人指出，現今我們人類已進入一個 [數字化時代]（或第四次「工業革命」時代）。很快人類將會從一個 [數字化時代] 進入到一個 [*數字化（包括人工智能） ＋ 生物科技（包括基因工程）時代*]。

　　這一新時代的來臨，對人類的衝擊將會非常巨大。除了上面所談到的有關生物科技的問題之外，現今人們對人工智能（例如：ChatGPT、GPT-4、Bing、「文心一言」、「通義千問」……等）通過生成（generate）和重組（re-structure）各種新舊資訊、大數據內容、文本結構、變更圖像、編輯資料和敘事能力等技術，呈現（或塑造）出不準確（或錯誤）的思想、政治、意識形態、導向，形成各種詐騙、騙局，和經濟、社會等方面的倫理道德問題，以及有關保護人工智能的產權、版權、隱私、數據等問題，暫時仍無法有效地全面監督及規管。再又如「類人類機器人」或「人型機器人」（humanoid robot）、「人工智能系統」或「通用人工智能」（Artificial General Intelligence，即 AGI）的泛濫性及不斷地自我升級，我們暫時都不知怎樣全面地去控制。所以我認為在這些方面，各國政府必須團結和合作（carrying out global collaboration and cooperation）起來，加以引導和作出國際性的監管、規範（international regulations）和立法，才能妥善解決這些新生事物帶來的問題。（*註*：很高興見到現今中國已在這些方面，積極地採取建章立制、強化監管、鼓勵自律等手段，來逐步完善法律及監管措施，例如：制定《網絡數據安全管理條例（徵求意見稿）》、《互聯網資訊服務演算法推薦管理規定》、《生成式人工智能服務管理辦法（徵求意見稿）》等）。

　　但在規管的同時，我們還必須防止不要遏制和扼殺這些新生事物，而要讓它們可以持續發展、創造更多新的產品，和引發更多的創新思路。此外我們不要忘記，新生事物往往體現着社會發展的

新方向和新趨勢,可以將人類文明、人類進化、社會發展、全球經濟的繁榮及轉型等,不斷提升至更高的水平。

至於有人擔心將來生成式人工智能等,有可能會超越人類的智能(即出現 technological singularity or singularity),從而控制人類,這又怎麼辦?我認為這是過慮了,因為只要我們能控制得當,和理性地保持人腦的創造力、創新力及變通能力,人工智能就只會成為人類的一種非常有用的工具和幫手,而不會成為控制人類的主人。而現今我比較擔心的,倒是我們的教育機構,似乎還不知道怎樣去面對,人工智能對學生的學習所帶來的衝擊。不過,在這方面,已經有人在研究解決這個問題了。譬如美國斯坦福大學就建議在這 AI 時代,我們應採用以下的教育思路或範式來教導學生,即先讓他們用 ChatGPT 來寫文章和解答他們要問的問題,然後,再約見每一個學生,叫學生說清楚他們所撰寫的文章的思路或範式,到底是怎樣設計出來的(how they design their thinking),看看他們有沒有真正的找到他們要的答案,並審視和查問他們對他們自己所寫的文章的同感程度(empathizing)有多少,而他們的各種定義又是否足夠清晰(define),也看看他們有沒有,除文章內所提及之外的,更新穎的思路(ideas),和更好的典型(prototype),可供分享等。從這一個例子我們可以看到,我們並不需要完全禁止學生使用 ChatGPT 等來寫文章(註:事實上也很難禁止,因為現今用人工智能(AI)來畫畫、寫手稿、設計、變臉、生成內容(AI Generated Content,即 AIGC)、甚至預測蛋白質的結構(AlphaFold)等的工具,已經有非常非常之多,而且是愈來愈好用),而是作為教師的,必須放棄許多傳統上常用的教學方法,而要改用新的方法來教學和評估學生的作業、能力、理解力等才行。同時,還要特別注意怎樣去更好地培養和激發青少年的好奇心、想像力、求知欲、創新能力等。而現今最為迫切需要的,是從小學、中學到大學,要保證讓我們的學生能掌握到足夠的有關人工智能的基礎知識(例如 AI 通用大模型的使用),及其在不同的學科裏的應用方法、所涉及的範

圍和能發揮的作用等。假如我們無法讓我們的學生掌握到在這方面足夠的知識，那麼我們的年輕人的確就會很難在這人工智能時代，可以找到工作和適應未來社會的發展！

　　而就中國來說，現今中國正在大力推動數字社會建設，希望通過這方面的建設，滿足人民群眾的美好生活所需的技術支撐。同時，還想用這方面的發展，來提升公共服務、教育、醫療、就業、養老等重點民生領域的數位化水準。但必須指出，當數位技術、人工智能等在廣泛被應用時，肯定會帶來許多風險和挑戰。這就要求政府必須有效地去統籌好數位技術，及人工智能等的發展和安全問題；保證生成式人工智能等產品或服務，能遵守法律法規的要求，尊重社會公德、公序良俗；有效禁止非法獲取、披露、利用個人信息和隱私、商業秘密等；確保數位技術及人工智能和生產生活的結合，始終朝着造福社會、造福人類、推動人類文明進步和人類進化的方向發展。中國官方人民網董事長葉蓁蓁 2023 年 3 月 30日在中國網絡視聽大會上警告：「AI 大腦既是高科技的大腦，也是價值觀的大腦，AI 平台是有立場的，因此必須關注其政治方向，輿論導向和價值取向」，不能讓它們被利用來顛覆政權、煽動分裂和散播虛假內容等違反法律的行為，違者必須追究刑事責任。

　　美國斯坦福大學李飛飛教授，2022 年 10 月 26 日在美國耶魯大學 Tanner 演講中強調指出：「人工智能的目的，是要來增加人類的工作效率和能力，而不是去代替或搶去人類的工作」（of augmenting people, and not to replace people or individual）。此外，我們還可以看到，生成式人工智能、人機交互協同創作等技術，在藝術和人文領域也是可以被用來發揮更強大的作用的。其次，如果這些新技術能得到廣泛應用，我相信它們還能有效地打破如英國學者 C.P Snow 所說的，長期存在的「科技」和「人文」兩種文化（The Two Cultures）的界限和隔閡；同時，也能減輕我們的中學生，在學習階段被迫接受「文」「理」分流的痛苦。我們必須看到，在人類正在進入第四次工業革命的人工智能時代，「文」「理」的分

流，不但剝奪了學生全面發展的機會，並且還會為人工智能的未來發展，帶來許多負面的影響，以及拖着人工智能這一新生事物的逐步成熟和引領作用的後腿。

其次，在這一個嶄新的時代，我們怎樣可以把科學的各種新理念，科學技術的飛速發展和進步，與馬克思主義及進化論結合好、融合好，形成一種相得益彰的發展格局，也是一個我們必須研究和解決的重大人類社會發展問題。

實現中國式現代化

2022 年 7 月 11 日《人民日報》的編者，在由他們組織的「學術圓桌」指出：「中國式現代化破解了人類社會發展的諸多難題，摒棄了西方以資本為中心的現代化老路，拓展了發展中國家走向現代化的途徑，為人類對更好社會制度的探索提供了中國方案。」[6]

張翼在同一「學術圓桌」為文指出：「中國式現代化是中國共產黨領導的現代化。……新中國成立後，我們黨帶領人民對現代化建設進行了艱辛探索，明確提出『把我國建設成為一個具有現代農業、現代工業、現代國防和現代科學技術的社會主義強國。』」[7]

他續說：「中國式現代化是社會主義現代化。習近平總書記指出：『我們的任務是全面建設社會主義現代化國家，當然我們建設的現代化必須是具有中國特色、符合中國實際的。』……黨領導人民把一個半殖民地半封建的舊中國建設成為一個繁榮富強、欣欣向榮的新中國，在中華大地上全面建成小康社會。中國式現代化與資本主義現代化有着本質的不同。資本主義現代化以生產資料資本主義私有制為基礎，是以資本為中心的現代化，其本質是為了維護資產階級統治。歷史上，資本主義擴張到哪裏，就將侵略戰爭、殘酷剝削與野蠻殖民帶到哪裏。現實中，資本主義現代化產生了兩極分化、物質主義膨脹、對外擴張掠奪等一系列頑疾。中國式現代

化以生產資料社會主義公有為基礎,是以人民為中心的現代化,是
不斷實現好、維護好、發展好最廣大人民根本利益,堅定不移推進
全體人民共同富裕的社會主義現代化。中國式現代化是我們黨在
堅定捍衛馬克思主義、堅持走中國特色社會主義中形成和發展的。
它不是簡單延續我國歷史文化的母版,不是簡單套用馬克思主義
經典作家設想的範本,不是其他國家社會主義實踐的再版,更不是
西方國家現代化發展的翻版。中國式現代化堅持以馬克思主義為
指導,堅持把馬克思主義基本原理同中國實際相結合、同中華優秀
文化相結合,不斷推進馬克思主義中國化時代化,既結合新的實踐
不斷推進理論創新,又善於用新的理論指導新的實踐;堅持走中國
特色社會主義道路,既不走封閉僵化的老路,也不走改旗易幟的邪
路;堅持完善和發展中國特色社會主義制度,推進國家治理體系和
治理能力現代化;堅持建設具有強大凝聚力和引領力的社會主義
意識形態,促進物質文明和精神文明相協調,構建中國精神、中國
價值、中國力量,鞏固全黨全國各民族人民團結奮鬥的共同思想基
礎;堅持和平發展,弘揚全人類共同價值,踐行真正的多邊主義,
推動構建人類命運共同體。」(7)

　　「中國式現代化是跨越式的發展進程。習近平總書記指出:
『我們要後來居上把（失去的二百年）找回來,決定了我國發展必
然是一個（並聯式）的過程,工業化、資訊化、城鎮化、農業現代
化是疊加發展的。』西方發達國家的現代化是一個〈串聯式〉的發
展過程,工業化、城鎮化、農業現代化、資訊化順序發展,發展到
目前水準用了二百多年時間。新中國成立後我國堅持不懈推進社
會主義現代化建設。從第一個五年計劃到第十四個五年計劃,一以
貫之的主題是把我國建設成為社會主義現代化國家。雖然走過彎
路,也遭遇過一些意想不到的困難和挫折,但黨和人民建設社會主
義現代化國家的意志和決心始終沒有動搖。在這個過程中,我們黨
對建設社會主義現代化國家的認識不斷深入、戰略不斷成熟、實踐
不斷豐富,加速了中國式現代化進程。我們創造了經濟快速發展奇

蹟和社會長期穩定奇蹟，用幾十年時間走完了發達國家幾百年走過的工業化歷程，躍升為世界第二大經濟體，綜合國力、科技實力、國防實力、文化影響力、國際影響力顯著提升；我國人民生活由溫飽不足到全面小康，整體上徹底擺脫了絕對貧困，成為世界上中等收入人口最多的國家；我國長期保持社會和諧穩定、人民安居樂業，成為國際社會公認的最有安全感的國家之一。」[7]

洪大用在「學術圓桌」總結地指出：「中國式現代化道路，取得了舉世矚目的成就，不但破解了人類社會發展的諸多難題，打破了『現代化就是西方化』的迷思，也充分表明世界上既不存在定於一尊的現代化模式，也不存在放之四海而皆準的現代化標準。」[8]

戴木才等在《中國式現代化道路》一書中指出：「中國式現代化道路，具有完全不同於西方式現代化道路的世界環境和歷史條件。作為一個具有五千多年歷史的文明古國和發展中大國，中國走出了一條在社會主義制度下的現代化發展道路，具有鮮明的中國特色。中國式現代化的每一步發展，都很難照搬已有的人類社會發展經驗，和其他國家社會主義現代化的發展經驗，更不可能照搬西方式現代化的發展經驗，因而具有探索性、獨特性和獨創性。實踐證明，有着五千多年深厚歷史文明傳統的中華民族，完全有能力走出一條自己的現代化發展新道路，而不必也不可能完全步西方式現代化道路的後塵。西歐北美，包括亞洲的日本，跨入現代的門檻，儘管發展模式不盡相同，但都有着資本主義對外擴張、侵略殖民、強取豪奪的共同本質。社會主義為中國實現國家獨立，民族解放和國家富強、人民富裕，開闢了一條嶄新的現代化發展道路。尤其是改革開放以來中國特色社會主義的偉大實踐，為中國開闢了一條符合中國文化傳統、基本國情、時代潮流的現代化發展之路，創造了一條科學發展、和諧發展、和平發展的中國式現代化道路。」[9]

此外，戴木才等在書中還指出：「當今世界，正是這樣一種多樣、多元、多質態社會共時並存的世界。因此，與西方現代化共時並存，並將長期並存，是中國式現代化道路的顯著特徵。也正因為

如此，構建和平共處的新型國際關係，建設和諧世界，構建人類命運共同體，便成為中國式現代化道路的必要選擇與重要內涵。中國式現代化道路改變了西方式現代化固有的擴張、掠奪、霸權的發展基因，走的是一條既發展自身又造福世界的現代化之路，是走和平發展道路的現代化。堅持同世界各國合作共贏，推動建設新型國際關係，推動形成更加公正合理的全球治理體系，推動構建人類命運共同體，以中國的新發展為世界提供新機遇，既站在了人類文明發展的道義制高點，又創造了人類文明發展的新形態。」[9]

這一「人類文明發展的新形態」（同時請見拙著《怎樣提升人類命運的進化？構建：中華新文明、世界新文明、人類命運共同體文明》一書，有詳細的討論），特別注重「物質文明」和「精神文明」的協調發展及其現代化。而「所謂『精神文明』，一般主要指思想、道德、文化、教育等的現代化。顯然，中國式現代化道路建設的精神文明，也不同於西方式現代化意義上的精神文明。中國特色社會主義的基本經濟政治制度，從根本上決定了中國的精神文明建設，必然體現社會主義性質。這種性質區別，體現在思想文化建設上，堅持馬克思主義在意識形態領域的指導地位，堅持社會主義核心價值體系，加強社會主義精神文明建設，建設社會主義先進文化，不斷豐富全體人民的精神生活，不斷增強全體人民的精神力量，是為人民大眾服務的；而資本主義文化在本質上是與資本主義生產關係和政治制度聯繫在一起的，為資本主義意識形態所左右，是反映資本主義本質和屬性的文化，是為資產階級服務的。」[9] 資本主義文化雖然倡導思想多元化，但以私人佔有制為基礎、以個人主義為核心的文化價值觀，以狹隘的或具誤導性的「優生學」觀點（eugenics），鼓吹「美國至上」、「白人至上」的種族主義思想（*註*：種族主義者別有用心地，對「優生學」作出了錯誤的引導，其目的大家是十分清楚的。而從進化論的角度來看，種族主義者所犯的錯誤是，種族主義者違反了人類進化，是需朝多樣性的方向發展才能進化的規律。即是說，種族主義者趨向消除人類的多樣性，而選擇

追求單一性及主觀性的選擇；那就違反了人類求進步，需不斷變化、進化的自然客觀發展規律），必然導致極端個人主義、利己主義、享樂主義、拜金主義、「白人優越感主義」、種族主義（racism）的盛行，以及各種社會矛盾問題的產生。「中國式現代化道路建設的精神文明，堅持以社會主義核心價值觀為引領，推動形成適應社會主義要求的思想觀念、行為規範、精神面貌和文明風尚，促進人的全面發展和人類社會全面進步；*始終堅持文化發展的『二為』方向，即為人民服務、為社會主義服務，堅持『雙百方針』，即百花齊放、百家爭鳴的方針，堅持愛國主義、集體主義、社會主義教育，引導人們樹立正確的世界觀、人生觀、價值觀*；加強社會公德、職業道德、家庭美德、個人品德建設，持續提升公民文明素養；大力發展教育科學文化事業，促進滿足人民文化需求和增強人民精神力量相統一；大力推動理想信念教育常態化制度化，使其體現到國民教育、精神文明創建、文化產品創作生產全過程，着力提高全社會的文明素質。」[9]

　　2023 年 2 月 11 日《人民日報》一篇評論員文章指出：「現代化不是單選題。歷史條件的多樣性，決定了各國選擇發展道路的多樣性。一個國家走向現代化，既要遵循現代化一般規律，更要符合本國實際，具有本國特色。走的道路行不行，關鍵要看是否符合本國國情，是否順應時代發展潮流，能否帶來經濟發展、社會進步、民生改善、社會穩定，能否得到人民支援和擁護，能否為人類進步事業做出貢獻。中國式現代化是黨領導人民長期探索和實踐的重大成果，符合中國實際、反映中國人民意願、適應時代發展要求，既體現了社會主義建設規律，也體現了人類社會發展規律，是實現社會主義現代化的必由之路，是創造人民美好生活的必由之路，是實現中華民族偉大復興的必由之路。」[10] 所以必須認識到，中國式現代化是「人口規模巨大的現代化，這是中國式現代化的顯著特徵。我們不同於幾十萬人、幾百萬人、幾千萬人的現代化，而是 14 億多人口的現代化，規模超過現有發達國家人口的總和，這既是最

難的，也是最偉大的。」[10]（同時見本書第 11 章的有關討論。）

以上這些很明顯的都應是「引導學」涵蓋的範圍和內容。所以對西方「正向心理學」（或「積極心理學」）的方法來說，我們必須打破對它的迷思和無批判的接受，而應儘快用中國式的「正向引導」方法——例如建立各種「心智心理引領和導向」方法，來解決西方「正向心理」方式本身的眾多短板。又例如西方「正向心理」的一些理論觀點和研究方法，有些都是很片面的，所以如果我們照搬西方國家的「正向心理」方法是危險的。特別是他們喜歡把「個人」和「社會」對立起來，引導我們走反社會主義的歧途。故此，我們中國特色社會主義的「正向引導」方法，一定要跳出西方塑造「正向心理學」的模式。我們一定要立足自己的傳統、中國的實際，增強實踐自覺、心理豁達和心智心態的包容。只有這樣，我們才能更好地向世界回答好中國之問、世界之問、人民之問、時代之問；建構好中國自主的現代化知識體系；傳播好中國聲音、中國理論、中國思想；讓世界更好讀懂中國社會，看清楚弄明白中國是怎樣可以人性化來構建和塑造人的心智心理，怎樣具體促進人民群眾思想文化素質的不斷提高，怎樣創建中國式的現代化，怎樣創造社會條件來保證人的基本自由可以與社會的發展共進步，怎樣引領時代和導向人類命運的進化，平行地、同步地和逐步地得到更為全面的保障和發展。

江林昌 2023 年 5 月 29 日，在《人民日報》撰文指出：「人類社會發展是一個漫長的歷史過程，包括縱向發展與橫向發展兩個方面。從縱向上看，馬克思、恩格斯根據經濟基礎特別是生產關係的不同性質，將人類社會歷史分為原始社會、奴隸社會、封建社會、資本主義社會、共產主義社會。這五種社會形態構成了人類社會由低級向高級發展的縱向序列。從橫向上看，各地區、各部族、各民族、各國家在其發展初期大都處於封閉狀態，後來由於生產力的發展、商品的增加而開始對外開放交流，而彼此分散也逐步聯繫起來。橫向發展開始發生在相鄰地區，繼而擴大到相鄰國家之間，

最後發展為具全球意義的『世界歷史』。」[11]

　　而對中國來說，從中華文明發展史到中國式現代化，我們可以看到，正如江林昌進一步的指出：「中國具有百萬年的人類史、一萬年的文化史、五千多年的文明史。從文明的起源來看，其他的古文明大都是有一個點起源，然後沿河流單線發展；但中華文明史不同，在多區域多點同時並起，在黃河流域、長江流域、長城以北等有多個文明區。到了距今四千年左右，出現了周邊文明區向中原文明區彙聚的趨勢，出現了夏商周三代以中原華夏文化為核心的『多元一體』早期文明發展格局。在經過春秋戰國時期的轉化創新，形成了秦漢以後直至明清的文明發展格局。這一起源和發展歷程決定了中華文明的許多特質。」[11] 而這些特質，假如我們從人類進化的角度來看，說明人類文明的進化，並不具相互排斥性，而是具包容的「多元性」和「凝聚性」。這種「和而不同」並具包容性的特質，正是支撐人類命運共同體，可以持續發展不可或缺的重要因素。而正是由於中國發現了這一人類進化可持續發展的重要因素，所以未來的人類文明和人類命運的進化，如果是繼續循着這一條路徑發展下去的話，就肯定可以得到保障。正是因為如此，世界各國便能有序地推進全球產業的分工和合作，而多元穩定的國際經濟格局和經貿關係，也就必定能夠得到維護。

　　習近平說：「構建人類命運共同體是世界各國人民前途所在。」習近平又說：「萬物並育而不相害，道並行而不相悖。只有各國行天下之大道，和睦相處、合作共贏，繁榮才能持久，安全才有保障。」這就是為什麼中國要提出「全球發展倡議」、「全球安全倡議」，願同國際社會一道努力落實，並以「堅持對話協商，推動建設一個持久和平的世界；堅持共建共享，推動建設一個普遍安全的世界；堅持合作共贏，推動建設一個共同繁榮的世界；堅持交流互鑒，推動建設一個開放包容的世界；堅持綠色低碳，推動建設一個清潔美麗的世界。」[12]

參考資料

1. 中共中央宣傳部理論局,《百年大黨面對面》。2022 年,學習出版社、人民出版社,第 151,152,155 頁。

2. 〈團結協作,共同維護世界和平穩定〉。2022 年 6 月 25 日,《人民日報》。

3. 中共中央黨史和文獻研究院,《馬克思主義中國化一百年大事記(1921–2021 年)》。2022 年,中央文獻出版社,第 349,350 頁。

4. 〈習近平主席擘畫全球發展藍圖〉。2022 年 6 月 25 日,《人民日報》。

5. 〈更好把握和運用黨的百年奮鬥歷史經驗〉(《求是》雜誌)。2022 年 7 月 1 日,《人民日報》。

6. 〈編者的話(學術圓桌)〉。2022 年 7 月 11 日,《人民日報》。

7. 張翼,〈從社會學角度深化中國式現代化研究(學術圓桌)〉。2022 年 7 月 11 日,《人民日報》。

8. 洪大用,〈建構中國自主的現代化知識體系(學術圓桌)〉。2022 年 7 月 11 日,《人民日報》。

9. 戴木才等著,《中國式現代化道路》。2022 年,人民出版社,第 61,70,73,98 頁。

10. 〈中國式現代化是強國建設、民族復興的康莊大道〉。2023 年 2 月 11 日,《人民日報》。

11. 江林昌,〈以堅定的歷史自信推進中國式現代化〉。2023 年 5 月 29 日,《人民日報》。

12. 《習近平著作選讀,第一卷》。2023 年,人民出版社,第 51 頁。

第 7 章

用「引導學」結合中國實際，把西方的「正向心理」理論中國化

縱觀中國共產黨的歷史，「就是一部不斷推進馬克思主義中國化，不斷推進理論創新、進行理論創造的歷史。」[1] 一百年來，中國共產黨「堅持把馬克思主義基本原理同中國具體實際相結合、同中華優秀傳統文化相結合，不斷開闢馬克思主義新境界，產生了毛澤東思想、鄧小平理論、「三個代表」重要思想、科學發展觀，產生了習近平新時代中國特色社會主義思想等馬克思主義中國化重大理論成果。」[1]（*註*：「三個代表」＝ 要始終代表中國先進社會生產力的發展要求；要始終代表中國先進文化的前進方向；及要始終代表中國最廣大人民的根本利益。）

　　2021 年 11 月 8–11 日中共十九屆六中全會召開，全會通過了《中共中央關於黨的百年奮鬥重大成就和歷史經驗的決議》（下稱《決議》）。《決議》「全面總結黨的百年奮鬥重大成就和歷史經驗，重點總結新時代黨和國家事業取得的歷史成就、發生的歷史性變革和積累的新鮮經驗。」[1]《決議》強調：「新民主主義革命時期，以毛澤東同志為主要代表的中國共產黨人，把馬克思主義基本原理同中國具體實際相結合，對經過艱苦探索，付出巨大犧牲積累的一系列獨創性經驗作出了理論概括，創立了毛澤東思想。社會主義

革命和建設時期，毛澤東同志提出把馬克思列寧主義基本原理同中國具體實際進行『第二次結合』，以毛澤東同志為主要代表的中國共產黨人，結合新的實際豐富和發展毛澤東思想，提出關於社會主義建設的一系列重要思想。毛澤東思想是馬克思列寧主義在中國創造性的運用和發展，是被實踐證明了的關於中國革命和建設的正確的理論原則和經驗總結，是馬克思主義中國化的第一次歷史性飛躍。改革開放和社會主義現代化建設新時期，以鄧小平同志為主要代表的中國共產黨人，圍繞什麼是社會主義、怎樣建設社會主義這一根本問題，創立了鄧小平理論；以江澤民同志為主要代表的中國共產黨人，加深了對什麼是社會主義、怎樣建設社會主義和建設什麼樣的黨、怎樣建設黨的認識，形成了『三個代表』重要思想；以胡錦濤同志為主要代表的中國共產黨人，深刻認識和回答了新形勢下實現什麼樣的發展、怎樣發展等重大問題，形成了科學發展觀。黨從新的實踐和時代出發堅持和發展馬克思主義，科學回答了建設中國特色社會主義的發展道路、發展階段、根本任務、發展動力、發展戰略、政治保證、祖國統一、外交和國際戰略、領導力量和依靠力量等一系列基本問題，形成中國特色社會主義理論體系，實現了馬克思主義中國化的新的飛躍。」[1]《決議》並指出：「黨的十八大以來，中國特色社會主義進入新時代。以習近平同志為主要代表的中國共產黨人，堅持把馬克思主義基本原理同中國具體實際相結合、同中華優秀傳統文化相結合，堅持毛澤東思想、鄧小平理論、『三個代表』重要思想、科學發展觀，深刻總結並充分運用黨成立以來的歷史經驗，從新的實際出發，創立了習近平新時代中國特色社會主義思想，明確中國特色社會主義最本質的特徵是中國共產黨領導，中國特色社會主義制度的最大優勢是中國共產黨領導。」[1] 從以上的闡釋可以看到，「習近平新時代中國特色社會主義思想是當代中國馬克思主義、二十一世紀馬克思主義，是中華文化和中國精神的時代精華，實現了馬克思主義中國化的飛躍。」[1]《決議》「從堅持黨的全面領導、全面從嚴治黨、經濟

建設、全面深化改革開放、政治建設、全面依法治國、文化建設、社會建設、生態文明建設、國防和軍隊建設、維護國家安全、堅持『一國兩制』和推進祖國統一、外交工作等十三個方面，分領域總結新時代黨和國家事業取得的歷史性成就、發生的歷史性變革，重點總結九年來的原創性思想變革性實踐突破性進展標誌性成果。」[1]

　　依我的看法，《決議》最重要的，是闡明了一個中國共產黨治國理政的主要原則，那就是中國共產黨能夠成功把從外國引進中國的馬克思主義「中國化」、「現代化」。換言之，中國共產黨通過實踐清楚認識到「馬克思主義不是教條，而是行動指南，必須隨着實踐的變化而發展。」[2] 所以簡要地可以這樣說，*馬克思主義之能夠在中國成功，主要是因為馬克思主義成功地被中國化，成功地與中國的文化相結合，以及與時俱進地成功吸納了許多有用的和新的科學發展和創新思想。*

　　「100 多年前，馬克思主義傳入中國，激活了中華民族歷經幾千年創造的偉大文明，使中國人民在精神上從被動轉為主動。習近平新時代中國特色社會主義思想深深紮根於中華大地，把馬克思主義的思想精髓和中華文化的精神特質融會貫通起來，充分汲取 5000 多年璀璨文明的精華養分，豐富當代中國人的精神世界，為增強民族自信自強注入更為主動的精神力量。」[2]

　　而所謂把馬克思主義「中國化」，就是把「馬克思主義哲學中國化，就是把馬克思主義哲學基本原理同中國具體實際相結合、同中華優秀傳統文化相結合，吸收外國哲學精華，用中國特色、中國風格、中國氣派的哲學話語體系，建構中國化的馬克思主義哲學。」[3] 一句話，社會主義在中國之所以如此成功，就是能做到把馬克思的哲學理論和中國的實踐相結合，把馬克思的哲學理論「中國化」。*中國為什麼要這樣做呢？主要是因為，正如習近平所說：「中華文化崇尚和諧，中國的文化又源遠流長，蘊涵着天人合一的宇宙觀、協和萬邦的國際觀、和而不同的社會觀、人心和善的*

道德觀。」 [4] *由於中國人的宇宙觀、天下觀、社會觀、道德觀，內涵豐富、博大精深，所以所有外來的文化、哲學理論都必須做到能夠融入中國，才能在中國存在下去，不然就會水土不服。*

　　既然講到「中國化」，在這裏就順便說一說有關香港的情況。長期以來，雖然香港被英國殖民管治，但卻沒有出現西方的思想和文化被「中國化」的情況；反而出現了中國文化及傳統思想被「西化」的問題，造成許多香港人被西方的文化所奴役，被西方的思想所禁錮。英國殖民地管治者更用潛移默化的手段，把香港人（特別是香港的年輕人）對中國內地實行的社會主義的認知，加以破壞和扭曲。現今香港已回歸祖國 25 多年，但仍然擺脫不了這種思想上的桎梏。而更遺憾的是，在這 25 多年的時間內，這種不健康的情況，還無法得到糾正。所以我建議香港政府應盡快在中學和大學，增設一門具「引導學」的課程，加強學生對「中國化」的認識，從而增強學生對祖國的愛國情懷。假如香港政府在這方面不作為，或做得不好，那就是給外國的敵對勢力機會，在香港繼續搞滲透、搞「顏色革命」！

　　2022 年 7 月 1 日習近平在慶祝香港回歸祖國二十五週年大會暨香港特別行政區第六屆政府就職典禮上的講話指出，就香港來說：「中央處理香港事務，從來都從戰略和全局高度加以考慮，從來都以國家和香港的根本利益、長遠利益為出發點和落腳點。香港的根本利益同國家的根本利益是一致的。中央政府的心同香港同胞的心也是完全連通的。背靠祖國、聯通世界，這是香港得天獨厚的顯著優勢。」 [5] 但遺憾的是，香港許多人，特別是一些年輕人，還看不到這一點，他們的心智和心理狀態仍然被西方的價值觀所蒙蔽，心裏並不太平衡，對中央懷有敵意。而我相信，習近平是了解香港這種情況的，所以他在同一講話中，語重心長地說：「我們要特別關心關愛青年人。」 [5] 他更進一步指出：「*青年興，則香港興；青年發展，則香港發展；青年有未來，則香港有未來。要引領青少年深刻認識國家和世界發展大勢，增強民族自豪感和主人*

翁意識。」[5] 因此，當務之急是，我們應盡快給予香港的年輕人，正確的引領和導向。而中央和香港政府，也必須立刻在這方面，做多些撥亂反正的事情，不要再讓我們的香港青年，繼續淪為西方的棋子！

總的來說，現今首要的任務是，要把我們的年輕人引導好。這可以先剖析資本主義的形成過程，並和社會主義的形成過程相互比較，然後再講清楚——為什麼社會主義將來必定會超越資本主義？為什麼社會主義是比資本主義更為優越？為什麼中國所實現的特色社會主義現代化，能創造性地超越西方式的資本主義現代化？為什麼我們香港要長期保持資本主義和「一國兩制」的存在？資本主義被社會主義取代，是否一樁要好幾代人才能完成的工作？為什麼中國特色社會主義現代化建設，要走中國式現代化道路？——讓我們的年輕人明白和了解其歷史背景、因由、來龍去脈及理論基礎等。

中國為什麼要走中國式社會主義現代化道路？

戴木才等在《中國式現代化道路》一書中指出，中國的發展道路和理論，是建構「立足於馬克思主義唯物史觀，在世界歷史的發展邏輯中把握歷史現實、理論與實踐、中國與世界的有機統一，一種既能實現社會穩定發展又能實現人與人、人與社會、人與自然之間和諧發展乃至國與國之間和平發展的新型現代化和人類文明新形態正在形成。……中國式現代化道路，一方面將人民從資本增值剝削的對象轉變為社會本體地位，將實現人民對美好生活的嚮往和追求人的自由全面發展，作為現代化發展的根本目的，將人民的勞動創造、共建共享作為中國現代化形成和發展的內在規律；另一方面也充分利用資本的文明面，將資本從社會本體地位，轉化為解放和發展社會生產力，為滿足人民美好生活需要服務的現代化工具地

位，從而實現了『資本──人民』的本位置換。這是中國式現代化道路與西方式現代化的區別。這種本位置換和本質區別，必然將資本逐利的增值邏輯，轉化為滿足人民對美好生活需要和共建共享的發展邏輯，將資本的文明面融入到人民本位的社會文明中，資本增值的目的不再是為了剝削和獲得剩餘價值，而是為了滿足人民美好生活需要和人民的自由全面發展。」[6]

因此，「中國式現代化道路，是一條完全不同於西方式現代化道路，是一條史無前例、獨具中國特色的現代化發展道路，是中國共產黨領導中國人民獨創的一條人間正道。這一道路，鮮明地體現出優越於資本主義制度的社會主義制度性質和人的自由全面發展的根本要求，創造性地建構了以人民本位、共建共享、自覺推動、和平發展、命運與共、合作共贏等豐富內涵的理論體系和實踐路徑，有別於全面擴張、唯我獨霸等為主要內容的西方式現代化特質。」[6]

所以「中國式現代化道路以人民為本位，以滿足人民不斷增長的美好生活需要和人的自由全面發展為根本目的，從而將資本作為解放和發展社會生產力的工具和促進現代化的手段。這意味着中國式現代化道路的出發點和落腳點始終都是人的發展，而不是經濟增長，經濟增長是完全為人的發展服務，解放和發展生產力的最終目的在於消滅剝削、消除兩極分化，最終實現共同富裕和人的自由全面發展。這雖然是同一過程的兩個方面，卻與西方式現代化有着本質區別。」[6]

「以『公有制為主體、多種所有制經濟共同發展，按勞分配為主體、多種分配方式並存，社會主義市場經濟體制』的社會主義基本經濟制度，體現了這種相互決定、相互確證和相互保證。公有制為主體體現了中國式現代化道路，在生產關係和所有制結構上的人民本位，『社會主義有兩個非常重要的方面，一是公有制為主體，二是不搞兩極化。』所有制決定分配制度，多種所有制並存是由中國社會主義初級階段基本國情所決定的，決定了多種分配方

式並存，而社會主義市場經濟體制則是資源配置的手段和方式。對社會主義所有制、分配形式與市場經濟之間的相互關係這一問題的釐清，並通過實現相應的體制機制改革，使中國式現代化道路回答和解決了社會主義與市場經濟能否結合的『世界性難題』。這是中國式現代化道路對市場經濟條件下確立人民本位、實現共同富裕的重要探索，是對科學社會主義理論和實踐的重大發展。」[6]

　　「馬克思主義認為，在一般意義上，社會歷史的發展可分為歷時態和共時態兩種情形。所謂歷時態的情形，如資本主義產生於封建主義社會，社會主義產生於資本主義社會，它們在互動的過程中此消彼長。作為歷時態出現的資本主義，是人類社會歷史發展鏈條上不可缺少的環節。所謂共時態的情形，如封建主義社會與資本主義社會並存，社會主義社會與資本主義社會並存，甚至封建主義社會、資本主義社會和社會主義社會並存。這種共時態的並存，是一種『異質態』、『多質態』社會的並存，一般地說，它們不能相安無事，它們之間能否相安無事及其程度如何，要取決於各種質態的成長度、發展度、文明度。*中國式現代化道路，正是在一種資本主義現代化與社會主義現代化共時並存的狀態中創造的一種現代化新道路。*」[6]

　　現今的世界，由於「社會主義社會與資本主義社會並存，甚至封建主義社會、資本主義社會和社會主義社會並存」的情況仍然存在，而這種存在形式還會持續發展一段很長的時間，因為資本主義還在高峰發展階段。不過，現今雖然有跡象顯示，它在許多方面已病入膏肓，但估計資本主義還會僵而不死地，拖上相當長的一段時間。所以，要怎樣繼續引導中國，走中國式的社會主義現代化道路，讓中國未來的長期發展能超越西方式的現代化發展？在引導方面，我們必須分清中國式的現代化道路，與西方式的現代化道路的內涵的區別在哪裏？哪些是應該或可以學和利用的？哪些是不應該或不可以學和利用的？下面我引戴木才等的概括，再予以說明一下。

中國式的現代化道路（或發展模式）的內涵主要包括：

人民本位、共建共享、自覺推動、和平發展、命運與共、合作共贏。

而西方式的現代化道路（或發展模式）的內涵主要包括：

資本本位、逐利本性、自發生成、叢林法則、全面擴張、唯我獨霸。

從以上的概括，我們可以清楚看到中國式的現代化道路（或發展模式）及西方式的現代化道路（或發展模式）的內涵和價值觀等，是非常不同的。因此，當我們在構建中國自己的「引導」發展模式，或改良西方的「正向心理」（或「積極心理學」）時，絕對不能只用西方模式所追逐的內涵，來引導我們人民（特別是年輕人）的心智和心態，而必須將西方在這方面所倡導的概念等，取其精華去其糟粕，特別是一定要把西方的概念等，予以中國化才行。再說，西方的「正向心理學」（或「積極心理學」），所覆蓋的範圍太過狹窄，只局限在設法調動個人在心理方面的正向性或積極性；結果是只能做到調動起偏向「為個人」，而難以調動起「為人民」、「為社會」的心理方面的正向性或積極性，除非我們能將其納入或融入，覆蓋範圍更為廣闊的「引領和導向心理學」之內。

2022 年 7 月 29–30 日習近平在出席中央統戰工作會議上說：「中國必須在新時代『加強思想政治引領』，『發揮凝聚人心、彙聚力量的政治作用』，『解決好人心和力量問題』，因為『人心向背、力量對比』是決定中國共產黨和人民事業『成敗的關鍵』。」[7] 而我認為只有中國自己創建一個好的「引導」模式，才能夠行穩致遠，「解決好人心和力量的問題」。因為，只有把具中國化的「引導」模式，貫徹落實好、全面實施好，才能夠使中國共產黨可以做到長期執政、賡續興國。同樣，在國際事務和國與國的交往上，如王毅所說，中國與其他國家也必須要「加強引導，塑造積極友善的相互認知」[8]，秉持和而不同、以和為貴的心態，「才能避免將自己的價值觀強加對方」[8]，以小人（西方）之心，度君子（中國）之腹。

增強憂患意識、堅持底線思維和正確引導

2022 年 10 月 16 日中國共產黨第二十次全國代表大會，在北京人民大會堂開幕。習近平代表第十九屆中央委員會，向大會作報告。在報告中，習近平指出：「全面建設社會主義現代化國家，是一項偉大而艱巨的事業，前途光明，任重道遠。我們必須增強憂患意識，堅持底線思維，做到居安思危，未雨綢繆，準備經受風高浪急甚至驚濤駭浪的重大考驗。」[9] 為了減輕和減少對我國全面建設社會主義現代化國家的衝擊，及正確堅持國家的發展目標，我認為我們必須認清以下幾個方面的問題：

中國式現代化的特色

習近平在二十大的報告中指出：「從現在起中國共產黨的中心任務就是團結帶領全國各族人民，全面建成社會主義現代化強國、實現第二個百年奮鬥目標，以中國式現代化全面推進中華民族偉大復興。中國式現代化，是共產黨領導的社會主義現代化，既有各國現代化的共同特徵，更有基於自己國情的中國特色。中國式現代化是人口規模巨大的現代化，是全體人民共同富裕的現代化，是物質文明和精神文明相協調的現代化，是人與自然和諧共生的現代化，是走和平發展道路的現代化。中國式現代化的本質要求是：堅持中國共產黨領導，堅持中國特色社會主義，實現高品質發展，發展全過程人民民主，豐富人民精神世界，實現全體人民共同富裕，促進人與自然和諧共生，推動構建人類命運共同體，創造人類文明新形態。」[9]

治國之道，人民至上，富民為始，利民為本

2022 年 10 月 16 日出版的第 20 期《求是》雜誌，發表了習近平的

文章，題為〈堅持人民至上〉，指出：「我們要做到長期執政，就必須永遠保持同人民群眾的血肉聯繫，始終同人民群眾想在一起，幹在一起，風雨同舟、同甘共苦。黨的十八大以來，我們一以貫之全面從嚴治黨，堅定不移反對和懲治腐敗，堅持不懈整治『四風』，進行黨的群眾路線教育實踐活動，『不忘初心、牢記使命』主題教育，就是要教育引導廣大黨員、幹部，始終同人民群眾同呼吸、共命運、心連心。要堅定不移反對腐敗，堅持不懈反對和克服形式主義、官僚主義。」[10]

2022 年 11 月 28 日《人民日報》的一篇評論員文章指出：「一個政黨，一個政權，其前途和命運最終取決於人心向背。中國共產黨之所以能夠得到人民擁護，中國特色社會主義之所以能夠得到人民支援，正是因為造福了人民。我們黨代表中國最廣大人民的根本利益，沒有任何自己特殊的利益，從來不代表任何利益集團、任何權勢團體、任何特權階層的利益，這是黨立於不敗之地的根本所在。習近平總書記深刻指出：『只有堅持以人民為中心的發展思想，堅持發展為了人民、發展依靠人民、發展成果由人民共用，才會有正確的發展觀、現代化觀。』在新的趕考之路上，只要我們始終堅持全心全意為人民服務的根本宗旨，堅持黨的群眾路線，始終牢記江山就是人民、人民就是江山，堅持一切為了人民、一切依靠人民，堅持為人民執政、靠人民執政、堅持發展為了人民、發展依靠人民、發展成果由人民共用，堅定不移走全體人民共同富裕道路，就一定能夠領導人民奪取中國特色社會主義的更大勝利。」[11]

牢記「三個務必」，做到「五個牢牢把握」

習近平在二十大報告中強調：「全黨同志務必不忘初心、牢記使命，務必謙虛謹慎、艱苦奮鬥，務必敢於鬥爭、善於鬥爭，堅定歷史自信，增強歷史主動，譜寫新時代中國特色社會主義更加絢麗的華章。」[12] 2022 年 11 月 21 日習近平參加中國共產黨二十大廣西代

表團討論時強調：「學習貫徹黨的二十大精神，要牢牢把握過去五年工作和新時代十年偉大變革的重大意義，牢牢把握新時代中國特色社會主義思想的世界觀和方法論，牢牢把握以中國式現代化推進中華民族偉大復興的使命任務，牢牢把握以偉大自我革命引領偉大社會革命的重要要求，牢牢把握團結奮鬥的時代要求。」[13]

　　最後，我們必須正如何毅亭在《人民日報》的一篇文章中指出的：「習近平總書記在黨的二十大報告中指出：『堅持黨的全面領導是堅持和發展中國特色社會主義的必由之路，中國特色社會主義是實現中華民族偉大復興的必由之路，團結奮鬥是中國人民創造歷史偉業的必由之路，貫徹新發展理念是新時代我國發展壯大的必由之路，全面從嚴治黨是黨永葆生機活力、走好新的趕考之路的必由之路。』『五個必由之路』的重大論斷貫通歷史、現實和未來，是我們黨在長期實踐中得出的至關緊要的規律性認識，具有重大政治意義、理論意義、實踐意義。」[14] 所以我認為，如果想看到中國共產黨在中國長期執政，所有的愛國之士，對於以上各點，有必要正確的去理解、把握、支持和作出引導，因為只有這樣，才能保證中國的長治久安、繁榮強大。

參考資料

1. 中共中央黨史和文獻研究院，《馬克思主義中國化一百年大事記（1921–2021 年）》。2022 年，中央文獻出版社，第 72，487–489 頁。

2. 中共中央宣傳部理論局，《百年大黨面對面》。2022 年，學習出版社，人民出版社，第 110 頁。

3. 〈深化馬克思主義哲學中國化研究〉。2022 年 5 月 19 日，《人民日報》，「新書評介」。

4.   〈深刻理解和把握中國人的宇宙觀、天下觀、社會觀、道德觀〉。2022
年 6 月 20 日,《人民日報》。

5.   2022 年 7 月 1 日習近平在慶祝香港回歸祖國二十五週年大會暨香港
特別行政區第六屆政府就職典禮上的講話。2022 年 7 月 2 日,《人
民日報》。

6.   戴木才等著,《中國式現代化道路》。2022 年,人民出版社,第 95,
123,124,125,127,128 頁。

7.   2022 年 7 月 29–30 日習近平在出席中央統戰工作會議上的講話。
2022 年 7 月 31 日,《人民日報》。

8.   〈王毅就中日關係提五看法〉。2022 年 9 月 13 日,《澳門日報》。

9.   〈2022 年 10 月 16 日習近平作二十大報告〉。2022 年 10 月 17 日,
《大公報》。

10.   〈《求是》雜誌發表習近平總書記重要文章——堅持人民至上〉。2022
年 10 月 16 日,《人民日報》。

11.   〈堅持以人民為中心的發展思想〉。2022 年 10 月 28 日,《人民日
報》。

12.   〈牢記「三個務必」堅定歷史自信,增強歷史主動〉。2022 年 10 月
27 日,《人民日報》。

13.   〈做到「五个牢牢把握」把二十大精神落到實處〉。2022 年 10 月 22
日,《人民日報》。

14.   何毅亭,〈深刻理解把握「五個必由之路」的重大意義〉。2022 年 11
月 1 日,《人民日報》。

第 8 章

用中華文化的引導力，固牢人類的心智和心理的進化意識

人類的心智心理狀態，是受着人的大腦的內在機制，以及外部的環境因素的相互引導和作用，才能產生各種互動功能和效應。而大腦的內在機制的運作，所產生的「產品」（例如：思想、智能、情感等）的質量的「好」與「壞」，則取決於外部因素的「好」與「壞」的引領和導向作用。譬如「善」與「惡」，並不是人與生俱來就有的，而是外界賦於人腦的一種價值觀。而這種價值觀，是由人的生活和社會環境及勞動實踐所賦予和帶動的。人的生活和社會環境及勞動實踐經驗，經過長期的積存和不斷的創新及發展，形成各種文化累積和沉澱，創造了人類的文明，包括：物質文明、制度文明與精神文明（*註*：「廣義的文明」與「廣義文化」同義）。

就拿中華民族文化來說，正如 2022 年 6 月 6 日習近平在主持中央政治局第三十九次集體學習時所說：「中華優秀傳統文化是中華文明的智慧結晶和精華所在，是中華民族的根和魂，是我們在世界文化中站穩腳跟的根基。」[1] 王震中 2022 年 6 月 6 日在《人民日報》撰文指出：「中華優秀傳統文化源遠流長、博大精深。在人與自然關係上，中華優秀傳統文化中的『天地與我共生，而萬物與我為一』，講的是天人與自然相和合。在倫理道德、個體修養方

面，中華優秀傳統文化講『仁、義、禮、智、信』，即仁愛、正義、禮儀、智慧、誠信。在個人進取和擔當方面，《易經》中的『天行健，君子以自強不息』，講的是剛健有為、自強不息的進取精神，而『先天下之憂而憂，後天下之樂而樂』、『天下興亡，匹夫有責』則彰顯着擔當精神。在國家治理方面，中華優秀傳統文化強調『民惟邦本，本固邦寧』的民本思想，孔子提倡『為政以德』，《禮記·禮運》提倡『天下為公』。在國家形態結構方面，中華優秀傳統文化追求「大一統」，成為中國人對統一多民族國家的國家認同的重要思想文化基礎，在漫長歷史進程中促進了國家的統一和穩定。在國際關係方面，中華優秀傳統文化推崇『協和萬邦』、『親仁善鄰』。中華優秀傳統文化中講究和合、崇尚仁愛、崇尚正義、注意禮儀、讚美智慧、堅守誠信、重視民本、推崇善政、追求統一、嚮往大同、希望和平等內容，蘊含着豐富的哲學思想、人文精神、價值理念、道德規範，蘊藏着解決當代人類面臨的難題的重要啟示，具有永恆魅力和時代價值。」[1]

以上這些中國獨有的價值觀，都已被固化在我們每一個中國人的心中（正確地來說是在腦中），成了任何中國人都難以抹掉的身份標記。而在以後的歲月裏，相信這些文化傳統，仍會被大力弘揚，不斷地推動其創造性轉化和創新性發展，因為中國文化是一塊長期支撐中華文明賡續下去的基石。更必須看到，「中國古代的『天人合一』、『自強不息』、『厚德載物』、『陰陽變化』等觀念，『家國一體』、『和而不同』、『慎終追遠』、『敬老愛幼』、『四海之內皆兄弟』、『修身齊家治國平天下』等思想」[2]，都已成為中國的獨特歷史文化和社會發展進程的產物；是造成我們中國人為什麼叫中國人，中國是什麼樣的文明和什麼樣的國家的原因。這就是為什麼習近平要一再強調指出，我們必須向全世界講清楚，「中華文化崇尚和諧」，中國文化蘊涵着「天人合一的宇宙觀、協和萬邦的國際觀、和而不同的社會觀、人心和善的道德觀」；「中國人的宇宙觀、天下觀、社會觀、道德觀，展現中華文明的悠久歷史和人文底蘊，促

使世界讀懂中國、讀懂中國人民、讀懂中國共產黨、讀懂中華民族。」(3)

　　在《人民日報》組稿的「學術圓桌」裏，郭齊勇指出：「對於宇宙觀，中華優秀傳統文化中有豐富表達。習近平總書記指出：『中華文明歷來崇尚天人合一，道法自然，追求人與自然和諧共生。』中華宇宙觀中蘊含的天人合一理念，集中體現着中華民族整個宇宙以及人與宇宙萬物關係的根本看法。講清楚天人合一的內涵和意義，有助於人們深刻理解中國人的宇宙及其對當今時代的重要價值。」(4)

　　葉小文在「學術圓桌」談到「協和萬邦」的天下觀時指出：「親仁善鄰、協和萬邦都是中華文明一貫的相處之道，天下一家、世界大同是中華民族源遠流長的思想傳統。」(5) 協和萬邦的天下觀，與各國人民對美好世界的追求相契合。西方近代人本主義思潮強調人作為個體的自由與權利，強調尊重人的本能欲望，這雖然促進了資本主義經濟迅猛發展，但也帶來個人主義的膨脹。今天，*個別西方國家奉行自我優先的單邊主義、保護主義、霸權主義，從某種程度上，就是西方人本主義極端化的表現。當今時代，各國是相互依存、彼此融合的利益共同體，不能犧牲他國的利益來謀一己之利。人類文明百花絢爛多彩，不同文明各有千秋，應堅持弘揚平等、互鑒、對話、包容的文明觀，以文明交流超越文明隔閡，以文明互鑒超越文明衝突，以文明共存超越文明優越。因此，協和萬邦的天下觀在今天仍然閃耀着智慧光芒。*」(5)

　　王立在「學術圓桌」中談到「和而不同」促進社會和諧的觀念時指出：「中華文化崇尚和諧，中國『和』文化源遠流長、內涵豐富。和而不同的社會觀是中國『和』文化在社會領域的體現。我國古代思想家很早就提出了和同之辯的命題。西周末年的史伯提出『和實生物，同則不繼』的思想，認為不同因素的相互融合才能產生萬物，如果簡單把相同的東西疊加，不僅不能產生新的事物，還會使世界變得了無生機。」(6) *這和進化論所顯示的觀點倒很相*

近，即：「雜交」能產生優勢，而同系（或近親）交配則會產生劣
*勢。但要獲得更多「雜交」優勢，就要保證物種的多樣性。*而要物
種的多樣性，就得讓不同的物種都能存活下來。這說明，不同的生
物如能「和平共存」就是好事；而就人類來說，「和而不同的社會
觀也是促進人類文明和諧發展、各國之間和平共處的智慧。」[6]

　　吳潛濤在「學術圓桌」中談到「人心和善」的道德觀時指出：
「道德觀是人們對人與自身、人與他人、人與社會、人與自然倫理
關係的系統認識和根本看法，是依靠社會輿論和勸說力量，用善惡
進行評價的行為準則、規範體系。……人心和善是一種與人的存在
和發展融為一體的，以『和合』價值理念為遵循的，以仁愛為核心
的道德要求。……在 5000 多年的中華文明發展史中，人心和善的
道德觀為中華民族生生不息、不斷發展壯大提供了重要力量。它形
成於中國傳統的倫理關係之中，其蘊含的講仁愛、崇正義、尚和合
等價值理念，所體現的以和為貴、與人為善、助人為樂等傳統美
德，已深深植根於中國人的精神中，體現在中國人的行為上。」[7]
換句話說，中國人的這種宇宙觀、天下觀、社會觀、道德觀，都已
深深地埋藏在每一個中國人的心智之中，成了每一個中國人的心
智的一部分，成了我們在心理上無法抹掉的理想信念、價值理念和
道德觀念。而這些東西，如用西方的「正向心理學」來導向，是不
行的，只有用我們自己創導的、改進和優化的「正向心理」方法才
可以；而這一種改良和優化後的「正向心理學」，是與西方的「正
向心理學」的標準和目標不一樣。這就是為什麼我倡議，我們必須
建立中國自己的「引領和導向學」，以及「引導心理學」的原因。

　　此外，中國這個最大的社會主義國家，現今已建立了自己的
發展座標，正在對我國的特色社會主義進行現代化的建設，並為共
產主義初級階段（即相當於特色社會主義初級階段到特色社會主
義高級階段）到共產主義高級階段的建立，開創各種新的道路（同
時見本書第 6 章的有關討論）。

*　　回顧歷史，我們清楚知道，要開創新的道路，正如《百年大*

黨面對面》一書中所指出的：「關鍵是[仍要]打破條條框框，大膽改革創新。馬克思主義不是教條而是行動指南，必須隨着實踐的變化而發展。」譬如根據歷史，我們知道以鄧小平「為主要代表的中國共產黨人，從社會主義建設新的實踐經驗和時代要求出發，澄清一些被搞亂了的理論是非，說出許多老祖宗沒有說過的符合客觀實際的新話，對社會主義本質、根本任務、發展戰略、發展動力等作出了全新論述，用一系列新的思想觀點發展了馬克思主義。譬如：發展才是硬道理、科學技術是第一生產力、社會主義也可以搞市場經濟、『三個有利於』判斷標準、『兩手抓、兩手都要硬』、『一個國家兩種制度』，等等。這些言簡意賅的鮮活論斷，極具穿透力、解釋力和實踐力，閃爍着馬克思主義的真理光芒，指引着中國改革開放航船奮勇向前，成為中國特色社會主義最獨特的標識、最亮麗的色彩。」[8]（註：鄧小平在南方談話中提出『三個有利於』判斷標準，即：是否有利於發展社會主義社會的生產力，是否有利於增強社會主義國家的綜合國力，和是否有利於提高人民的生活水準。）

　　2022 年 5 月 25 日曹英在《人民日報》撰文指出：「習近平總書記強調：『黨性教育是共產黨人修身養性的必修課，是共產黨人的『心學』。」所謂「心學」，曹英指出就是要通過學習來「全面提升個人修養和政治品格，需要從多方面作出努力。一是用心讀書，讀書學習是把握人生道理、領悟人生真諦、體會人生價值的重要途徑，尤其要學懂弄通新時代黨的創新理論的學理哲學、道理情理，從而更好地保持共產黨人的政治本色，肩負起黨和人民的重托。二是時刻自重自省，強化自我批評意識，守住內心、潔身自好、防微杜漸，不為名所累、不為利所困。常常對照初心，檢視言行，對照黨紀國法、工作要求和社會規範，及時改正自己的缺點和不足。三是涵養敬畏之心，心有所畏，方能言有所戒、行有所止。敬畏規則、尊崇規則，方能恪守規則、維護規則。在新的趕考路上，廣大黨員、幹部要敬畏人民、敬畏組織、敬畏法紀，穩得住心神、管得住行為、

守得住清白，真正做到不負歷史、不負時代、不負人民。」⁽⁹⁾以上這些對中國共產黨黨員的要求，在一定程度上也適用於一般的中國公民。故此，像這種樣子的對個人的要求，是完全不能用西方式的正向心理學來教導我們的學生的，而是必須用中國自己的「引導」方法來教導或疏導他們，築牢他們在心智心理方面的正確認知和心態，引領學生樹立正確的道德觀、權力觀，導向他們嚴守法紀，嚴以修身律己，做一個忠誠乾淨擔當的人，成為可堪大用、能擔重擔的棟樑之才。

　　最後，我想特別提出一點，那就是我們還需認真考慮，用「引導學」來教育人民和引導政府官員做好反腐敗的工作。也就是說，這是一條築牢人民在心智心理方面不可或缺的防線。對此，仲音在2022年7月20日的《人民日報》撰文指出，習近平「從頂層設計上思考謀劃一體推進不敢腐、不能腐、不想腐的有效舉措、長久之策，推動不敢腐的強大震懾效能、不能腐的剛性制度約束、不想腐的思想教育優勢融於一體，指引走好中國特色反腐敗之路。一體推進不敢腐、不能腐、不想腐，不僅是反腐敗鬥爭的基本方針，也是新時代全面從嚴治黨的重要方略。黨的十八大以來以習近平同志為核心的黨中央要求『堅持無禁區、全覆蓋、零容忍，堅持重遏制、強高壓、長震懾』，強化監督執紀問責力度，讓腐敗付出慘重代價，保持懲治腐敗高壓態勢；明確『把權力關進制度的籠子裏』，健全黨和國家監督體系，形成靠制度管權、管事、管人的長效機制；強調『從思想上固本培元，提高黨性覺悟，增強拒腐防變能力』，持續開展思想道德和黨紀國法教育，引導黨員、幹部堅持理想信念、嚴守紀律規矩、嚴格家風家教，涵養正氣、提高覺悟。經過不懈努力，不敢腐的目標初步實現，不能腐的籠子越織越牢，不想腐的堤壩正在構築，讓廣大黨員、幹部因敬畏而『不敢』、因制度而『不能』、因覺悟而『不想』，標本兼治的疊加效應、綜合效能持續放大，反腐敗鬥爭的主動性、系統性、實效性進一步增強。不敢腐、不能腐、不想腐是相互依存、相互促進的有機體整體。三

者不是簡單的三個階段的劃分，也不是孤立的三個環節的排列，而是有機統一、環環相扣的，體現了內因和外因、自律和他律的辯證關係。不敢腐，側重於懲治和威懾，解決的是腐敗成本問題；不能腐，側重於制約和監督，解決的是腐敗機會問題；不想腐，側重教育和引導，解決的是腐敗動機問題。不敢腐是前題，為『不能』『不想』創造條件；不能腐是關鍵，鞏固『不敢』『不想』的成果；不想腐是根本，實現『不敢』『不能』的昇華。一體推進不敢腐、不能腐、不想腐，就是把防治腐敗作為系統性工程，把『全週期管理』理念方式貫穿反腐敗鬥爭全過程，推動三者同時發力、同向發力、綜合發力，增強三者的關聯性、耦合性、協同性，推動各項措施在政策上相互配合，在實施過程中相互促進，在工作成效上相得益彰，使不敢腐、不能腐、不想腐一體化推進有更多的制度性成果和更大治理成效。」[10] 以上有關反腐敗的各項舉措，我認為其基礎如用「引導學」來加以夯實，其成效還可以做到事半功倍。

　　所以我建議，中國應該自己設計有關「正向心理學」在中學和大學的教學內容，把「正向心理學」改為「引導學」。而「引導學」的教學內容，可汲取西方「正向心理學」的一些優秀的和能與中國國情相結合和融合的內容，但主要的應包括那些我在本書中所提到的中國特有的內容，從而提高我們學生的心智、心理、思政能力和水平。這對香港來說是更有其迫切需要；因為，我們不能再讓香港的學生，被鼓吹「個人主義」的西方式的心理教學，繼續引導他們走上歧途，而不作出糾正！不能讓美國式的所謂「民主」繼續迷惑香港的青年。因為大家都可以清楚看到，美式民主的失序、治理的失靈，已成為今日美國的突出國情。但可惡的是，正如 2023 年 2 月 11 日的《人民日報》一篇評論指出的，美國在對外政策中，仍然「大打『民主牌』，一再兜售所謂『民主對抗威權』的虛假敘事，試圖拼湊所謂『價值觀聯盟』，實質是打着民主旗號黨同伐異，將意識形態和價值觀作為打壓他國、推進地緣戰略的工具，是假民主、真霸權。」[11]「長期以來，美國總是自詡為『民主燈塔』。即

使是面對愈演愈烈的金錢政治、政治極化、社會撕裂、貧富分化、種族歧視、槍支暴力等問題，美國政客也能睜着眼睛說瞎話，宣稱『民主國家已經變得更強大，而不是更弱。』」(12)

　　其實大家都清楚知道：「美式民主是建立在資本基礎上的『富人遊戲』，金錢是美國政治的『硬通貨』；美式民主標榜權力制衡，卻日益陷入黨派紛爭的漩渦；美式民主失序引發的亂像不斷上演，讓人們對其信心持續下降。」(12) 但可悲的是，「美國政客仍然沉迷於自欺欺人，將民主政治化、工具化、武器化，到處干涉別國內政」(12)，特別是不斷地在遏制和打壓中國。因此，我們可以清楚看到，所謂美式民主，霸權其實是其底色。「民主意味着平等，但霸權者眼中卻只有順我者昌，逆我者亡。誰要是不聽話，輕則封鎖禁運、煽動叛亂，重則直接軍事干預、顛覆政權。」(13) 所謂美式民主，事實上霸凌是其本色。「民主意味着公平，霸凌者眼中卻只有『美國優先』、贏家通吃。」所謂美式民主，霸道也是其原色。「民主意味着規則，霸道者眼中卻只有『美國例外』、唯我獨專。隨意『退群』違約，合則用，不合則棄，所謂『基於規則的國際秩序』，不過是『基於美國制定的規則，而其他國家只能順從其規則』的國際秩序。」(13) 所以滿口「民主、人權、自由」的美國，其行動盡是霸權、欺凌、霸道！試問這樣的所謂美式民主，又有什麼國際公信力可言！所以「引導學」的教學內容，也必須把這些美國式的假民主內容包括在內，予以批評，因為美國視「霸權、霸凌與霸道」為「正常心理」行徑！

　　2022 年 12 月 9 日，北京書法家協會副主席龍開勝在《人民日報》撰文指出：「文化的力量是無窮的，傳承着歷史，關係着未來。中國傳統藝術作為不曾中斷過的中華文明集大成者，以及對真、善、美的獨特追求潤心育人、固本培元，已經深深地熔鑄在我們的歷史與實踐中。」(14) 所以在國家發展的新征程上，我們必須擔負起把新的文化使命發揮好，把包括傳統藝術等在內的美育功能予以提升，把中華傳統文化蘊含的豐富的人文精神引導發展至

更高階段，從而更好構築起新的中國精神、中國價值、中國力量、中國文化、中國文明。

　　但中國除了要把自己的文化發展、教育等方面的引導工作做好之外，我們還需與其他國家一道，攜手把國與國之間相互尊重、睦鄰友好、同舟共濟、相互支持、鞏固互信、互利共贏、開放包容、文明對話、共謀發展繁榮的夥伴關係、深化安全合作、維護和平穩定和國際公平正義、密切人文交流、文化文明互鑒等開創性的真正的多邊主義、共商共建共享的引導工作做好，把中國的內部和外部環境總體穩定好維護好。因為只有這樣，我們才能有效地引導其他國家與中國一道，步入這新的發展階段，積極構建新的發展格局，共同為人類命運共同體文明的建立，打好牢固和永續的基礎。最近傑里米·里夫金在他著的《韌性時代：重新思考人類的發展與進化》[15] 一書中提問：「我們需要怎樣重新思考人類的發展與進化？怎樣把人類未來所需要的文明建立起來？」我認為答案其實已經有了，那就是中國所引領和導向的構建「人類命運共同體文明」。因為，只有構建「人類命運共同體文明」，才能為里夫金提供他所需要的答案和解決方案（同時請見拙著《怎樣提升人類命運的進化？構建：中華新文明、世界新文明、人類命運共同體文明》，以及本書第 12 章中的有關討論)。

參考文獻

1.　王震中，〈為中華優秀傳統文化創新發展注入新動力〉。2022 年 6 月 6 日，《人民日報》。

2.　江林昌，〈推進考古學與歷史學融合發展〉。2022 年 6 月 6 日，《人民日報》。

3. 〈深刻理解和把握中國人的宇宙觀、天下觀、社會觀、道德觀（學術圓桌）〉。2022 年 6 月 20 日，《人民日報》。

4. 郭齊勇，〈天人合一的內涵與時代價值〉。2022 年 6 月 20 日，《人民日報》。

5. 葉小文，〈宏揚中華民族協和萬邦的天下觀〉。2022 年 6 月 20 日，《人民日報》。

6. 王立，〈堅持和而不同　促進社會和諧〉。2022 年 6 月 20 日，《人民日報》。

7. 吳潛濤，〈結合時代要求踐行人心和善的道德觀〉。2022 年 6 月 20 日，《人民日報》。

8. 〈解放思想銳意進取（百年大黨面對面 5）〉，2022 年 5 月 27 日。《人民日報》。

9. 曹英，〈修好共產黨人的「心學」〉。2022 年 5 月 25 日，《人民日報》。

10. 仲音，〈一體推進不敢腐、不能腐、不想腐〉。2022 年 7 月 20 日，《人民日報》。

11. 〈民主不應是美國搞霸權霸道霸凌的工具〉（鐘聲）。2023 年 2 月 11 日，《人民日報》。

12. 〈美式民主所謂「強大」只是幻象〉（鐘聲）。2023 年 2 月 12 日，《人民日報》。

13. 〈霸權、霸凌與霸道——論美式民主的三原色〉。2023 年 2 月 12 日，《人民日報》。

14. 龍開勝，〈充分發揮傳統藝術的美育功能〉。2022 年 12 月 9 日，《人民日報》。

15. 傑里米·里夫金（Jeremy Rifkin），鄭挺穎、阮南捷譯，《韌性時代：重新思考人類的發展與進化》（*The Age of Resilience: Reimagining Existence on a Rewilding Earth*）。2022 年，中信出版集團。

第 9 章

防止西方錯誤的宣傳和輿論
引導我們的心智心理走向

現今我們正進入一個資訊爆炸的時代，可以說每天都有海量的各種資訊信息，需要我們認真的考慮其價值和真偽。但讓我們在心理上感覺到最為不安和可怕的是，現在有很多人，為了達到他們不可告人之目的，經常會通過利用互聯網、社交媒體、報紙及可以歪曲報導的技術、人工智能等，把許多特意製造的假新聞、謠言和宣傳，大量的傳播散放出去。這些眾多的假新聞、謠言和不實的宣傳，不但使人們在心智上失去理性平衡，同時，還會在人們的心理上製造很多混亂的思想偏見和仇恨，把許多人推向走極端和搞恐怖活動，香港 2019 年所發生的「修例風波」事件所引起的暴亂，就是一個實例。

而這種具欺騙性、煽動性和蠱惑性的手法，正是美國最喜歡和善於用來打壓其他國家的手段。近期，中國就是一個被美國利用這種手段來打擊的目標。下面我舉兩個例子來說明一下其危害性：

(I)　在人權方面，美國經常製造雙重標準來打壓其他國家；

(II)　美國無底線地用各種方法，遏制中國的現代化發展。

例子(I)：美國在人權方面搞雙重標準

習近平經常說：「人民幸福生活是最大的人權。」《人民日報》評論員仲音指出：「呵護人的生命、價值和尊嚴，實現人人享有人權，是人類社會的共同追求。人權不是遙不可及的抽象概念，而應該體現為普通民眾的幸福生活，體現為日常生活中可感、可知、可以觸摸的點滴改善。堅持人民在人權事業中的主體地位，把人民利益擺在至高無上的位置，讓人民過上好日子，使發展成果更公平地惠及全體人民，讓每個人更好地發展自我、幸福生活，讓每個人都能夠免於恐懼、不受威脅，是實現人人享有更加充分人權的真諦所在。……尊重和保障人權的目的，是讓人民過上幸福生活、有尊嚴的生活。」(1) 在文章中仲音也說，習近平強調：「一國人權狀況好不好，關鍵看本國人民利益是否得到維護，人民的獲得感、幸福感、安全感是否得到增強，這是檢驗一國人權狀況的最重要標準。」(1) 仲音在文章中還進一步指出：「誰對一國人權最有發言權？誰才是一國人權事業的評分者？答案只有一個：本國人民。今天，十四億多人口實現全面小康，中國人民對美好生活的嚮往不斷變為現實，為中國人權事業發展提供了最溫暖也是最有利的支撐。……人權是善治之本。幸福生活體現在整體消除絕對貧困，中國人民徹底告別了缺醫少食、物資匱乏的年代，再無饑饉之年、凍餒之患；幸福生活體現在拓寬發展舞台，一系列改革舉措致力於營造公平發展環境，讓更多人獲得了改變命運、施展才華的機會；幸福生活體現在長期國泰民安，加強平安中國、法治中國、法治中國建設，保持社會長期穩定，切實保護人民群眾生命財產安全，為物阜民豐、煙火人間提供了有力保障……在國家富強、民族振興和人民幸福融為一體的發展中，努力讓人民過上幸福生活，以人民幸福生活為準繩推進人權事業發展。……人權是歷史的、具體的、現實的，不能脫離不同國家的社會政治條件和歷史文化傳統空談人權。億萬人民的幸福生活，是中國人權事業發展最鮮活的證明。」(1) 美國經

常喜歡對中國的人權問題說三道四，惡意地用雙重標準來打壓中國的人權事業的發展，是完全沒有道理的。美國應該好好的想一想，美國急切需要解決的是美國自己的人權問題，別再去干預其他國家的人權問題，才是正道；更不要用人權作為武器來摧毀其他國家，來維護美國的利益和霸權地位。

現在舉一個實例來詳細說明一下。譬如，就拿美國「以疆制華」的險惡圖謀這一件事來說，現今美國政府所實施的所謂「維吾爾強迫勞動預防法」，完全是一種供美國政客操弄的惡法；以此來禍亂新疆，遏制中國的把戲；是美西方反華勢力編織的彌天大謊。美國炮製出來的這一惡法，罔顧事實真相，基於謊言謠言，是完全站不住腳的。

鐘聲在 2022 年 7 月 19 日的《人民日報》裏的一篇評論文章指出：「美國炮製所謂『維吾爾強迫勞動預防法』，將在中國新疆地區全部和部分生產的產品，均推定為所謂『強迫勞動』產品，並以此為由禁止進口與新疆相關的任何產品。透過美國編織的謊言可以清楚地看到，美國打的是人權的幌子，行的是保護主義之實，是在以政治手段打壓中國新疆的優勢產業，是典型的經濟脅迫和徹頭徹尾的政治操弄，嚴重破壞國際貿易慣例與規則。」[2] 因此，現在我們可以知道：「美國強推所謂『維吾爾強迫勞動預防法』，根本不是為了保護所謂人權，而是實行貿易保護主義，根本不是為了清除所謂『強迫勞動』產品，而是為了剔除競爭對手。」[2]

鐘聲在 2022 年 7 月 15 日的《人民日報》發表的另一篇評論文章已指出：「美國以謊言為基礎、炮製惡法，粗暴干涉中國內政，嚴重違反國際法和國際關係基本準則。美國打着人權的旗號破壞人權、打着規則的旗號破壞規則、披着法律的外衣踐踏法治，根本目的是為了維護美式霸權。」[3] 事實上，當前「新疆經濟發展和社會安定舉世公認，新疆各族群眾安居樂業，勞動權益得到切實保障。」[3] 而在 2022 年 7 月 12–15 日，習近平到新疆考察調研及看望慰問各族幹部群眾時，更勉勵新疆人民說：「要堅決貫徹黨中央

決策部署，完整準確貫徹新時代黨的治疆方略，牢牢扭住社會穩定和長治久安總目標，堅持穩中求進工作總基調，全面深化改革開放，推動高品質發展，統籌疫情防控和經濟社會發展，統籌發展和安全，在新時代新征程上奮力建設團結和諧，繁榮富裕、文明進步、安居樂業、生態良好的美好新疆。」⁽⁴⁾ 從習近平的講話，我們可以清楚看到，中國政府對新疆的政策，是一貫的，那就是希望新疆做好在經濟、社會、文化、生態文明建設，民族團結等方面的工作，來推動新疆的長治久安。這可以說是中國的一個根本性、基礎性、長遠性的治疆和發展新疆的戰略目標。歷來中國政府對新疆人民的愛護向來都是無微不至的，哪會去搞什麼「強迫勞動」這種事！所以美國「以疆制華」的險惡圖謀，是絕對不會得逞的，美國用謊言堆積起來的破爛謊言，總有一天是會被戳破的。

例子(II)：美國為了鞏固其霸權，明目張膽地遏制中國的發展

2022 年 7 月 9 日，王毅同美國國務卿布林肯舉行會議，「布林肯介紹了美方的對華政策，表示美方不尋求對華打『新冷戰』、不尋求改變中國體制、不挑戰中國共產黨執政地位、不尋求圍堵中國、不支援『台灣獨立』、不尋求改變台海現狀。美致力於管控雙邊關係中的風險因素，對同中方開展合作持開放態度。」⁽⁵⁾

但「王毅強調，既然美方承諾不尋求改變中國體制，就應該尊重中國人民選擇的中國特色社會主義道路，停止抹黑攻擊中國政治制度和內外政策。既然美方承諾不尋求打『新冷戰』，就應該摒棄冷戰思維，不搞零和博弈，停止拉幫結夥搞『小圈子』。既然美方承諾不支援『台灣獨立』，就應該停止掏空歪曲一個中國政策，停止在台灣問題上『切香腸』，不得打『台灣牌』阻擾中國的

和平統一進程。既然美方承諾無意同中國發生衝突，就應該尊重中國的主權和領土完整，停止干涉中國內政，不要打着人權、民主旗號損害中國正當利益。美方還應儘快取消對華加徵的關稅，停止對中國企業的單邊制裁。」[5]

「中美三個聯合公報才是兩國最可靠的『防護』。只有切實履行各自在三個聯合公報中所作承諾，堅持正確方向，及時排除路障，打通前行道路，雙邊關係就不會脫軌失控。否則，再多的『護欄』也起不到作用。雙方應遵照相互尊重、和平共處、避免對抗、合作共贏的精神，探討確立雙方的行動指南。要建立落實兩國元首共識的管道，更好協調各領域各部門的交往。要妥善管控矛盾分歧，努力解決突出問題。」[5]

王毅還說：「當前，中美關係仍未走出上屆美政府製造的困境，甚至還在遭遇越來越多的挑戰。中美關係的歷史敘事被人為歪曲，現實狀況被所謂『政治正確』所綁架，發展方向面臨被進一步引向歧途的危險。根本原因是美方的對華認知出現了問題，由此製定的對華政策自然也偏離了正確軌道。美國對華政策中的一些自相矛盾和言行不一，深層次反映出美方的世界觀、中國觀以及中美歷史觀、利益觀、競爭觀都出現了嚴重偏差。許多人由此認為美國正患上越來越嚴重的『中國恐懼症』……如果任由這種『威脅膨脹』發展下去，美國對華政策將是一條走不出去的死胡同。」[5]

2022 年 7 月 28 日習近平應約同美國總統拜登通電話。兩國元首就中美關係以及雙方關心的問題，進行了坦率溝通和交流。習近平強調：「我們堅決反對『台獨』分裂和外部勢力干涉，絕不為任何形式的台獨勢力留下任何空間。中國政府和中國人民在台灣問題上的立場是一以貫之的，堅決維護中國國家主權和領土完整是十四億多中國人民的堅定意志。」[7] 習近平在通話中，還進一步指出：「從戰略競爭的視角看待和定義中美關係，把中國視為最主要對手和最嚴峻的長期挑戰，是對中美關係的誤判和中國發展的誤讀，會對兩國人民和國際社會產生誤導。」[7] 所以美國必須

把這種誤導糾正過來。不然，由此而引發的惡劣和嚴重後果，美國自負。

　　2022 年 9 月 14 日美國國會參議院外委會審議通過「2022 年台灣政策法案」。中國外交部發言人毛寧在例行記者會上表示：「該法案嚴重違背美方在台灣問題上對中方做出的承諾，違反一個中國原則和中美三個聯合公報，干涉中國內政，違背國際法和國際關係基本準則，向『台獨』分裂勢力發出嚴重錯誤信號。」[8] 我國前駐美大使秦剛在 2022 年 9 月 15 日正式通知美國副國務卿雪蔓，一旦《台灣政策法》通過，中美關係將會瓦解。」習近平同一天，在烏茲別克與普京會談時說：「中方堅決反對『台獨』分裂勢力和外部干涉，任何國家都無權做台灣問題的裁判官。」[8]（同時見本書第 11 章中的有關討論。）

　　從上面 (I) 及 (II) 兩個例子，我們可以清楚看到美國是怎樣利用「人權」、「戰略誤判」等手段來肆意抹黑中國的。他們在涉疆、涉藏、涉港方面，不斷造謠，製造各種假新聞、虛假信息來打壓中華民族的團結和遏制中國的發展。為了對付美國這種惡劣的打壓行為，我認為政府方面，必須對美國的所作所為，戳穿其假像和戰略目的，來更好地維護我們中國人的利益和安全。同時，政府還必須給我們的人民，在思想和心理上正確的引領和導向，提高人民在這方面的心智心理素質和能力，來抵禦美國這種惡劣的輿論操控和心理擾亂（這對香港的年輕人來說，更為重要）。所以，我建議在我們的中學和大學，不但必須設置「引導學」來增強我們的青年（特別是香港的青年）在心智心理方面的認知，從而有效強化我們年輕人抵抗和防禦謊言謠言影響我們的心智心理的能力；同時，還必須大力引導我們，正如習近平所說：「要弘揚和平、發展、公平、正義、民主自由的全人類共同價值，以實際行動推進全球發展倡議，助力落實聯合國 2030 年可持續發展議程，共同譜寫世界青年團結合作的時代新篇章」[6]，並與各種美國編造出來的謠言謊言作堅決的斗爭。所以，在這方面我們必須作全面正確的引導，特別是

在香港，尤其重要。若不是這樣，「一國兩制」在香港就難以真正地建立起來，而「一國兩制」的優勢，就會難以得到正確全面的落實和發揮。

最後，在這裏我介紹一個具體的例子，說明中國怎樣成功地引導建立了國與國之間以及民間的睦鄰友好合作關係，以及有效地抵禦了各種抹黑、污蔑和遏制中國發展的實例，供大家參考。

2022 年 9 月 16 日習近平在撒馬爾罕國際會議中心，出席上海合作組織成員國元首理事會第二十二次會議。在會議上習近平強調指出：「當前，世界百年未有之大變局正在加速演進，世界進入新的動盪變革期。人類社會正站在十字路口，面臨前所未有的挑戰。在新形勢下，上海合作組織作為國際和地區事務中重要的建設性力量，要勇於面對國際風雲變幻，牢牢把握時代潮流，不斷加強團結合作，推動構建更加緊密的上海合作組織命運共同體。第一，加大相互支持；第二，拓展安全合作；第三，深化務實合作；第四，加強人文交流；第五，堅持多邊主義。」[9]

在會上，習近平對上海合作組織還提出四點建議：「一是堅持弘揚「上海精神」，鞏固團結合作。要堅守本組織的初心使命，增進相互信任，合力應對外部環境的複雜變化；要繼續在涉及彼此核心利益和重大關切的問題上相互支持，成為彼此實現發展振興的堅強後盾。二是堅持戰略自主，維護地區穩定。要倡導共同、綜合、合作、可持續的安全觀，抵制任何製造陣營對抗，破壞地區穩定的企圖；立足地區國家的安全需要，增進安全合作共識，合力維護地區長治久安；提升本組織執法安全合作水平，嚴防恐怖極端勢力禍亂地區安全。三是堅持普惠包容，推動發展合作。要積極推進貿易和投資自由化便利化，維護產業鏈供應鏈穩定順暢，促進資源要素有序流動，實現區域經濟融合發展；加強共建『一帶一路』倡議，同各國發展戰略及其他地區一體化倡議對接，激發各國經濟增長活力。四是堅持推進擴員進程，完善組織機制建設。」[9]

王毅在結束上海組織會議後，面對記者時指出：中國「胸懷

天下，引領時代大格局，大擔當。……堅持政治互信、堅持互利合作、堅持平等相待、堅持開放包容、堅持公平正義。……牢牢站在歷史發展的正確一邊，時代潮流的進步一邊，行大道、利天下、得人心。……弘揚互信、互利、平等、協商、尊重多樣文明、謀求共同發展的『上海精神』。……回答了在新時代背景下，應當推進什麼樣的新型區域合作、如何推進新型區域合作的問題，對上合組織自身建設、對促進國際關係健康公正發展，均具有重要指導意義。」[10]

　　從王毅以上的闡釋，以及愈來愈多國家要申請加入上海合作組織，我們可以清楚看到，中國與組織成員國，在引導建立國與國之間，以及民間的睦鄰友好合作關係，是非常成功的。這更說明，中國長期堅持正確的各種引領和導向，是具前瞻性和有效的。

進一步加強引導國際合作及佔領輿論高地

2022 年 9 月 20 日王毅在紐約聯合國主持「全球發展倡議之友小組」部長級會議。王毅說：「去年聯合國大會期間，習近平主席提出全球發展倡議，以構建全球發展共同體為目標，秉持發展優先，以人民為中心等理念，推動加快落實聯合國 2030 年可持續發展議程。」[11] 王毅還強調指出，中國會和其他國家一道，為落實 2030 年議程再採取七大舉措：「一是發佈全球發展倡議項目庫首批項目清單，二是推進『促進糧食生產專項行動』，與聯合國在數字和創新農業金融、動植物疫病防治、可持續土壤和水資源管理等領域開展合作。三是推進『全球清潔能源合作夥伴關係』，同國際可再生能源署和各國共同深化務實合作，推動清潔能源轉型，實現更可持續的能源安全。四是推進『智慧海關、智慧邊境、智慧聯通』合作，同世界海關組織等國際組織以及各國一道，加強海關智能網路建設，促進數字時代供應鏈互聯互通。五是發起成立世界數字教育聯

盟，加強國際數字教育合作，以數字化賦能教育發展，讓教育資源更加普惠可及。六是同國際竹藤組織共同啟動制定『以竹代塑全球行動計劃』，有效治理塑料污染，還子孫後代一個清潔美麗的地球家園。七是宣佈中國去年十一月發射的『可持續發展科學衛星 1 號』數據面向全球開放共享，助力各國可持續發展研究和決策。」(11)

2022 年 9 月 24 日，王毅在紐約聯合國總部出席第七十七屆聯合國大會一般性辯論，並發表題為「為和平發展盡力　為團結進步擔當」的演講。王毅說：

「這是一個充滿挑戰的時代。世界進入新的動盪變革期，百年未有之大變局加速演進。這也是一個充滿希望的時代，和平與發展的時代主題沒有改變，各國人民求進步，促合作的願望更加強烈。如何回應時代要求，把握歷史潮流，共同構建習近平主席宣導的人類命運共同體，中國的主張堅定而明確：

要和平，不要戰亂。堅持以和平方式處理分歧，以對話協商解決爭端。

要發展，不要貧困。堅持把發展置於國際議程中心，凝聚國際共識，讓發展成果更多更公平地惠及每一個國家、每一個人。

要開放，不要封閉。倡導開放包容，維護以世界貿易組織為核心的多邊貿易體制，推動構建開放型世界經濟。

要合作，不要對抗。以對話代替衝突，以協商代替脅迫，以共贏代替零和，共同抵制集團政治，共同反對陣營對抗。

要團結，不要分裂。摒棄意識形態劃線，團結起來為促進世界和平與發展事業引進最大公約數，畫出最大同心圓。

要公平，不要霸凌。倡導和踐行真正的多邊主義，推動各國權利平等、規則平等、機會平等，構建相互尊重、公平正義、合作共贏的新型國際關係。

　　中國堅定站在團結合作一邊，站在時代潮流一邊，站在絕大多數國家共同利益一邊。中國始終是世界和平的建設者，全球發展的貢獻者，國際秩序的維護者，公共產品的提供者，熱點問題的斡旋者。

　　面對當前各種挑戰，習近平主席提出全球發展倡議，吹響重新聚焦發展的『集合號』，呼籲構建全球發展共同體。習近平主席又提出全球安全倡議，為彌補和平赤字貢獻中國智慧，為應對國際安全挑戰提出了中國方案。」[12]

　　2022 年 9 月 21 日外交部發言人汪文斌指出：「2021 年 9 月 21 日，習近平主席在第七十六屆聯合國大會一般性辯論上提出全球發展倡議一年來，全球發展倡議有效地推動國際社會重新重視發展問題，重新堅定對如期實現可持續發展目標的承諾，為加快落實 2030 年議程提出了可行路徑，搭建了合作平台，匯聚了發展資源，應對了最緊迫的發展挑戰。」[13]

　　2022 年 9 月 21 日，王岐山以視頻方式出席 2022 年國際和平日紀念活動，並發表主旨講話。王岐山表示：「國際和平寄託了世界各國人民對和平安寧的殷切期望。當前，世界進入新的動盪變革期。習近平主席胸懷人類前途命運和安危福祉，提出全球安全倡議。這一重要倡議反映國際社會維護世界和平、促進共同發展的普遍願望，為消弭和平赤字、破解安全困境貢獻了中國智慧、提供了中國方案。」[14] 王岐山強調：「中國願同國際社會一道，共同踐行全球安全倡議。我們要相互尊重，加強團結協作，堅持國家安全，主權和發展利益必須得到尊重，各國內政不容干涉。我們要秉持共同、綜合、合作、可持續的安全觀，堅持安危與共、維護共同安全。我們要堅持對話協商，實現和平共處，旗幟鮮明支持一切有利於和平解決危機的能力。我們要同舟共濟，完善全球治理，堅決反對霸權霸凌行徑，踐行真正的多邊主義，維護世界和平穩定，促進各國發展繁榮。歷史告訴我們，和平是人類的共同事業。中國將始終不

渝堅持走和平發展道路，做世界和平的建設者、全球發展的貢獻者、國際秩序的維護者。中國願同世界上所有愛好和平的國家和人民攜手同行，共同推動構建人類命運共同體」。[14]

從以上我們可以看到，中國在國際舞台上所起的具體引領和導向作用。但除做具體的引領和導向的工作之外，中國在一些思想、理論、概念方面的引導也起到一定的作用。譬如，中新社記者黃鈺欽指出：「2012 年『人類命運共同體』一詞首次出現在中共黨代會報告中，其後相繼寫入中共黨章與中國憲法。跨越十年，一個抽象概念與一次具體表達都圍繞一個『共』字展開。十年來，世界變局中，『命運與共』成為中國與世界互動的關鍵詞。『命運與共的理念源於中華傳統文化、主張和而不同，構成中國外交的價值觀。』中國外交學院副院長高飛指出：『構建人類命運共同體符合中國人和諧萬邦的天下觀，是大同世界的現代版本。』而回顧中外互動的軌跡不難發現，中國強調的『共』字，並不抽象。從『一帶一路』倡議搭建開放合作平台，到全球發展倡議與全球安全倡議應對現實問題，一個『共』字裏既有宏觀的方案，不乏微觀的故事。」[15]我認為黃鈺欽的分析很到位。由此可見，中國在引領和導向國際輿論和世界發展方面，已在逐漸建立中國的話語權和引導力。我相信中國的引導力在將來，還會發揮更大的作用。

但中國在中美關係方面的引導，似乎還需再加倍努力，才能讓美國把「中美應相互尊重、和平共處、合作共贏」[16] 的基本原則落到實處。

2022 年 9 月 22 日，王毅在亞洲協會紐約總部就中美關係發表主旨演講時指出：

「這幾年，中美關係徘徊在建交後低谷。中美關係的重要意義早已超出雙邊，影響全球。遺憾的是，美方並沒有把領導人穩定雙邊關係的政治意願轉化為合乎邏輯的政策，中國人民以及很多國家人民自然會對美方提出以下疑問：

美方泡製莫須有的『民主對抗威權』敘事，將矛頭指向中國的政治制度、發展道路和執政黨。這種情況下，如何履行不尋求改變中國體制的承諾？

美方對中國定義為『最主要對手』和『最嚴峻長期挑戰』，實施全方位遏制。這種情況下，如何避免發生新的冷戰？

美方不顧中方強烈反對，執意在廿五年後再次允許眾議長訪台。一次次官方往來，不斷提升實質關係，一次次售台武器，甚至包括進攻性武器。最近又在推進審議所謂『台灣政策法案』。這種情況下，如何兌現不支持『台獨』的重要表態？

美方繼續對華貿易戰，即使被世貿組織判定違規，仍執意對約三千六百億美元中國輸美商品加徵高額關稅，同時單邊制裁中國企業的單子越拉越長。這種情況下，如何維護中美和全球產業鏈供應鏈的穩定？

美方在涉及中國核心利益和發展權益的問題上沒完沒了的挑釁，但又聲稱要保持關係穩定，避免衝突對抗，這在邏輯上和現實上都是矛盾的。癥結在哪裏？從根本上講，還是美方對中國、對世界、對自己的認知出了偏差，美國如果沿着零和博弈的思維處理中美關係，如果繼續用『政治正確』來誤導對華政策，不僅解決不了自身的問題，還會使中美關係走向衝突對抗的終點。」[17]

2022 年 11 月 14 日習近平在印尼峇里島同美國總統拜登舉行會晤。習近平指出：「自由、民主、人權是人類的共同追求，是中國共產黨的一貫追求。美國有美國式民主，中國有中國式民主，都符合各自的國情。中國全過程人民民主基於中國國情和歷史文化，體現人民意願，我們同樣感到自豪。」[18]

「美國搞的是資本主義，中國搞的是社會主義，雙方走的是不同的路。這種不同不是今天才有的，今後還會繼續存在。中國共

產黨領導和中國社會主義制度得到十四億人民擁護和支持，是中國發展和穩定的根本保障。中美相處很重要一條就是承認這種不同，尊重這種不同，而不是強求一律，試圖去改變甚至顛覆對方的制度。美方應將有關承諾體現在具體行動上，而不是說一套做一套。」(18)

「中美是兩個歷史文化、社會制度、發展道路不同的大國，過去和現在有差異和分歧，今後也還會有，但這不應成為中美關係發展的障礙。任何時候世界都有競爭，但競爭應該是相互借鑒，你追我趕，共同進步，而不是你輸我贏，你死我活。中國有自強不息的光榮傳統，一些打壓和遏制只會激發中國人民的意志和熱情。打貿易戰、科技戰、人為『築牆設壘』，強推『脫鈎斷鏈』，完全違反市場經濟原則，破壞國際貿易規則，只會損人不利己。我們反對把經貿科技交流政治化、武器化。當前形勢下，中美兩國共同利益不是減少了，而是更多了。中美不衝突、不對抗、和平共處，這是兩國最基本的共同利益。中美兩國經濟深度融合，面臨新的發展任務，需要從對方發展中獲益，這也是共同利益。全球經濟疫後復甦、應對氣候變化、解決地區熱點問題也離不開中美協調合作，這還是共同利益。雙方應該相互尊重，互惠互利，着眼大局，為雙方合作提供好的氣氛和穩定的關係。」(18)

針對習近平在印尼峇里島同美國總統拜登舉行會晤所釋放出來的談話內容，王毅指出：「這次元首會晤不僅具有重大現實指導意義，而且將對下階段乃至更長遠時期的中美關係產生重要深遠影響。……一是明確了一個方向，就是要防止中美關係脫軌失控，找到兩個大國正確相處之道。二是決定了一個框架，就是要共同探討確立中美關係指導原則，或者說戰略性框架。三是啟動了一個進程，就是要將兩國元首重要共識落到實處，管控和穩定中美關係。」(19)

以上習近平和王毅的一番引導中美關係向着正確方向發展的言論，我認為說得非常中肯和到位，希望美方能正確理解和聽進

去。但可惜的是，往績顯示，美國喜歡說一套做一套。可以這樣說，美國長期以來，在各方面所呈現的錯誤引導和做法，不但是在威脅和危害中國，更是在嚴重遏制人類要求和平共處的迫切願望。美國的做法，對今後中美關係如何發展，對未來世界的走向，都會起到巨大的影響。所以，對於美國的各種表態和做法，我們必須小心地「聽其言、觀其行」，對它正確的做法應予以支持，對它錯誤的做法必須堅決反對，並與它作長期鬥爭。同時，也必須在中美關係發展方面，防止美方作出誤解誤判，或讓激烈競爭變成為對抗甚至衝突。而最重要的，當然是首先要妥善解決好「台灣問題」，因為，習近平在和拜登會晤時，明確指出：「台灣問題是中國核心利益中的核心，是中美關係政治基礎中的基礎，是中美關係第一條不可逾越的紅線。」[18]（同時見本書第 11 章，有關我對和平解決台灣問題的建議和討論。）

　　習近平在印尼峇里島同美國總統拜登舉行會晤之後，跟着習近平出席了在峇里島舉行的二十國集團領導人第十七次峰會。在峰會中習近平發表了題為「共贏時代挑戰　共建美好未來」的講話。在講話中，習近平指出：「當今世界正在經歷百年未有之大變局，這是世界之變、時代之變、歷史之變。當前，新冠肺炎疫情反覆延宕，世界經濟脆弱性更加突出，地緣政治局勢緊張，全球治理嚴重缺失，糧食和能源等多種危機疊加，人類發展面臨重大挑戰。各國要樹立人類命運共同體意識，倡導和平、發展、合作、共贏、讓團結代替分裂、合作代替對抗、包容代替排他，共同破解『世界怎麼了、我們怎麼辦』這一時代課題，共渡難關，共創未來。」[20]習近平強調：「二十國集團成員都是世界和地區大國，應該體現大國擔當，發揮表率作用，為各國謀發展，為人類謀福祉，為世界謀進步。……我們要推動更加包容的全球發展。團結就是力量，分裂沒有出路。……我們要推動更加普惠的全球發展。各國共同發展才是真發展。世界繁榮穩定不可能建立在貧者愈貧、富者愈富的基礎之上。……我們要推動更有韌性的全球發展。經濟全球化遭遇逆

風，世界經濟面臨衰退風險，大家日子都不好過，發展中國家首當其衝。我們要比以往任何時候都更加重視發展問題，要建設全球經濟復甦夥伴關係，堅持發展優先、以人民為中心，始終想着發展中國家的難處，照顧發展中國家的關切。我們要繼續維護以世界貿易組織為核心的多邊貿易體制，積極推動世界貿易組織改革，推進貿易和投資自由化便利化。中方提出了數字創新合作行動計劃，期待同各方一道營造開放、公平、非歧視的數字經濟發展環境，縮小南北國家間的數字鴻溝。應對氣候變化挑戰、向綠色低碳發展轉型，必須本着共同但有區別的責任原則，在資金、技術、能力建設等方面為發展中國家提供支持。要堅持對腐敗零容忍，加強追逃追贓國際合作。」[20]

　　2022 年 11 月 16 日，在二十國集團領導人第十七次峰會上，討論有關數字轉型問題時，習近平進一步指出：「當前，數字經濟規模擴大，全球數字化轉型加速，成為影響世界經濟格局的重要因素。中國主辦二十國集團杭州峰會期間，首次把數字經濟納入二十國集團議程，提出創新發展方式、挖掘增長動能。近年來二十國集團在適應數字化轉型、發展數字經濟方面凝聚了更多共識，推進了更多合作。希望各方激發數字合作活力，讓數字經濟發展成果造福各國人民。」[21]

　　「一要堅持多邊主義，加強國際合作。合力營造開放、包容、公平、公正、非歧視的數字經濟發展環境，在數字產業化、產業數字化方面推進國際合作，釋放數字經濟推動全球增長的潛力。搞所謂『小院高牆』、限制和阻礙科技合作，損人不利己，不符合國際社會共同利益。二要堅持發展優先，彌合數字鴻溝。各國應該攜手推動數字時代互聯互通，採取有效措施提升全民數字技能和素養，尤其要幫助發展中國家和弱勢群體融入數字化浪潮，努力消除數字鴻溝。中方已經發起建設數字絲綢之路倡議，並將數字經濟作為全球發展倡議的重點合作領域，期待就此同各方面開展合作。三要堅持創新驅動，助力疫後復甦。中方提出了《二十國集團數字創新

合作行動計劃》，旨在推動數字技術創新應用，實現創新成果普惠共享，歡迎各方積極參與。中方願繼續同二十國集團成員合作，攜手構建普惠平衡、協調包容、合作共贏、共同繁榮的全球數字經濟格局。」[21] 上面習近平所提出的一系列重要主張，將引發和引導各國深入思考，進而推動解決世界面臨的諸多有關數字轉型的問題及重大挑戰。

習近平以上在峇里島的具引導性的「共迎時代挑戰 共建美好未來」言論，綜合起來，可以用下面七句話來總結：「一、讓團結代替分裂、合作代替對抗、包容代替排他。二、為各國謀發展，為人類謀福祉，為世界謀進步。三、團結就是力量，分裂沒有出路。四、每個國家都想過上好日子，現代化不是哪個國家的特權。五、要堅決反對將糧食、能源問題政治化、工具化、武器化。六、鼓勵發展數位技能和數字素養、數字基礎設施互聯互通開展國際合作。七、一個不斷走向現代化的中國，必將為世界提供更多機遇。」[20 , 21]

引導構建「亞太命運共同體」的重要性

2022 年 11 月 18 日，亞太經合組織（APEC）第二十九次領導人非正式會議在泰國曼谷國家會議中心舉行。習近平出席了會議並發表題為「團結合作勇擔責任 構建亞太命運共同體」的重要講話。習近平在講話中指出：「亞太是我們安身立命之所，也是全球經濟增長動力之源。過去幾十年，亞太區域經濟合作蓬勃發展，創造了舉世矚目的『亞太奇蹟』，亞太合作早已深入人心。現在，世界又一次站在歷史的十字路口，亞太地位更加重要、作用更加突出。新形勢下，我們要攜手構建亞太命運共同體，再創亞太合作新輝煌。」[22] 為此，習近平提出幾點建議：

「第一，維護國際公平正義，建設和平穩定的亞太。亞太過去幾十年經濟快速增長，一個重要啟示就是相互尊重、團結合作、遇到事情大家商量着辦，尋求最大公約數。我們應該堅持共同、綜合、合作、可持續的安全觀，尊重各國主權、領土完整、不干涉別國內政，尊重各國人民自主選擇的發展道路和社會制度，重視各國合理安全關切，通過對話協商以和平方式解決國家間的分歧和爭端。要積極參與全球治理，推動國際秩序朝着更加公正合理的方向發展，為亞太和世界和平穩定提供保障。

第二，堅持開放包容，建設共同富裕的亞太。我們要堅持開放的區域主義，加強宏觀經濟政策協調，構建更加緊密的區域產業鏈供應鏈，推進貿易和投資自由化便利化，穩步推進區域經濟一體化進程，早日建成高水平的亞太自由貿易區。要堅持發展為了人民、發展依靠人民、發展成果由人民共享，促進亞太全體人民共同富裕。中方願同有關各方面高品質實施《區域全面經濟夥伴關係協定》，繼續推進加入《全面與進步跨太平洋夥伴關係協定》和《數字經濟夥伴關係協定》，促進區域融合發展。

第三，堅持綠色低碳發展，建設清潔美麗的亞太。我們要加強經濟技術合作，加速數字化綠色化協同發展，推進能源資源、產業結構、消費結構轉型升級，推動經濟社會綠色發展。中方將為落實生物循環綠色經濟曼谷目標提供支持，協同推進生態環境保護和經濟發展。歡迎亞太國家積極參與全球發展倡議，在減貧、糧食、能源、衛生等領域加強務實合作。

第四，堅持命運與共，建設守望相助的亞太。我們要以戰略和長遠眼光看待亞太合作，維護亞太經合組織在區域合作中的主渠道地位，維護亞太合作正確方向。要秉持亞太經合組織的宗旨原則，不斷深化互信、包容、合作、共贏的亞

太夥伴關係，發揚大家庭精神，同舟共濟、守望相助，朝着構建亞太命運共同體不斷邁進！」[22]

　　在講話中，習近平一再強調：「中國願同所有國家在相互尊重、平等互利的基礎上和平共處、共同發展。中國將堅持實施更大範圍、更寬領域、更深層次對外開放，堅持走中國式現代化道路，建設更高水平開放型經濟新體制，繼續同世界特別是亞太分享中國發展的機遇。」[22]

　　2022 年 12 月 8 日，習近平在利雅得出席「首屆中國–阿拉伯國家峰會、中國–海灣阿拉伯國家合作委員會峰會」，並對沙特進行國事訪問。在訪問之際，「中國國家主席習近平在沙特《利亞得報》發表題為〈傳承千年友好，共創美好未來〉的署名文章。」[23] 在文章中習近平指出：「中國和阿拉伯國家的交往可以追溯到 2000 多年前。從那時起，陸上絲綢之路商旅絡繹，海上香料之路雲帆高張，中阿文明在亞洲大陸兩端相映生輝。當今世界正經歷百年未有之變局，在新形勢下，中國將同阿拉伯的國家傳承友好精神，攜手構建面向新時代的中阿命運共同體。……長期以來，中國同海合會國家關係保持健康穩定發展，各領域合作範圍廣，程度深，成果實。面向未來，中國將以建立並加強中海戰略夥伴關係為契機，繼續堅定支持海合會國家維護主權、獨立、安全、穩定，繼續支持海方加快一體化建設、實現多元化發展。中國將同海方一道，打造更加立體的能源合作新格局，加快推動金融投資合作新發展，培育人文合作新亮點，拓展創新合作新領域，深化中海利益融合。」[23] 在文章最後，習近平表示：「中國是維護世界和平、促進共同發展的堅定力量，將始終不渝以中國新發展為包括阿拉伯國家在內的世界各國提供新機遇，同阿拉伯兄弟一道，傳承歷史友好，共創美好未來！」[23]

　　香港《大公報》對習近平這次中東行，指出有四大亮點：「一、時機成熟——當下國際環境變亂交織、紛繁複雜，中阿峰會將在經

濟、能源、地區安全等議題上發揮積極作用，備受外界矚目。二、意義巨大——首屆中阿峰會是新中國成立以來，中國面向阿拉伯世界規模最大、規格最高的外交行動，具有里程碑意義，也是中阿長期以來相向而行的結果。三、聚焦務實合作——中阿在經貿、能源、投資、科技、基建等領域有廣泛合作。中東是陸上絲綢之路和海上絲綢之路的交匯點，中阿合作也可成為全球發展倡議落地的示範。四、帶動文化交流——中國與阿拉伯國家的人文交往持續擴大，有利於民心相通。」[23]

　　在訪問期間，習近平在中海峰會的講話有以下幾個要點，我認為值得注意，因為其具有重要和廣泛的引領和導向作用：中海國家應「一、做共促團結的夥伴，不但夯實政治互信，堅定支持彼此核心利益。共同維護不干涉內政原則，攜手踐行真正的多邊主義，維護廣大發展中國家共同利益。二、做共謀發展的夥伴，加強發展戰略對接，發揮互補優勢，培育發展動能。中方期待同各方一道推進落實全球發展倡議，落實聯合國 2030 年可持續發展議程，促進地區發展繁榮。三、做共築安全的夥伴，中國將繼續堅定支持海合會國家維護自身安全，支持地區國家通過對話協商化解分歧，構建海灣集體安全架構。歡迎海合會國家參與全球安全倡議，共同維護地區和平穩定。四、做共興文明的夥伴，增進民心相通，豐富人文交流，借鑒彼此優秀文化成果，弘揚東方文明深厚精髓，為人類文明發展進步做出積極貢獻。」[24]

　　在習近平訪問結束之際，王毅外長向隨行記者介紹了此次情況。他說：「時近歲末，習近平主席在完成東南亞之行，大力推動全球治理、全面擘畫區域合作之後，又踏上具有里程碑意義的中東之旅，引領中阿、中海和中沙關係邁進全面深化發展的新時代。」[25] 王毅指出：「普遍認為習近平主席出席中阿、中海、中沙領導人『三環峰會』，是中國外交的又一重大創舉，體現了中哈雙方面對全球挑戰加強團結協作的戰略抉擇，譜寫了中阿關係嶄新的歷史篇章，必將對國際格局和地區形勢產生深遠的影響。」[25]

根據王毅的闡釋，其影響主要顯示在以下幾個方面：

1. 與阿拉伯國家並肩攜手，構建中阿命運共同體。

　　王毅指出：「阿拉伯世界是古老文明，資源富集，底蘊深厚，既飽經滄桑憂患，又孕育着潛力希望。阿拉伯國家也是最早實現民族覺醒、聯合自強的國家群體之一，阿盟在世界政治、經濟、文明版圖中始終佔據重要地位。長期以來，中國和阿拉伯兩大文明在亞洲大陸兩端相映生輝，雙方在絲綢古道中相知相交，在民族解放鬥爭中患難與共，在經濟全球化浪潮中合作共贏。在國際風雲變幻中堅守道義，書寫了東西交融、互學互鑒、互幫互助的佳話。近年來，中國向西開放的大趨勢同阿拉伯國家向東發展的新潮流相向而行、彼此呼應。相似的歷史遭遇、相同的發展夢想、相互的信任支援，使中阿雙方更堅定走到了一起。……習近平主席着眼時代發展和形勢變化，提出構建更加緊密的中阿命運共同體，強調雙方要堅持獨立自主，維護共同利益；聚焦經濟發展，促進合作共贏；維護地區和平，實現共同安全；加強文明交流，增進理解信任。」[25]

2. 勠力同心，擘畫中海合作大格局。

　　王毅說：「中海關係既古老又年輕，走在我國從阿拉伯國家關係前列。中國同海合會國家有着近兩千年友好交往歷史。此次中國–海灣阿拉伯國家合作委員會峰會，是我國同海合會國家領導人首次齊聚一堂。習近平主席發表重要講話，從團結、發展、安全、文明四個方面精闢闡釋如何建立中海戰略夥伴關係，強調中海要做共促團結的夥伴、共謀發展的夥伴、共築安全的夥伴、共興文明的夥伴。」[25]

3. 繼往開來，再創中沙關係新局面。

　　王毅說：「習近平主席此次訪沙，是黨的二十大勝利召開後我國最高領導人首次訪問中東地區國家。不僅邁上了中沙關係發展的全新階段，也樹立了我國同阿拉伯國家相互尊重、平

等相待、合作共贏的標杆，將為推動構建人類命運共同體和新型國際關係產生積極的示範效應。」[25]

4. 重情尚義，壯大阿拉伯世界朋友圈。

王毅說：「習近平主席在利雅得出席峰會和國事訪問期間，密集同近二十位阿拉伯國家領導人雙邊會見，共敘友誼、共話互信、共商合作、共論天下，彰顯了大黨大國領導人講信義、重情義、揚正義、樹道義的外交風範。……事實證明，中國立天下之正位，行人類之大道，不搞地緣政治的小圈子，不打地緣的小算盤，對阿拉伯國家以心相交、以義為先，受到地區國家的真心支持和廣泛歡迎。」[25]

王毅最後說：「習近平主席中東之行，實現了今年元首外交的成功收官。在新時代十年偉大變革中，習近平主席洞察時代發展進步潮流，回應世界各國人民普遍關切，為人類面臨的共同問題提出解決方案，為變亂交織的世界指明前行方向，充分體現了大國領袖的遠大抱負和世界胸懷。」[25]

我相信習近平對阿拉伯國家的訪問及所參加的峰會，不但對中國與阿拉伯國家，還對世界未來的發展，人類命運的演進，會起到重要的引領和導向作用。

因為，從以上習近平的講話及王毅的說話，我們可以清楚看到，中國不但在積極引導，並且還在大力培育亞太，以及中國與阿拉伯國家的共同發展。很明顯，中國是非常希望亞太國家、阿拉伯國家都能堅持戰略自主，合力抵禦美西方的單邊主義和霸凌行徑，共同維護公平、正義，守護地區的和平、穩定，構建亞太命運共同體，中阿命運共同體，讓亞太和阿拉伯國家共同富裕、更安全、更自主。很明顯的，這是唯一正道。

當然，無論中國與其他國家怎樣共同發展，最重要的是，中國首先必須把自己的事辦好，「把握好新時代中國特色社會主義思想的世界觀和方法論，堅持好、運用好貫穿其中的立場觀點方

法。」[26] 對於這一個問題，吳付來在《人民日報》撰文指出，中國共產黨的二十大報告，明確地從六個方面已作出了概括、闡述和說明，即是必須：「一、堅持人民至上；二、堅持自信自立；三、堅持守正創新；四、堅持問題導向；五、堅持系統觀念；六、堅持胸懷天下。」[26]

　　而其次是，堅定不移走好高品質發展之路。2022 年 12 月 15 日《人民日報》一篇評論員文章指出：「回望來路，成績彪炳史冊：新時代十年，我國經濟實力實現歷史性躍升，國內生產總值翻了一番，對世界經濟增長的平均貢獻率超過30%；發展平衡性、協調性、可持續性明顯增強，邁上更高品質、更有效率、更加公平、更可持續、更為安全的發展之路。展望前途，面對複雜嚴峻風險挑戰和艱巨繁重任務，中國經濟的韌性進一步突顯、潛力和活力持續釋放，多方面優勢和條件構築有力支撐，長期向好的基本面不會改變。」[27] 但以後必須堅定不移向高品質發展，因為這是全面建設社會主義現代化國家的首要任務。不過，我們也不能不顧客觀條件，違背規律盲目追求高速度（同時見本書第 12 章的有關討論）。

　　同時，我們還必須「堅定實施擴大內需戰略、培育完整內需體系」，因為這「是加快構建以國內大迴圈為主體，國內國際雙迴圈相互促進的新發展格局的必然選擇，是促進我國長遠發展和長治久安的戰略決策。」[28] 很高興見到，在 2022 年 12 月 14 日，中共中央、國務院印發了《擴大內需戰略規劃綱要》（2022–2035 年)》[28]，我相信這對推動實施擴大內需戰略，將會起到顯著的成效。

　　再其次，就是要全面推進鄉村振興，使其落地見效[29]。習近平在二十大報告中強調：「中國必須堅持把解決好三農問題作為全黨工作重中之重，舉全黨全社會之力推動鄉村振興。為此，2022 年 12 月 13 日中共中央辦公廳、國務院辦公廳印發了《鄉村振興責任制實施辦法》，對全面實施鄉村振興戰略的深度、廣度、難度，都講得清清楚楚。強調必須加強頂層設計，以更有力的舉措，彙聚更

強大的力量來推進。」[30] 唐仁健在 2022 年 12 月 15 日的《人民日報》撰文指出：中國現今「要加快建設農業強國」，就必須「把提高農業綜合生產能力放在更加突出的位置，全方位夯實糧食安全根基，構建多元化食物供給體系，更好滿足人民群眾豐富多樣的食物消費需求。」[31] 所以很明顯的，如果中國要加快建設，把中國變成為一個農業強國，就必須全面推進鄉村振興這一戰略任務。而「加快建設農業強國是全面建設社會主義現代化國家的基礎支撐。習近平總書記指出：『沒有農業現代化，國家現代化是不完整、不全面、不牢固的。』全面建設社會主義現代化國家，農業不僅是基礎、是支撐，更體現強國建設的速度、品質和成色。與新型工業化、資訊化、城鄉化相比，農業現代化還是明顯短板、弱項。要把加快建設農業強國擺在優先位置，大力推進農業現代化，促進農業高質高效，為全面建設社會主義現代化國家奠定堅實基礎。」[31]

　　2022 年 12 月 23–24 日，中央農村工作會議在北京舉行，習近平出席會議並講話。在講話中他強調：「全面推進鄉村振興、加快建設農業強國，是黨中央着眼全面建成社會主義現代化強國作出的戰略部署。強國必先強農，農強方能國強。沒有農業強國就沒有整個現代化強國；沒有農業農村現代化，社會主義現代化就是不全面的。要鉚足幹勁，抓好以鄉村振興為重心的『三農』各項工作，大力推進農業農村現代化，為加快建設農業強國而努力奮鬥。」習近平在黨的二十大報告中重點強調指出：「『要瞄準』農村基本具備現代生活條件的『目標』，組織實施好鄉村建設行動，特別是要加快防疫、養老、教育、醫療等方面的公共服務設施建設，提高鄉村基礎設施完備度、公共服務便利度、人居環境舒適度，讓農民就地過上現代文明生活。」

　　除要加快落實鄉村振興之外，我認為同時還要在新冠疫情之後，盡快解決怎樣繼續防止疫情帶來的許多消極影響，怎樣去全面落實把經濟要穩住、發展要安全，加大宏觀調控，統籌國內國際兩個大局，力保中國的經濟社會大局能行穩致遠。2022 年 12 月 14

日，評論員任平在《人民日報》撰文指出：「習近平在黨的二十大報告中指出，『必須增強憂患意識，堅持底線思維，做到居安思危、未雨綢繆，準備經受風高浪急，甚至驚濤駭浪的重大考驗』，『必須堅定信心、銳意進取，主動識變應變求變，主動防範化解風險，不斷奪取全面建設社會主義現代化國家新勝利。』」(32)

　　而就疫後的一段時間中國經濟的發展來說，習近平在 2022 年 12 月 15–16 日召開的中央經濟工作會議上指出：「中國必須全面貫徹落實黨的二十大精神，紮實推進中國式現代化，堅持穩中求進工作總基調，完整、準確、全面貫徹新發展理念，加快構建新發展格局，着力推動高品質發展，更好統籌疫情防控和經濟社會發展，更好統籌發展和安全，全面深化改革開放，大力提振市場信心，把實施擴大內需戰略同深化供給側結構性改革有機結合起來，突出做好穩增長、穩就業、穩物價工作，有效防範化解重大風險，推動經濟運行整體好轉，實現質的有效提升和量的合理增長，為全面建設社會主義現代化的國家開好局起好步。」(33) 而最重要的是「要從戰略全局出發，從改善社會心理預期、提振發展信心入手，綱舉目張做好工作。一是着力擴大國內需求；二是加快建設現代化產業體系；三是切實落實『兩個毫不動搖』；四是更大力度吸引和利用外資；五是有效防範化解重大經濟金融風險。」(33) 香港一位資深政論家盧永雄指出：內地今年有很多打壓民企的傳聞，如「國進民退」、「整治資本家」等，對此習主席明確表態：「必須亮明態度，毫不含糊，始終堅持社會主義市場經濟改革方向，堅持『兩個毫不動搖』。」(34) 而黨的二十大報告「鮮明指出：『促進民營經濟發展壯大』，這是長久之策，不是權宜之計。」(34) 盧永雄還指出，曾在福建、浙江工作的習近平說過：「我是一貫支持民營企業的，也是在民營經濟比較發達的地方幹過來的。」而官方媒體報導時也特別指出：「總書記早在河北正定，『人才九條』廣納賢良。到了福建，晉江經驗影響深遠。再到浙江，支持民營企業茁壯成長。到中央工作後，2018 年主持召開民營企業座談會，總書記專門強調：『民營

企業和民營企業家是我們自己人。』」(34)（註:「兩個毫不動搖」指的是:一、要深化國資國企改革,提高國企的核心競爭力。堅持分類改革方向,處理好國企經濟責任和社會責任關係。完善中國特色國有企業現代化公司治理,真正按市場化機制運營。二、要從制度和法律上把對國企民企平等對待的要求落下來。從政策和輿論上鼓勵支持民營經濟和民營企業發展壯大。依法保護民營企業產權和企業家權益。各級領導幹部要為民營企業解難題、辦實事,構建親清政商關係(33)。2022 年 12 月 23 日,石泰峰受中共中央委託,向黨外人士通報中央經濟工作會議精神時指出:「引導民營企業家自覺踐行新發展理念、主動融入新發展格局,推動完善政企溝通機制、構建親清政商關係,搭建服務民營企業平台載體,推動惠企紓困政策落地見效,助力優化民營企業發展環境,堅定民營企業發展信心。」（見 2022 年 12 月 23 日《人民日報》））

　　我認為,如果中國在以上提到的六個方面 + 全面實施好鄉村振興戰略 + 維護好民營企業的發展 + 保證中國的經濟高質量發展,擴大內需能行穩致遠 + 在發展經濟的過程中,把堅持穩字當頭、穩中求進的引導工作做好,這對中國未來的發展不但重要而且關鍵。因為,只有這樣,中國才能在各方面,有效抵禦以美國為首的西方國家的不正確議論和錯誤引導,才能有足夠的定力戰勝美國戰略戰術上的多變和狡辯,才能有足夠的底氣做到我們所遵循的「大道之行,得道者多助」的戰略戰術的效果,才有能力建立我們自己的「朋友圈」,並以此來破解美國針對中國所搞的各種「同盟圈」、「包圍圈」,「經濟制裁」、「地緣政治圍堵策略」等戰略戰術舉措,才能打破美國要消滅中國的,具意識形態（ideological）、戰略競爭（strategic competition）及惡性挑戰的意圖和目的,才能戰勝美國不良的軟實力及「顏色革命」之類的滲透和顛覆行為。

　　不過,我們在與美國不斷鬥爭的同時,還需要持續與美國「和平共處」（peacefully co-exist）一段相當長的時間,繼續如基辛格所說的「共同進化」（co-evolve）,避免產生中美之間具毀滅性的熱

戰。因此，我們的政府在這方面能給予人民全面及正確的引導，就非常重要和必要！特別是要對中國人民講清楚，為什麼美國的戰略戰術會如此多變，挑釁的手法會如此層出不窮和惡毒。美國的目的只有一個，那就是想要利用各種戰略戰術手段來打壓和打贏中國，遏制中國的發展，推翻中國的政權，最終消滅中國！

最近有一個例子，就很能說明美國的戰略、戰術和策略。2022年 12 月，美國總統拜登簽署了《2023 財年國防授權法案》[35]，該法案包含了大量涉華消極條款，故此中國向美方就此法案提出嚴正交涉。2022 年 12 月 23 日王毅在應約同布林肯通話時明確指出：「美方不能一邊要對話，一邊搞遏制；一邊談合作，一邊捅刀子。這不是合理競爭，而是無理打壓；不是管控分歧，而是激化矛盾；實際上還是搞單邊霸凌的老套路。這在中國過去就行不通，今後更行不通。中方將繼續堅決捍衛自身主權安全發展利益。美方必須重視中方正當關切，停止遏制打壓中國發展，尤其不能以『切香腸』方式不斷挑戰中方的紅線。」[36]

參考資料

1.　仲音，〈人民幸福生活是最大的人權〉。2022 年 7 月 9 日，《人民日報》。

2.　鐘聲，〈經濟問題政治化嚴重阻礙公平競爭〉。2022 年 7 月 19 日，《人民日報》。

3.　鐘聲，〈借謊言炮制惡法嚴重玷污法治精神〉。2022 年 7 月 15 日，《人民日報》。

4.　2022 年 7 月 12–15 日，習近平在新疆考察調研時的講話。2022 年 7 月 16 日，《人民日報》。

5.　〈王毅同美國國務卿布林肯舉行會晤〉。2022 年 7 月 10 日,《人民日報》。

6.　〈為全球發展進步注入青春之力〉(和音)。2022 年 7 月 23 日,《人民日報》。

7.　習近平 2022 年 7 月 28 日應約同美國總統拜登通電話。2022 年 7 月 29 日,《人民日報》。

8.　〈美參院外委會通過涉台法案〉。2022 年 9 月 16 日,《澳門日報》。

9.　習近平 2022 年 9 月 16 日在撒馬爾罕國際會議中心,出席上海合作組織成員國元首理事會第二十二次會議上的講話。2022 年 9 月 17 日,《澳門日報》。

10.　〈絲路古道煥新機　滄海橫流領航向〉。2022 年 9 月 18 日,《人民日報》。

11.　〈王毅：七新措落實 2030 議程〉。2022 年 9 月 22 日,《澳門日報》。

12.　〈王毅在紐約聯合國總部出席第七十七屆聯合國大會一般性辯論並發表演講〉。2022 年 9 月 26 日,《人民日報》。

13.　〈全球發展倡議獲積極成果〉。2022 年 9 月 22 日,《澳門日報》。

14.　〈王岐山：和平是人類共同事業〉。2022 年 9 月 22 日,《澳門日報》。

15.　〈中國以「共」字兼濟天下〉。2022 年 9 月 21,《澳門日報》。

16.　〈中方冀美落實表態〉。2022 年 9 月 23,《澳門日報》。

17.　〈王毅就美對華政策提四問〉。2022 年 9 月 24,《澳門日報》。

18.　〈習近平晤拜登　強調寬廣地球完全容得下中美共同繁榮 「台灣問題是中美關係第一條不可逾越紅線」〉。2022 年 11 月 15 日,《大公報》。

19.　王毅,〈對兩國元首就事關中美關係以及世界和平發展前景的重大問題〉作出解釋。2022 年 11 月 16 日,《大公報》。

20.　2022 年 11 月 15 日,習近平在 G20 峰會發表的重要講話。2022 年 11 月 16 日,《大公報》。

21. 習近平，〈攜手推動數字時代互聯互通〉。2022 年 11 月 17 日，《大公報》。

22. 習近平，〈2022 年 11 月 18 日 APEC 峰會講話〉。2022 年 11 月 19 日，《大公報》。

23. 〈習近平中東行〉。2022 年 12 月 9 日，《大公報》。

24. 〈習近平在中海峰會講話要點〉。2022 年 12 月 10 日，《大公報》。

25. 〈相知跨千年，攜手創未來〉。2022 年 12 月 11 日，《人民日報》。

26. 吳付來，〈思政課要講深講透講活「六個堅持」〉。2022 年 12 月 7 日，《人民日報》。

27. 〈堅定不移走好高質量發展之路〉。2022 年 12 月 15 日，《人民日報》。

28. 〈中共中央國務院印發《擴大內需戰略規劃綱要（2022–2035 年）》。2022 年 12 月 15 日，《人民日報》。

29. 〈全面推進鄉村振興落地見效〉。2022 年 12 月 14 日，《人民日報》。

30. 〈中辦國辦印發《鄉村振興責任制實施辦法》〉。2022 年 12 月 14 日，《人民日報》。

31. 唐仁健，〈加快建設農業強國〉。2022 年 12 月 15 日，《人民日報》。

32. 任平，〈勇毅前行，中國經濟行穩致遠〉。2022 年 12 月 14 日，《人民日報》。

33. 〈中央經濟工作會議在北京舉行〉。2022 年 12 月 17 日，《人民日報》。

34. 〈內地力谷民營經濟　抗美歐衰退〉。2022 年 12 月 20 日，《頭條日報》。

35. 〈外交部發言人就美簽署《二〇二三財年國防授權法案》答記者問〉。2022 年 12 月 25 日，《人民日報》。

36. 〈王毅應約同布林肯通話：美方不能邊談合作邊捅刀〉。2022 年 12 月 24 日，《大公報》。

第 10 章

「引導學」不是「社會心理學」
或「社會學」

我在上幾章提出過，中國需要建立一門新的學科，叫「引領導向學」（或「引導學」）。有人可能會問，從學術的角度，「引導學」是否可以被看作為就是「社會心理學」或是「社會學」，或是「社會學」的一個分支。我認為「引導學」不是「社會心理學」，也不是「社會學」或「社會學」的一個分支，而是一種能充分發揮和有效地利用，並可以做到「理性認知」和「情感認同」的各種 *理性引導* ＋「*情感引導*」的方法，用來提升人類對人類社會發展的規律的正確理解和認知，從而推動和增進「人類自身」、「人類社會」、「人類文明」以及「人類命運」的進步及進化的科學。

下面讓我來詳細解釋一下我這一觀點；但在解釋之前，先讓我們來看一下，什麼是「社會學」及「社會心理學」。

在這裏我引美國的一本「社會心理學」的教科書，對「社會學」及「社會心理學」作扼要的詮釋。

「*社會學* 是研究人類社會的科學。它探討社會機制（家庭、宗教、政治）、社會階層（階級結構、種族、性別角色）、基本社會歷程（社會化、偏差行為、社會控制）、及社會單位的結構（團體、網絡、官方組織、官僚體制）。」[1] 而 *心理學* 則是「研究個體與

個人行為的科學。有些行為符合社會所需、有些則否。心理學探討的議題包括學習、知覺、記憶、智力、情緒、動機和人格等。」[1]

　　從以上的「定義」我們可以看到,「社會心理學」或「社會學」或「心理學」並不涉及可以提升「人類自身」、「人類社會」、「人類命運」及「人類文明」整體進步和進化的內容,更不是建立這些學科（包括教學、探討、研究等）的目的。「引導學」的目的是很清楚的,那就是要求政府、教育機構、社會團體等,通過各種引領和導向（lead and direct）的手段,來推動和提升「人類自身」、「人類社會」、「人類文明」及「人類命運」整體性的進步及進化的這樣一門科學或學問。

　　當然,「引導學」也需要應用現今的「社會心理學」、「社會學」、「心理學」、「政治學」、「國際關係學」等學科,在許多研究方面的新發現、理論、分析和解決問題的方法、方案、具體措施等;特別是有關個人和社會間,怎樣互動的關係（interact）;個人因素能起的作用、個人行為與環境之間所產生的複雜的交互作用（reciprocity）;遺傳與環境（即先天 vs 後天,內因 vs 外因）兩種因素,哪種較為重要和主導;理性因素及情感因素在運作時,所產生的各種錯綜複雜及糾結「紊亂」的關係;人類社會的結構及體制,對人類命運的進化的影響。其次,人們的信念又是怎樣來的?人是如何導致他們從不同的角度考慮問題,夯實他們的信念的?為什麼有人用「歸因」（attribution）心理來解釋行為（*註*:歸因的主要目的,是判斷行為的原因是出於個人因素,抑或是出於情景因素,以及誰應該為該結果負責）?社會規範（social norms）又是怎樣起作用的?怎樣釐定自願服從或被迫服從?為什麼個人和群體會產生情緒失控現象?怎樣才能使群眾可以達致共識或一致行動?怎樣去體會共同命運和踐行團結合作?情境對社會行為怎樣產生影響等問題。我還可以舉很多例子,但由於篇幅所限,我就不再多舉例子,同時也就不對各有關因素展開討論了。我只想指出,**對「引導學」,簡要地說,就是要解決好一個國家或一個政府,怎**

樣可以有效地，引領和導向其所屬的人民的心智和心理狀態，來有效地推動社會的整體發展，以及提升和充份發揮好，人類在這方面的才幹和潛能。

那麼一個國家，一個政府，具體又可以怎樣引領和導向社會的整體發展？怎樣推動及提升「人類自身」、「人類社會」、「人類文明」和「人類命運」的整體性進步及進化呢？這方面我在本書，用中國作為例子，已作出了多方面的說明和闡述。扼要地來說就是：

1. 必須要有一個有為的、擁有良政善治、能堅決反腐敗的政府；
2. 必須有正確的價值觀、道德觀、世界觀；
3. 必須要有建立「國之大者」的決心和能力；
4. 必須要有構建「世界新文明」、「人類命運共同體文明」的遠大目標；
5. 必須要擁有意願在這地球上（而不是在什麼天國），建立一個和平、和諧、平等、包容、美麗的「大同世界」的責任和擔當；
6. 每個國家要建立自主的生態文明體系，與世界各國共同構建地球生命共同體和人與自然生命共同體，把山水林田湖草沙的整體性生態系統全面地建構起來；
7. 國與國之間要做到相互尊重，堅守國際關係基本準則；堅守和平、發展、公平、正義、民主、自由的全人類共同價值；締造真誠合作友好、平等相待、互利共贏、共同發展、主持公道、捍衛正義、順應時勢、開放包容、和平安全的全人類共享的幸福世界。

以上這些理念和目的，就中國來說，中國政府正在朝着這些方向努力邁進、積極建設和作出貢獻，但離目的當然還遠着呢。因為，這是一樁需要全人類共同努力才能做得到的事，而不是單靠一個或兩個國家就能完成的事。

而在實施「引導」方面的教育和教學，則可以考慮用思政課

的教學方法，並正如習近平在中國人民大學考察調研時所說，最重要的是：「要講道理，要注意方式方法，把道理講深、講透。」發揮學生的主體作用，利用各種教育數位化，以及使用《關於推進實施國家文化數位化戰略的意見》所建議的方法等，引導學生「虛心求理、靜心學理、用心悟理、正心明理」[2]，從而達到溝通心靈、啟智潤心、激揚鬥志的效果。這樣，還可以把學生的理性認知，逐步昇華至情感認同，不斷夯實他們的理想信念，同時，還可以做到如李忠軍對思政課的期望那樣：「讓學生把理性認知與情感認同進一步轉化為實際行動，把愛國情，強國志轉化為報國行，自覺投入到新時代堅持和發展中國特色社會主義事業，全面建設社會主義現代化國家，實現中華民族偉大復興的奮鬥之中」[2]；最終，把中華新文明、世界新文明、人類命運共同體文明，人類命運的進化和人類社會的整體演進，逐步提升至更高的水平（同時請見拙著《怎樣提升人類命運的進化？構建：中華新文明、世界新文明、人類命運共同體文明》的有關論述）。

認清中國社會和西方社會本質的區別

最後，我們必須認識清楚中國社會與西方社會，在本質上是有很大區別的。舉個例子，譬如丁薛祥在《人民日報》撰文指出，就中國社會的現代化來說，中國走的是一個中國特色社會主義國家的現代化。中國式現代化道路「是人口規模巨大的現代化，是全體人民共同富裕的現代化，是物質文明和精神文明相協調的現代化，是人與自然和諧共生的現代化，是走和平發展道路的現代化。這與西方國家以資本為中心的現代化，兩極分化的現代化，物質主義膨脹的現代化，對外擴張掠奪的現代化有著本質的區別。」[3]

　　2022 年 11 月 4 日習近平在會見德國總理朔爾茨時更「重點闡述了中國式現代化的實質意義」。習近平指出：「現代化是各國

人民的共同期待和目標，但每個國家都應該結合自身實際做出路徑選擇。中國式現代化既有各國現代化的共同特徵，更有基於自己國情的中國特色，這是中國獨特的客觀條件決定的，是中國社會制度和治國理政的理念決定的，也是中國在實現現代化長期實踐中得到的規律性認識決定的。」[4]

　　再舉一個例子。由於中國是一個多民族的大國，所以怎樣鞏固和加強各方面團結，怎樣讓本國人民和其他各國人民心往一處想，勁往一處使，並得到中國各族人民及國際的認可和認同（註：一般來說，「認可」是需要理性方面的認知，而「認同」則涉及情感上（或感受）上的感知），便成為中國共產黨，作為一個預備在中國長期執政的政黨，在任何時候都不能忽視的重要的建設社會問題。那麼中國共產黨是怎樣解決這一個問題呢？丁薛祥在同一篇文章中指出：「習近平新時代中國特色社會主義思想堅持理論和實踐相結合、戰略和戰術相貫通、世界觀和方法論相統一，既講怎麼看又講怎麼幹，既部署『過河』的任務又指導解決『橋和船』的問題，為黨領導人民團結奮鬥提供了強大的思想武器，也提供了科學的工作指導。只要我們學深悟透這一重要思想，既知其言又知其義、既知其然又知其所以然，認識上的困惑就能及時解除，工作中的難題就能夠得到破解。要堅持把這一重要思想作為想問題、辦事情、抓工作的根本遵循。深刻把握貫穿其中的立場觀點方法，提高戰略思維、歷史思維、辯證思維、系統思維、創新思維、法治思維、底線思維能力，更好破解改革發展穩定的重大問題、人民群眾高度關注的利益問題、黨的建設的突出問題，真正把理論武裝成果轉化為實實在在的工作成效。」[3]

　　此外，丁薛祥還進一步指出，中國在「新征程上，全黨必須牢固樹立馬克思主義群眾觀點，無限熱愛人民，時刻心繫人民，一切為了人民，緊緊依靠人民，不斷結合新的實際組織群眾、宣傳群眾、服務群眾，把人民群眾最廣泛地團結在黨的周圍，形成黨群一心、同責共擔、同舟共濟、同甘共苦的生動局面。要踐行以人民為

中心的發展思想，推動改革發展成果更多更公平惠及全體人民，推動共同富裕取得更為明顯的實質性進展，讓人民群眾獲得感、幸福感、安全感更加充實，更有保障、更可持續。要積極發展全過程人民民主，使黨的決策體現人民整體意志、符合人民根本利益，堅持由群眾評判工作得失、檢驗工作成效。要堅持對上負責與對下負責相統一，持續改進作風，始終與群眾想在一起，幹在一起，把腳印留在基層，把口碑立在民心。只要始終保持黨同人民群眾的血肉聯繫，內部是魚水情深，對外是鋼鐵長城，黨的事業就興旺發達，紅色江山就堅如磐石。」[3]

其次，丁薛祥更指出，中國共產黨作為執政黨，必須敢於鬥爭、善於鬥爭，要在鬥爭中激發團結奮鬥的磅礴力量。因為他說：「鬥爭是矛盾運動規律的集中體現，鬥爭內嵌於團結鬥爭之中。中國共產黨追求的團結，是有原則的團結，不是一團和氣，更不是團團伙伙，必須堅持真理、修正錯誤，勇於同各種錯誤言行作鬥爭，在鬥爭中鞏固和增強團結。」[3]

從以上引錄丁薛祥的幾段話，我們可以清楚看出，由於中國共產黨建立的社會，與資本主義國家所建立的社會，性質、目的很不一樣，所以，中國必須要用與西方不同的方法、理論、實踐等，來引領和導向我們社會的未來發展（即是要用我們自己的引導方法）。因此，西方的「社會心理學」是難以推動中國社會的發展，以及解決中國社會所要解決和面對的眾多問題的。

除了丁薛祥所說的，中國社會和世界各國需要重視「團結」的問題之外，其他如：中國社會的發展需貫徹新的發展理念，推動高質量發展；中國所踐行「以人民為中心的發展思想，創新、協調、綠色、開放、共用的發展理念，全過程人民民主等重要思想理念」；「人類命運共同體理念」；「尊重不同國家人民對自身發展道路的探索」、對「不同文明的正確相處之道」[5] 的意義等，很明顯的，都是中國社會發展需要重視的問題。而這些問題在拙著的一系列專書中，已有詳細的論述，所以在這裏就不再重複了。

但仍需指出的一點是，中國的社會發展，與中國的特色社會主義經濟發展，有着密切及複雜的關連，形成一種互相促進、互為因果、相互聯繫、運動不息的關係。這種密切的關係，可以有效地推動中國經濟社會行穩致遠，不斷邁上新台階；讓中國能夠「堅持穩中求進工作總基調」，「堅持系統觀念和底線思維」，「堅持教育優先發展、科技自立自強、人才引領驅動，強化國家戰略科技力量，加強科技基礎能力建設，堅決打贏關鍵核心技術攻堅戰」[6]，不斷推動和引導中國社會，朝着創新、協調、綠色、開放、共用、安全、強盛的方向發展。這種密切關係，西方的資本主義社會是不會這樣做的，而事實上也無法做得到（*註*：主要是因為各自的社會制度及意識形態不一樣）。

其次，習近平 2022 年 11 月 4 日在第五屆中國國際進口博覽會開幕式上的致辭中指出：「中國共產黨第二十次全國代表大會強調，中國堅持對外開放的基本國策，堅定奉行互利共贏的開放戰略，堅持經濟全球化正確方向，增強國內國際兩個市場兩種資源聯動效應，不斷以中國新發展為世界提供機遇，推動建設開放型世界經濟。」[7]

大家都清楚知道，正如習近平所說：「開放是人類文明進步的重要動力，是世界繁榮發展的必由之路。」所以，中國的社會發展，長期都「以開放匯合作之力、以開放聚創新之勢、以開放謀共用之福，推動經濟全球化不斷向前，增強各國發展動能，讓世界成果更多更公平惠及全國人民。」[7] 由於中國長期堅持社會開放的政策（*註*：在過程中還不斷受到西方資本主義國家的抵制），其成果不但惠及中國全國人民，同時也惠及世界各國人民。因為，中國的開放式社會發展，能夠更有效地支援廣大的發展中國家加快發展，推動構建人類命運共同體，為加強國際經濟合作、促進世界經濟發展注入強大動力。

2022 年 11 月 6 日李書磊在第五屆虹橋國際經濟論壇「中國發展新藍圖與全球發展新機遇」分論壇上致辭時強調：「過去十

年，新時代的中國在與世界的聯繫互動中發展，既發展自己又造福世界。中共二十大擘畫了以中國式現代化全面推進中華民族偉大復興的宏偉藍圖，中國願同各國加強交流互鑒，共同豐富走向現代化的路徑。中國將堅定不移增進人民福祉，推動高品質發展，推進高水平對外開放，走和平發展道路，給世界各國共同發展注入更多活力和動力，為世界和平安寧注入更多穩定性。」(8)

　　事實證明，以上中國所提出的許多社會發展理念和成功的實踐，已為人類文明增添了許多新的內涵，大大提高了人類社會文明的進化及可持續發展的程度（註：有關以上方面的論述，請參考拙著的一系列專書，這裏就不展開討論了）。當然，如要貫徹落實好以上這些中國式的社會發展理念，將來還需要中國繼續不斷地作出正確的、全面的、有效的思想方面的引導，包括：中國式社會的引導（即「引導學」，或更貼切及具針對性一些，「社會引導學」或「引導社會學」），並且還要與西方不正確及錯誤的引導作鬥爭，才能逐漸地被中國本國人民以及世界人民所接受。當然，這並不是一件容易做的事，但中國必須堅持不懈地繼續在引導方面多加努力，才會有成效。

　　我認為中國真正的「社會學」或「社會引導學」，除必須包括以上丁薛祥等所提及的內容之外，還需要在以下方面作出更為具體和實質的引領和導向，譬如：(1) 在有關人類的發展和進化過程方面，應着重強調我國考古學和歷史學工作者所發現的，中國的社會發展，是具有「百萬年的人類史，一萬年的文化史及五千多年文明史」的最新研究成果和證據的支撐的；(2) 像中國儒家所推崇的，人應具備「正心、修身、齊家、治國、平天下」的思想，因為這對中國人和中國社會的未來發展，仍具有一定的意義和作用；(3) 習近平在 2023 年的新年賀詞中強調：「明天的中國，力量源於團結。」這一觀點，對中國社會的未來發展也非常重要。因為，正如習近平所說：「中國這麼大，不同人會有不同訴求，對同一件事也會有不同看法，這很正常。」所以必需「要通過溝通協商凝聚共識」，才

能讓「14 億多中國人心往一處想、勁往一處使，同舟共濟、眾志成城」。如能做到這樣，「就沒有幹不成的事、邁不過的坎。」[9] 而像這樣的要求，我認為只有中國這樣的社會主義國家，才提得出來及可以有效地起到引領和導向的作用。

　　以上這些理論、思想、觀念、概念等方面的引領和導向，對中國的未來發展，我認為都至關重要。而只有這樣，中國才能建立中華民族綿長的福祉和以「中華新文明」引領及導向的「世界新文明」及「人類命運共同體文明」。（請見拙著《怎樣提升人類命運的進化？構建：中華新文明、世界新文明、人類命運共同體文明》一書的有關論述。）

參考資料

1.　DeLamater，John D.; Daniel J. Myers; and Jessica L. Collett 著，陳增穎譯，《社會心理學》（*Social Psychology*，8th edition）。2019 年，心理出版社。

2.　李忠軍，〈深刻把握思政課的本職是講道理〉。2022 年 8 月 1 日，《人民日報》。

3.　丁薛祥，〈為全面推進中華民族偉大復興而團結奮鬥〉。2022 年 11 月 2 日，《人民日報》。

4.　〈習近平會見德國總理朔爾茨〉。2022 年 11 月 5 日，《人民日報》。

5.　豐子義，〈為世界文明發展作出重大貢獻〉。2022 年 11 月 2 日，《人民日報》。

6.　劉鶴，〈把實施擴大內需戰略同深化供給側結構性改革有機結合起來〉。2022 年 11 月 4 日，《人民日報》。

7.　習近平，〈共創開放繁榮的美好未來〉。2022 年 11 月 5 日，《人民日報》。

8. 李書磊在第五屆虹橋國際經濟論壇「中國發展新藍圖與全球發展新機遇」分論壇上的致辭。2022 年 11 月 6 日,《人民日報》。

9. 習近平 2022 年 12 月 31 日發表的〈二〇二三年新年賀詞〉。2023 年 1 月 1 日,《人民日報》。

第 11 章

引導中國全國完全統一與建立
中國未來的發展模式

2022 年 8 月 2 日美國眾議長佩洛西竄防台灣，中國前駐美大使秦剛，在華盛頓接受路透社、美聯社、彭博社等外媒聯合採訪時指出：「佩洛西不顧中方堅決反對和反覆交涉，在美國政府的縱容和安排下，明目張膽竄訪中國台灣地區。這嚴重違背一個中國原則，侵犯中國主權，干涉中國內政，違背美方所作的承諾，危害台海和平穩定。這是一場徹頭徹尾的政治挑釁和鬧劇。中方對此強烈譴責、堅決反對，已就此充分表達立場與採取了反制措施。」[1]

2022 年 8 月 17 日，中國外交部發言人汪文斌指出：

> 「這次事件是美方一手策劃和挑起的，前因後果一清二楚，是非曲直一目了然。美國無端挑釁在先，中方正當維權在後。佩洛西在美國政府的縱容和安排下，明目張膽竄訪中國台灣地區，這一倒行逆施嚴重侵犯中國主權，嚴重干涉中國內政，嚴重危害台海和平穩定。中方理所當然要做出堅決回應。
>
> 　破壞台海和平穩定的是美方，不是中方。台灣從來不是一個國家，中國只有一個，兩岸同屬一國，就是台灣自古到今的現狀。前幾年，美方把秘而不宣的所謂『對台六項保

證』公然放在美國一中政策表述中。民進黨上台後不斷推進『漸進台獨』大搞『去中國化』，在各種場合製造『兩個中國』『一中一台』，這才是改變現狀的行為。

　　美方單方面炮製的『與台灣關係法』和『對台六項保證』，與中美三個聯合公報原則和國際關係基本準則背道而馳，中方從一開始就堅決反對。佩洛西製造的這場鬧劇，根本不可能影響台灣回歸祖國的歷史大勢，也絲毫不會損害一個中國的國際共識，更阻擋不了中華民族走向偉大復興的歷史進程。中國人民不信邪、不怕鬼，捍衛核心利益堅定不移。我們嚴正警告美方不要輕舉妄動，不要製造更大的危機。玩火者絕對沒有好下場，犯我中華者，必將受到懲處。

　　中方事先早已多次正告美方，佩洛西竄台是製造危機，將給雙方交流合作造成重大干擾和破壞。美方對此置若罔聞，一意孤行。佩洛西竄台嚴重損害中方核心利益，中方當然要予以堅決回應，美方必須承擔由此產生的一切後果。中方有言在先，說到做到，美方不應感到意外。」(2)

2022 年 8 月 20 日秦剛接受半島電視台採訪時進一步指出：「我對中美之間的互信程度很擔心。出現這種狀態就是因為中國被視為挑戰，因為美國國內『中國恐懼症』氾濫。中美關係的現狀非常令人擔憂，正在走下坡路。這是因為中國被誤解誤判，中美關係被恐懼而非共同利益和共同責任驅動。」(3)

　　美國把中美之間的分歧看成為對抗的藉口，不斷搞大大小小的中美之間的衝突由來已久。美國還長期支持「台獨」分裂活動，支援蔡英文等「倚美謀獨」，推行「漸進式台獨」，不承認「九二共識」，大搞「去中國化」。美方更企圖「以台制華」，不斷歪曲、篡改、虛化、掏空一個中國原則。2022 年 9 月 14 日，美國國會參議院外委會又審議通過「2022 年台灣政策法案」。中國外交部發言人毛寧指出：「有關法案嚴重違背美方在台灣問題上對中方所作承

諾，違反一個中國原則和中美三個聯合公報，干涉中國內政，違背國際法和國際關係基本準則，向『台獨』分裂勢力發出嚴重錯誤信號。」

　　以上這些事實和形勢的發展，美國肆無忌憚的胡作非為，濫施「長臂管轄」，攫取地緣政治和經濟利益，維護美國霸權，遏制中國發展的做法，我們已看得清清楚楚，這是美國的戰略目的，是不會改變的。所以我認為是時候，中央政府需要認真考慮，採取具體的有效措施，來解決台灣問題，完成中國的完全統一，從而打破美國在這方面的戰略部署。

　　香港《東方日報》評論員柳扶風，就台灣問題分析指出：

　　「台灣當局從來就強烈抗拒大陸『和平統一，一國兩制』的安排，從 40 多年前的『葉九條』就反對，儘管『葉九條』中包括了台灣統一後，可以『保留軍隊』這個在當時就令世人感到『太過寬鬆』、『有失原則』的條件。

　　　　長期以來，大陸也知道台灣方面抗拒『一國兩制』，不管多寬鬆也會抗拒。因此，在推出『一國兩制』方案的同時，大陸也曾一再表示，只要認同『一中原則』，什麼都可以談，什麼方案都可以提出，然而台灣就是不談。原因很簡單，台灣當局根本反對『一中原則』，根本不想統一，他們追求的是……『一中一台』、『台灣是主權獨立國家』、『台灣建國』。

　　　　台灣當局知道這些目標大陸絕不可能接受，統一方針不可動搖，於是就和大陸玩拖字訣……『維持台海現狀』。在這個障眼法下，他們又大切『台獨』和『去中國化』之香腸，等待時機，再一舉改變『台海現狀』，實現分離圖謀，整個謀劃和伎倆，都得到美國的支持和指導。

　　　　對此，北京的原則和章法是絕不放棄武統的『選項』，以最大誠意、盡最大努力實現和平統一，對台灣不斷送上『經貿大禮』，希望他們嘗到統一的好處，放棄『謀獨』的妄想。

　　然而，台灣當局對此誤判得『離晒大譜』。一是他們以為，大陸『武統』只是恐嚇，大陸並無這樣的軍力，滔滔台灣海峽可永保台灣安全；二是美國武力支援，台灣安全『雙保險』；三是大陸『政局會變』，遲早放棄武統；四是若武統，會引發『大陸內亂』；五是台灣朝野認為，他們愈是抗拒統一，大陸愈會對台灣好，『優惠愈多』，台灣愈能賺到外匯向美購買『先進武器』，大陸愈是『不敢攻台』，對『臺灣安全形成良性循環』。」[4]

　　2022 年 8 月 10 日香港《星島日報》的一篇報導指出：「繼 1993 年發表《台灣問題與中國的統一》，2000 年發表《一個中國的原則與台灣問題》後，大陸相隔 22 年再發表對台白皮書。在美國眾議長佩洛西訪台、解放軍舉行圍台軍演之際，這份促統白皮書出台，備受關注。白皮書由國務院台灣事務辦公室、國務院新聞辦公室聯合發表，全文 13000 多字，強調台灣是中國的一部分的歷史事實和法理事實不容置疑。」[5]

　　報導進一步指出：「上海東亞研究所助理所長包承柯向中通社表示，中國的政治、經濟、軍事全面高速發展大背景下，面對『台獨』勢力的不斷挑釁與外部勢力的頻頻介入，有必要就如何處理台灣問題進行整理與闡述，不僅清晰了年底中共 20 大後的對台工作方針，也正好對美國眾議長佩洛西訪台作出政策回應，具有多重意義。」[5]

　　「改革開放 40 多年來，大陸的經濟實力遠超台灣，解放軍近期的演習進一步展示兩岸軍事實力懸殊。白皮書指出，國家發展進步深刻影響着解決台灣問題的歷史進程，『我們比歷史上任何時期都更接近、更有信心和能力實現祖國完全統一。』」[5]

　　2022 年 8 月 11 日《星島日報》的一篇社論更指出：「《台灣問題與新時代中國統一事業》白皮書，不但是對台灣分裂勢力和外部勢力相互勾結作出警告，更是對台政策宣言，明確傳遞大陸推動

國家統一的決心訊息，並預告中共二十大後對台工作目標，透過一國兩制實現和平統一仍是首選，並描畫和平統一後的光明前景，若台灣仍倚美謀獨，大陸可能被逼以非和平手段實現統一。」(6)

　　社論還指出：「新一份白皮書重申追求和平統一，一國兩制是解決台灣問題的基本方針，但不再承諾大陸不派駐軍和不派人去台灣管理，只強調會與台灣各方探索『兩制』方案，因『一國』是實施『兩制』的前提和基礎，『兩制』從屬和派生於『一國』之內，相信是吸取香港實踐經驗，須提防台獨勢力與外部勢力勾結，對一國兩制作出曲解誤導，令台灣人有偏頗認知。因此，白皮書點明『一國』是根本，不可動搖，至於『兩制』卻有很大彈性空間發揮。」(6)

　　我建議就中國的完全統一來說，最佳的選項和辦法，是首先把和平統一台灣的立場、方針和政策予以具體化，因為只有這樣才有可能有效地粉碎「台獨」分裂國家的圖謀，戰勝外來干涉中國完全統一的意圖，及抵抗美國想要遏制中國未來發展的戰略部署。但現今遺憾的是，台灣內部的政治形勢發展，似乎還不利於統一。因為，不管是哪一個政黨（國民黨、民進黨或其他的政黨）當權，他們都會傾向走「台獨」的路線。因為，現今的台灣民眾，都被台獨意識嚴重「洗腦」和「毒害」；要台灣民眾清醒過來，認同和接受「一國兩制」，看來並不是一件容易之事。其次，美國對台灣內部和外部的控制非常的嚴密，怎樣打破美國所布置的這一個局，也不是一件容易的事。當然，世事多變，在今明兩年，由於台灣局勢的變化，出現利於和平統一的轉變，也不是沒有可能。不過，對中央政府來說，現今的選擇，仍只有兩項，即 (1) 採用「和統」的辦法，或 (2) 被逼採用「武統」的辦法，才能進一步加快推動解決台灣問題的進程。

「和平統一台灣」的方案

1. **方案一**：中央採取主動積極措施與台灣各政黨等「協商」，共同提出一個他們能夠接受的方法，解決在台灣實施「一國兩制」的問題，完成中國和平統一台灣。

　　2022 年 8 月中國公佈的《臺灣問題與新時代中國統一事業》白皮書指出：「兩岸協商談判可以有步驟、分階段進行，方式可靈活多樣（*註*：有人建議先把金門建成為一個『一國兩制』特區，作為試點；然後再建一條橋 + 隧道的通道，直接連接廈門和台灣，以拉近兩岸無法分割的關係）。我們願意在一個中國原則和『九二共識』的基礎上，同台灣各黨派、團體和人士就解決兩岸政治分歧問題開展對話溝通，廣泛交換意見。我們也願意繼續推動由兩岸各政黨、各界別推舉的代表性人士展開民主協商，共商推動兩岸關係和平發展、融合發展和祖國和平統一的大計。」中共中央台辦、國務院台辦主任宋濤也在 2023 年第一期的《兩岸關係》雜誌上，發表了題為〈攜手奮鬥 共創偉業〉的新年寄語，向廣大台灣同胞再一次重申了這一觀點。

　　依我看來，2023–2024 年應該是一個和平統一台灣的最佳窗口期，因為：(1) 美、歐西方國家，被「俄–烏戰爭」拖拉着腿，已經苦不堪言，因此，不會想在台灣問題上，開闢另一個新戰場與中國動武對抗；(2) COVID 疫情過後，世界經濟的恢復，需要大大借助中國的力量；(3) 美國已把「台積電」移去美國，滿足了美國在控制芯片方面的戰略霸主地位的部署；(4) 美國組織日本、南韓、菲律賓和澳洲等國家，用武裝力量或打造「亞太北約」軍事同盟來圍堵中國的孤形包圍圈，還未完全成形及有足夠的力量與中國抗衡；(5) 美國慫恿 NATO 用軍事箝制和經濟制裁中國的意圖，由於歐盟國家之間存有分歧，所以在短期內還不容易成功。

2. **方案二**：假如用「統戰」和「協商」的辦法來「和平統一台灣」，無法得到美國的「支持」；而台灣的有識之士和政黨等又不願意主動積極作出配合，那麼想要用「統戰」的辦法「和平統一台灣」，就會非常困難。我認為，如果真的無法用「統戰」和「協商」的辦法來「和平統一台灣」，那麼中央就應在今年或明年，參照我國起草和完成「香港基本法」、妥善解決香港回歸祖國的方法，在適當的時候，宣佈在台灣落實「一國兩制」[7] 的時間表。因為，在解決統一台灣的問題上，是可以考慮採取類似解決香港問題的辦法，讓「台灣特別行政區」能夠依法順利過渡，讓「一國兩制」在台灣能夠具體和平地得到貫徹落實，完成憲法所賦予的貫徹「一國兩制」方針，推進祖國統一進程。

為此，我具體建議：

1. 在中國共產黨第二十屆中央委員會某一個全體會議（或中央政治局根據形勢的發展和需要）作出決定，具體地提出和平統一台灣的原則立場、基本方針政策、方法和時間表；並通過中國人民政治協商會議全國委員會的討論，得到委員的擁護和支持。

2. 在 2023 年三月召開的全國人大會議之後的全國人大常委會會議，應就二十大中央全體會議（或中央政治局）通過的，和平解決台灣問題和在台灣實行「一國兩制」的決定，作出討論並予以通過。同時，作出設立「台灣特別行政區」的決定，及推動進行各種有關的立法程序。這包括：(1) 全國人大常委會組織設立一個負責起草 + 諮詢的「中華人民共和國台灣特別行政區基本法」（簡稱：「台灣基本法」）委員會（*註*：諮詢的工作要在全國範圍內（包括台灣）進行，排除所有「謀獨拒統」的人物和組織參與；並立法規定不允許台灣作公投自決，因為這是國家法律所規定的，一種分裂國家、

煽動分裂國家、顛覆國家政權的違法行為），來開展所有有關
具體起草 + 諮詢起草「台灣基本法」的工作，以及怎樣在台
灣貫徹落實「一國兩制」的具體做法，並在三到四年內，完
成所有的起草和諮詢工作，及呈交全國人大常委會以及全國
人大有關委員會，進行審議和提出修改意見。(2) 全國人大常
委會就「台灣基本法」經最後審議後，最遲在 2027 年（或之
前）交全國人大會議審議通過。並在全國人大會議正式通過
後，經國家主席簽署批准，立即生效並付諸實施。(3) 在起草
和諮詢有關「台灣基本法」時，中國將堅決排除各種干擾。
如有任何人、任何國家、任何國外政權、任何內外的「台獨」
或勾連外國的勢力，採取違反起草和諮詢「台灣基本法」或
「台灣基本法」的立法工作，阻礙中國政府在台灣實施「台
灣基本法」和實行「台灣基本法」所規定的制度和政策，全
國人大及中國政府，將採取斷然措施，停止「台灣基本法」
的起草或諮詢或立法或實施進程，並作出如「武統台灣」、由
中國中央政府直接管治台灣等決定，確保中國國家主權、安
全和發展利益得到維護，堅決完成國家完全統一的大業，並
在台灣根據「台灣基本法」貫徹落實「一國兩制」的方針和
政策。

　　採用以上的方案，還有三個好處，即：(1) 就解決台灣問題，
可以避免被外國反華勢力帶節奏，牽着我們轉。換言之，在解決台
灣問題上，依照這一方案的設計，我們可以更主動積極地，把和平
統一台灣的節奏，緊握在我們自己的手中；(2) 用這一方法來解決
台灣問題，是中國的家事（即中國主權範圍內的事），主動權在中
國。所以從法理上來講，外國任何國家都是無權干涉的。(3) 方案
雖然提出了一些時間節點，但這些時間節點，都是可以根據需要靈
活變更的。但無論如何，必須抓住「和平統一台灣」這一窗口期的
時間節點！相信大家都會認同，「和統」總比「武統」好。同時，

大家不要忘記,「過了蘇州無船搭」這一句諺語。

　　我們必須看到,現今中國完成完全統一和中華民族的復興,已進入一個不可逆轉的歷史進程。所以,從現在開始,我們必須盡一切努力,引導全國人民齊心協力,共同來完成這一偉大事業。

　　而假如要用到「武統」的辦法來解決台灣問題,我相信這是大家都不希望見到的。所以,要避免台海發生戰事,我們還必須想方設法防備美國不斷的惡毒挑釁;因為,美國是熱衷於喜歡用武力「解決」國際間的紛爭,來維護其霸權地位的這樣一個國家。

中國完全統一之後怎樣引導國家人民走上一條長期穩定繁榮的路

假如能依照我以上的方案和平統一台灣,那麼,中國以後就可以走上一條平穩的和平發展道路,而中國人民所長期盼望的太平盛世將會出現。但如果要把這穩定和平的盛世持續發展下去,統治中國的執政黨和政府,必須繼續不斷引導人民堅持正確的世界觀、人生觀、價值觀、道德觀,繼續走促使人類命運進化的文明發展道路。而最為重要的,就是要讓人民能夠科學、理性、自覺地認知、樹立和踐行正確的核心價值觀;因為,正如聞言在《人民日報》的撰文指出:「核心價值觀,承載着一個民族、一個國家的精神追求,體現着一個社會評判是非曲直的價值標準。」[8]。(*註*:根據現今中國對核心價值觀的描述,指的是「國家:富強、民主、文明、和諧;社會:自由、平等、公正、法治;公民:愛國、敬業、誠信、友善。」)

中國要繼續正確引導建設自己的發展模式

2022 年 9 月 1 日習近平在《求是》雜誌發表了一篇題為「新發展

階段貫徹新發展理念必然要求構建新發展格局」的講話。他在講話中指出：「我國建設社會主義現代化具有許多重要特徵。世界上既不存在定於一尊的現代化模式，也不存在放之四海而皆準的現代化標準。我們所推進的現代化（*註：又被稱作為「中國式現代化」*），既有各國現代化的共同特徵，更有基於國情的中國特色。我國現代化是人口規模巨大的現代化，是全體人民共同富裕的現代化，是物質文明和精神文明相協調的現代化，是人與自然和諧共生的現代化，是走和平發展道路的現代化。中國式現代化既切合中國實際，體現了社會主義建設規律，也體現了人類社會發展規律。要堅定不移推進中國式現代化，以中國式現代化推進中華民族偉大復興，不斷為人類作出新的更大貢獻。」[9]

我認為，從長遠的眼光看，現今中國正在構建的中國式現代化模式，就是未來的中華新文明模式。因此，我們必須明白，現今我們正在構建的中國式現代化，是正在為未來中華新文明的建立，打造永固和堅實的基礎，以及提供正確的引導（同時請見拙著《怎樣提升人類命運的進化？構建：中華新文明、世界新文明、人類命運共同體文明》一書內進一步的討論）。以上習近平提到的中國式現代化的建設發展方向，我在本書的不同章節內已作出論述，在這裏我只想再強調一下，現今中國政府正在積極引領和導向的，幾個影響中國未來發展的方向和重點。

1. 進一步優化人與自然、保護與發展、環境與民生、國內與國際等關係的引導

2022 年 9 月 6 日，《習近平生態文明思想學習綱要》出版座談會在北京召開。在座談會上對中國的生態文明建設，做出了一系列具總結性的引導，值得我們關注和牢記。下面我就引其中的一些話，供大家參考：一、中國共產黨作為執政黨，必須對生態文明建設作全面的引導；「二、堅持生態興則文明興；三、堅持人與自然和諧共

生；四、堅持青山就是金山銀山；五、堅持良好生態環境是最普惠
的民生福祉；六、堅持綠色發展是發展觀的深刻革命；七、統籌山
水林田湖草沙系統治理；八、堅持用最嚴格制度最嚴密法治保護環
境；九、堅持把建設美麗中國轉化為全體人民自覺行動；十、堅持
共謀全球生態文明建設之路。」[10]

　　同時還必須看到，中國仍在不停地大力推動生態文明的理論
創新、實踐創新和制度創新。而至今中國已創造出一系列生態方面
的新理念、新思想、新戰略，形成了新時代中國特色的生態文明思
想（*註*：中國稱這為「習近平生態文明思想」）。而這種思想不但不
斷地開創了現今新時代生態文明建設的新局面，而更重要的是，正
在引導人類走上一條具有新的生產方式、生活方式、思維方式、價
值觀念的，能夠科學理性地進行變革、推動人類命運進化、及讓人
類社會可持續發展的道路。中國將與世界其他各國和地區團結合
作、守望相助，攜手前行，與地球締約和平契約，共同構建全球發
展夥伴關係，共謀全球生態文明之路，共建地球生命共同體，為發
展不平衡不充分等問題，提供解決方案，為全球可持續發展提供力
量、夯實基礎和發揮引導作用。

　　習近平 2022 年 9 月 6 日，在召開「中央全面深化改革委員
會第二十七次會議」時指出：「節約資源是我國的基本國策，是維
護國家資源安全、推進生態文明建設、推動高品質發展的一項重大
任務。要突出抓好能源、工業、建築、交通等重點領域資源節約，
發揮科技創新支撐作用，促進生產領域節能降碳。要增強全民節約
意識，推行節約適度，綠色低碳的生活方式，反對奢侈浪費和過度
消費，努力形成全民崇尚節約的濃厚氛圍。要綜合運用好市場化、
法治化手段，加快建立體現資源稀缺程度、生態損害成本、環境污
染代價的資源價格形成機制，不斷完善和逐步提高重點產業、重點
產品的能耗、水耗、物耗標準，促進資源科學配置和節約高效利用。
要處理好利用和節約、開發和保護、整體和局部、短期和長期的關
係，既要堅持底線思維，從嚴監督管理，防範化解重大資源風險，

也要考慮經濟社會發展現實需要。」[11]

　　在這裏我還可以舉一個最近發生的具體例子，再說明一下。2022 年 11 月 5–13 日，在《濕地公約》第十四屆締約方大會開幕式的致辭中，習近平指出：「古往今來，人類逐水而居，文明伴水而生。人類生產生活同濕地有着密切聯繫。本次大會以『珍愛濕地，人與自然和諧共生』為主題，共謀濕地保護發展，具有十分重要的意義。我們要深化認識、加強合作、共同推進濕地保護全球行動。」這一次會議還正式通過了《武漢宣言》，《宣言》呼籲各方以強烈意願和實際行動，促進各類濕地的保護、修復、管理以及合理和可持續利用，並採取實地保護和修復措施，以應對社會經濟和環境挑戰等。

　　在同一會議上，全國人大常委會副委員長沈躍躍也指出：「中國加入《濕地公約》三十年來，認真履行公約責任，積極參與國際交流，與各締約方廣泛合作，開展了一系列具有中國特色的濕地保護實踐和制度創新，頒布實施《濕地保護法》，成為全球濕地保護的堅定支援者，積極參與者，重要推動者。中國將以本屆大會為契機，與各締約方一道，推進濕地保護全球行動，履行《濕地公約》決議，為共建地球生命共同體作出更大貢獻。」從這一個例子，我們可以見到，中國在推進環境保護和生態文明建設方面，是不遺餘力的。(*註*：除這一個例子之外，還有其他許多例子，例如：《全國防沙治沙規劃（2021–2030 年）》，和許多由中國科學院發布的有關資源環境領域系列研究報告，如：《中國湖泊生態環境研究報告》，《中國濕地研究報告》，《中國山地研究與山區發展報告》，《中國西北乾旱區水資源與生態環境研究報告》，《中國東部超大城市群生態環境研究報告》等，在這裏由於篇幅的限制，就不再討論了。)

　　2023 年 2 月 2 日的《人民日報》，在第二十七個「世界濕地日」的一篇評論文章中指出：「濕地是極其珍貴的自然資源，也是重要的生態系統，具有不可替代的作用。濕地具備強大的蓄水、淨

化水質等功能,被譽為『地球之腎』。近年來,我國濕地保護取得了歷史性成就,目前濕地面積達到 5635 萬公頃,國際濕地城市達 13 個,數量居全球第一。」

　　就中國來說,正如習近平在中國共產黨二十大報告中所提出的:綜合地就是要中國做到「尊重自然、順應自然、保護自然」。因為,這是全面建設社會主義現代化國家的內在要求。所以,中國必須牢固樹立和踐行綠水青山就是金山銀山的理念,站在人與自然和諧共生的高度來謀劃發展,堅持治山、治水、治城一體進行。因為,正如 2023 年 2 月 4 日一篇《人民日報》評論文章所說的,只有這樣,才能「讓良好生態環境成為人民生活的增長點、成為經濟社會持續健康發展的支撐點,讓綠色成為最亮麗的發展底色。」(*註*:特別值得注意的是,2023 年 2 月 5 日《人民日報》發表了一篇評論文章,指出:「習近平總書記指出,推進國家治理體系和治理能力現代化,必須抓好城市治理體系和治理能力現代化。江蘇省南通市抓住機遇,以大數據賦能社會治理,探索在危化品監管、沿江沿海大保護等一批跨部門、跨區域、跨層級領域的創新應用,着力破解治理難題。近年來,江蘇省南通市抓住首批『全國市域社會治理現代化試點城市』建設機遇,以『大數據 + 指揮中心 + 綜合執法隊伍』為改革契機,圍繞『數據共用、預警預判、聯動指揮、行政問效』四大功能,建成三級聯動指揮體系,着力破解治理難題。」)

2. 在新時代進一步加強科學技術普及的引導

2022 年 9 月 4 日中共中央辦公廳(中辦)及中華人民共和國國務院辦公廳(國辦)印發了《關於新時代進一步加強科學技術普及工作的意見》,《意見》指出,要「堅持開放合作,推動更大範圍、更高水準、更加緊密的科普國際交流,共築對話平台,增進開放互信,合作共用,文明互鑒,推進全球可持續發展,推動構建人類命運共

同體。」[12]《意見》還指出要:「構建社會化協同,數位化傳播,規範化建設,國際化合作的新時代科普生態,服務人的全面發展、服務創新發展、服務國家治理體系和治理能力現代化、服務推動構建人類命運共同體,為實現高水準科技自力自強、建設世界科技強國奠定堅實基礎。」[12]

　　現今科技的發展日新月異,假如政府在發展方面,不給以正確的引導,那就很容易會出現難以控制的、複雜的、影響人類身心健康的局面。譬如:我們應怎樣去正確引導和發展自然人、機器人、數字人(虛擬的人)之間的各種關係的建立等問題?怎樣去引領和導向有關生物科技、老人學等的發展?怎樣去引導發展太空科技等?

3. 引導發展智能經濟,助推實體經濟高質量發展

2022 年 9 月 7 日《人民日報》的一篇評論員文章,引用習近平的話說:「人工智慧是新一輪科技革命和產業革命的重要驅動力量。」文章指出:「我們要深入把握新一代人工智慧發展的特點,加強人工智慧和產業發展融合,為高質量發展提供新動能。」[13]而另一篇由《人民日報》評論部發表的文章,更進一步強調指出,中國要「加快數位中國建設,激發數字經濟活力,增強數位政府效能,優化數位社會環境,構建數位合作格局,築牢數位安全屏障」[14],因為只有這樣,才能讓數位技術更好造福社會,人民群眾才能「在資訊化發展中有更多獲得感、幸福感、安全感。」[14]也只有這樣,中國才能實現高品質發展和高水準安全的良性互動。

　　崔海教在 2022 年 8 月 3 日的《人民日報》撰文指出:「中辦、國辦印發的《關於推進實施國家文化數位化戰略的意見》,對數位文化建設作出重要部署。」[15] 他還引用習近平的話指出:「文化和科技融合,既催生了新的文化業態、延伸了文化產業鏈,又集聚了大量創新人才,是朝陽產業,大有前途。」[15] 他認為「當前隨着

網絡資訊技術的發展，數位文化正成為文化發展的重要形式。」[15]
而所謂數位文化就是數位化的文化形態；「具有數位化、網路化、
智慧化等特點。當前，互聯網、大數據、雲計算、人工智慧、區塊
鏈等技術加速發展，日益融入經濟社會發展各領域和全過程，為文
化創新發展提供了技術支撐和廣闊舞台。提升數位文化建設水準，
要彰顯文化的主體地位，把握數位文化發展方向，防止出現重數位
技術，輕文化內容的問題。處理好數位與文化的關係，要堅持數位
技術與文化繁榮有機融合，讓數位技術深入賦能文化創新，助力培
育和弘揚社會主義核心價值觀，弘揚中華優秀傳統文化，革命文
化、社會主義先進文化，不斷豐富人民精神世界、增強人民精神力
量，增強文化自覺和文化自信。」[15] 他更進一步指出，要處理好
「繼承與創新的關係」，因為「數位文化發展要植根中華優秀傳統
文化，同時又要不斷融入新的文化成果、技術成果，實現創新發展。
提升數位文化建設水準，一方面要堅持在繼承中創新。加快建成
國家文化大數據體系，推動數位技術和中華優秀傳統文化相互融
合、共同發展。另一方面要堅持在創新中發展。鼓勵和支持各類文
化機構接入國家文化專網，利用文化數據服務平台，探索數位化轉
型升級的有效途徑，積極推進理念、內容、形式、技術、管理等創
新。」[15]

　　　其次，中國還強調要加快構建新發展格局。中共中央政治局
2023 年 1 月 31 日就加快構建新發展格局進行了第二次集體學習。
習近平在主持學習時強調：「加快構建新發展格局，是立足實現第
二個百年奮鬥目標、統籌發展和安全做出的戰略決策，是把握未來
發展主動權的戰略部署。只有加快構建新發展格局，才能夯實我國
經濟發展的根基、增強發展的安全性穩定性，才能在各種可以預見
和難以預見的狂風暴雨、驚濤駭浪中增強我國的生存力、競爭力、
發展力、持續力，確保中華民族偉大復興進程不被遲滯甚至中斷，
勝利實現全面建成社會主義現代化強國目標。」習近平還強調指
出：中國會繼續「一、支援企業深度參與全球產業分工和合作，促

進內外產業深度融合，打造自主可控、安全可靠、競爭力強的現代化產業體系。二、搞好統籌擴大內需和深化供給側結構性改革，形成需求牽引供給、供給創造需求的更高水平動態平衡，實現國民經濟良性循環。三、建立和完善擴大居民消費的長效機制，使居民有穩定收入能消費、沒有後顧之憂敢消費、消費環境優獲得感強願消費。四、健全新型舉國體制，強化國家戰略科技力量，優化配置創新資源，使我國在重要科技領域成為全球領跑者，在前沿交叉領域成為開拓者，力爭儘早成為世界主要科學中心和創新高地。五、要繼續把發展經濟的着力點放在實體經濟上，紮實推進新型工業化，加快建設製造強國、質量強國、網絡強國、數字中國，打造具有國際競爭力的數字產業集群。六、充分發揮鄉村作為消費市場和要素市場的重要作用，全面推進鄉村振興，推進以縣城為重要載體的城鎮化建設，推動城鄉融合發展，增強城鄉經濟聯繫，暢通城鄉經濟循環。七、要進一步深化改革開放，增強國內外大循環的動力和活力。深化要素市場化改革，建設高標準市場體系，加快構建全國統一大市場。」[16]

4. 引導健全新型舉國體制及高質量發展

習近平 2022 年 9 月 6 日在主持召開「中央全面深化改革委員會第二十七次會議」時指出：「要發揮我國社會主義制度能夠集中力量辦大事的顯著優勢，強化黨和國家對重大科技創新的領導，充分發揮市場機制作用，圍繞國家戰略需求，優化配置創新資源，強化國家戰略科技力量，大幅提升科技攻關體系化能力，在若干重要領域形成競爭優勢、贏得戰略主動。要以完善制度、解決突出問題為重點。要完整、準確、全面貫徹新發展理念，堅持把節約資源貫穿於經濟社會發展全過程、各領域，推進資源總量管理、科學配置、全面節約、循環利用，提高能源、水、糧食、土地、礦產以及原材料等資源利用效率，加快資源利用方式根本轉變。」[11]

會議還指出：要「健全關鍵核心技術攻關新型舉國體制，要把政府、市場、社會有機結合起來，科學統籌、集中力量、優化機制、協同攻關。要加強戰略謀劃和系統佈局，堅持國家戰略目標導向，瞄準事關我國產業、經濟和國家安全的若干重點領域及重大任務，明確主攻方向和核心技術突破口，重點研發具有先發優勢的關鍵技術和引領未來發展的基礎前沿技術。要加強黨中央集中統一領導，建立權威的決策指揮體系。要構建協同攻關的組織運行機制，高效配置科技力量和創新資源，強化跨領域跨學科協同攻關，形成關鍵核心技術攻關強大合力。要推動有效市場和有為政府更好結合，強化企業技術創新主導地位，加快轉變政府科技管理職能，營造良好創新生態，激發創新主體活力。」[11]

2023 年 2 月 6 日中共中央、國務院印發了《質量強國建設綱要》。該《綱要》強調：「建設質量強國是推動高質量發展、促進我國經濟由大向強轉變的重要舉措，是滿足人民美好生活需要的重要途徑。」《綱要》指出：「當今世界正經歷百年未有之大變局，新一輪科技革命和產業變革深入發展，引發質量理念、機制、實踐的深刻變革。質量作為繁榮國際貿易、促進產業發展、增進民生福祉的關鍵要素，越來越成為經濟、貿易、科技、文化等領域的焦點。……面對新形勢新要求，必須把推動發展的立足點轉到提高質量和效益上來，培育以技術、標準、品牌、質量、服務等為核心的經濟發展新優勢，推動中國製造向中國創造轉變、中國速度向中國質量轉變、中國產品向中國品牌轉變，堅定不移推進質量強國建設。」《綱要》還指出，中國質量強國建設總的指導思想是要求做到：「立足新發展階段，完整、準確、全面貫徹新發展理念，構建新發展格局，統籌發展和安全，以推動高質量發展為主題，以提高供給質量為主攻方向，以改革創新為根本動力，以滿足人民日益增長的美好生活需要為根本目的，深入實施質量強國戰略，牢固樹立質量意識，健全質量政策，加強全面質量管理，促進質量變革創新，着力提升產品、工程、服務質量，着力推動品牌建設，着力增強產

業質量競爭力，着力提高經濟發展質量效益，着力提高全民質量素養，積極對接國際先進技術、規則、標準、全方位建設質量強國，為全面建設社會主義現代化國家、實現中華民族偉大復興的中國夢提供質量支撐。」

5. 引導官員要長期堅持中央「八項」規定

2022 年 9 月 9 日中共中央政治局召開會議，會議指出：「要準確把握新形勢下反『四風』的規律特點和工作要求，順勢而上，再接再厲，繼續在常和長、嚴和實、深和細上下功夫，管出習慣、抓出成效，化風成俗。要發揚釘釘子精神，始終保持突出問題的整治力度，督促落實好基層減負各項措施，不斷健全基層減負的長效機制，強化並充分發揮常態化整治工作合力，讓減負成果更好惠及廣大基層幹部和人民群眾。」(17)（註：「八項」規定，是指中共中央政治局在 2012 年 12 月 4 日召開的會議中，審議並通過中央政治局關於改進工作作風、密切聯繫群眾的「八項」規定。其主要內容是：(1) 要改進調查研究；(2) 要精簡會議活動；(3) 要精簡文件簡報；(4) 要規範出訪活動；(5) 要改進警衛工作；(6) 要改進新聞報導；(7) 要嚴格文稿發表；及 (8) 要勵行勤儉節約。反「四風」則是反對四種不正之風：形式主義，官僚主義，享樂主義和奢靡之風。）

2023 年 2 月 1 日出版的第 3 期《求是》雜誌，發表了習近平題為〈全面從嚴治黨探索出依靠黨的自我革命跳出歷史週期率的成功路徑〉的重要文章。文章指出：「全面從嚴治黨是新時代黨的自我革命的偉大實踐，開闢了百年大黨自我革命的新境界。第一，堅持以黨的政治建設為統領，堅守自我革命根本政治方向。第二，堅持把思想建設作為黨的基礎性建設，淬鍊自我革命銳利思想武器。第三，堅決落實中央八項規定精神、以嚴明紀律整飭作風，豐富自我革命有效途徑。第四，堅持以雷霆之勢反腐懲惡，打好自我革命攻堅戰、持久戰。第五，堅持增強黨組織政治功能和組織力凝

聚力，鍛造敢於善於鬥爭、勇於自我革命的幹部隊伍。第六，堅持構建自我淨化、自我完善、自我革新、自我提高的制度規範體系，為推進偉大自我革命提供制度保障。」具體的做法是：「一、堅持黨中央集中統一領導。二、堅持黨要管黨、全面從嚴治黨，以偉大自我革命引領偉大社會革命。三、堅持以黨的政治建設為統領，保證全黨在政治立場、政治方向、政治原則、政治道路上同黨中央保持高度一致。四、堅持嚴的主基調不動搖，提高紀律建設的政治性、時代性、針對性。五、堅持發揚釘釘子精神加強作風建設，以優良黨風帶動社風民風向上向善。六、堅持以零容忍態度懲治腐敗，堅定不移走中國特色反腐敗之路。七、公平正義就在身邊。八、堅持抓住『關鍵少數』以上率下，壓緊壓實全面從嚴治黨政治責任。九、堅持完善黨和國家監督制度，形成全面覆蓋、常態長效的監督合力。」

中國完全統一後怎樣面對一個仍存有
矛盾和紛爭的世界

最後，我們還必須引導解決一個問題，那就是當中國完全統一之後，我們仍要面對一個存有矛盾和紛爭的世界。那麼，我們應該怎麼辦？我認為很明顯的，*將來的社會還需要共識引領，國家還需要價值導向來導航*。所以，中國必須繼續堅持弘揚「和平、發展、公平、正義、民主、自由」的全人類共同價值，仍需努力與各國共同建設一個美好的未來世界；而更重要的是，還需要為打造一個世界新文明及人類命運共同體文明，努力作出和提供各種創新、穩固、綠色、安全、包容的正確理念指引及思想引導。人類文明多樣性是世界的基本特徵，也是人類命運進步和進化的源泉。長期以來，中國始終堅持「和平發展、開放發展、合作發展、共同發展，以自身

發展助力地區國家發展，為各國人民創造更多福祉」，讓人民可以享受國泰民安。而國泰民安，可以說，是人民群眾最基本、最普遍的願望。

*那麼，怎樣才能樹立在這方面各種正確的理念指引及思想引導呢？我認為，在回答這一個問題時，我們必須認識到我們人類自身在認知方面的弱點及優點。我們的優點是我們的心智（或大腦）具有非常強大的創造和創新的意識及能力，而這些能力又擁有很大的可塑性、邏輯理性、進取意識、正義感、韌性、同理性及忍耐力等要素。能夠充份理解和領悟國家事業、人類發展應依循的歷史邏輯、理論邏輯、實踐邏輯。但我們的弱點是我們的心智（或大腦）又具有各種非常脆弱、意志薄弱和易於退縮或衝動，以及情緒化、自私化、罪惡化傾向的特徵，這就使我們極易滑入貪婪、腐敗、麻木不仁、自私自利、霸道欺凌的心理和行為的陷阱。也容易讓我們墮入各種非常抽象、虛妄、玄奧的超現實概念或信念（包括迷信）之中，而不能自拔。*這些人類心理特徵的成因，我在本書的第 1 至 3 章內，已作出了討論和闡釋，所以在這裏就不再重複了。而在這裏我只想指出，不管是我們的弱點或優點，在人類命運的進化過程中，都是需要正確的認知和引導（即引領和導向），正所謂「玉不琢不成器」，才能建立起各種可持續發展的文明，以及心智心理上和思想上正確的主動的行為。*假如人類的演進方向，被錯誤地引導入一個不可持續的發展道路，那麼，人類就會走上文明倒退、命運坎坷、缺乏幸福、甚至滅亡之路！而現今的西方國家，正是在引導着我們走這樣的一條死路！所以，我們必須堅決抵制和反對西方國家的引導，堅持走我們中華民族自己的路，建設我們自己的發展模式——即「中國模式」，繼續構建我們獨特的「中華新文明」，協助推進全球的可持續發展，把人類命運共同體文明盡快地建立起來。*

其次，從外交的層面，我們還可以看到中國的外交思想，正如 2022 年 10 月 13 日《人民日報》的評論文章所描述的，是近十

年來「在中國同世界關係發生歷史性變化的背景下形成」，它指引中國外交「站在世界發展和人類進步的道義制高點上，同一些西方國家零和博弈、強權政治、陳舊思維形成鮮明對比。」中國是「以堅持和平發展為戰略抉擇，探索走出與傳統大國崛起不同的和平發展道路，在中國與世界各國的良性互動和互利共贏中開拓前進。」[18]

更重要的是，正如 2022 年 10 月 14 日《人民日報》的一篇報導所指出的，我們還需要從宏闊的時空坐標來看「當今世界的『時和勢』，從全局、長遠、大勢上作出判斷和決策。」[18] 這句話講的，不就是一個國家的戰略問題；而中國因為掌握了正確的戰略，就能回答好當今的「中國之問、世界之問、人民之問、時代之問」。

所以對中國來說，「面對快速變化的世界和中國，如果墨守成規、思想僵化，沒有理論創新的勇氣，[就]不能科學回答中國之問、世界之問、人民之問、時代之問」。如果是這樣的話，這不僅會讓中國的國家事業無法繼續前進，中國的發展所依靠的「馬克思主義也會失去生命力、說服力。」[19]

事實證明，馬克思主義深刻地改變了中國，而中國也極大豐富了馬克思主義。正如《人民日報》的報導所指出的，譬如，特別是在這新時代的十年裏，中國「給出了最好的答案。在擺脫貧困的村莊，在奔騰東去的長江，在黃土高原的窰洞，在南海之濱的改革開放最前沿，在每一個舉重若輕的戰略決策裏，在每一次風雨無阻的跋涉中。……從興業路到復興路，從小小紅船到領航中國的巍巍巨輪」，正是因為中國共產黨「不斷回答好中國、世界、人民、時代的重大問題，不斷推進馬克思主義中國化時代化，才能一路披荊斬棘，不斷讓勝利走向新的勝利。」[19] 而在「字裏行間，有一份胸懷歷史偉業的擔當，一份惕勵自省的篤行。對『馬克思主義不是教義而是科學方法』的深刻洞察，是從中國革命的危機關頭得出的結論，『長征走過的道路，不僅翻越了千山萬水，而且翻越了馬克

思主義當作一成不變的教條的錯誤思想障礙』；是從中國在社會主義建設的改革時期的豐富實踐中收穫的啟迪，馬克思主義『並沒有結束真理，而是開闢了通向真理的道路』。」[19]

故此，*中國的發展和實踐，除了豐富了馬克思主義之外，同時還大大的推動了全人類整體文明的進步，極大地豐富了人類命運進化的科學理論和內涵，以及提供了許多具體和強而有力的實質性的證明。這我在拙著《怎樣提升人類命運的進化？構建：中華新文明、世界新文明、人類命運共同體文明》一書中，已有詳細的論述，這裏不贅。在這裏我只想指出，中國在促進 (1)「人類的生存」，(2)「人類社會的進步」，及 (3)「人類命運的演進」這三個能保證「人類文明的進步」以及「人類命運的進化」的要素方面，從理論到實踐，都呈現了非常大的突破、建樹和貢獻。* 下面我就中國的這些新情況，列舉一些例子說明一下，特別是中國在以上的三方面，所呈現的突破、建樹和貢獻。

1. 促進「人類的生存」，對中國來說，就是要解決好中國人民的生存問題，才能保證「人類文明的進步」以及「人類命運的進化」。

舉例來說，譬如現今中國人均生存的預期壽命，已從 74.8 歲增長到 78.2 歲。而根據專家的預測，將來中國人的平均生存壽命，必定都會超越 80 歲。導致這一情況的出現，主要是因為中國「堅持以人民為中心的發展思想，人民生活全方位改善，人民群眾的獲得感、幸福感、安全感不斷增強。」

其次，在解決中國絕對貧困的問題上，中國採取了「全國脫貧攻堅戰，決不落下一個貧困地區，一個貧困群眾」的政策。並特別強調「扶平先扶智，要更加注重教育扶貧，不要讓孩子輸在起跑線上。」以上這些政策和措施，對於保證中國人民的生存，起到非常重要和關鍵的作用。

再舉一個例子。在應對新冠疫情持續流行三年，國家衛生健康委員會疫情應對處置工作領導小組專家組組長梁萬年在 2022 年 10 月 13 日指出：「新冠疫情持續近三年，這在人類的疾病尤其是大流行的疾病史上也是罕見的，中國當前堅持『動態清零』的總方針是必須的。現在科學上對新冠病毒變異以後的毒力、致病力、危害性大小仍無辦法完全掌握。Omicron 變異株肯定不是新冠病毒的最後一個變異株，有很大的不確定性。『動態清零』總方針是基於我國的抗疫理念『人民至上，生命至上』，秉行『一切為了人民健康、以人民為中心』。中國近三年防控證明是有效的、可行的、科學的、應該用確定性策略、確定性方針來對抗這種不確定性。……如果中國完全學習國外所謂的『躺平』，那麼結果肯定是中國人群將會有大量的感染，勢必造成大量重症和大量死亡。」[20] 而在 2022 年 10 月開始，隨着 Omicron 病毒致病性的減弱，疫苗接種的普及，和防控經驗的積累，奧密克戎（Omicron）逐步演化為一種常見的「呼吸道傳染病」（*註：並從「新型冠狀病毒肺炎」更名為「新型冠狀病毒感染」以更準確地反應疫情的變化*）。因此，中國對疫情的防控，跟着就採取了新的更「精準寬鬆」的措施，並進一步提升了民眾的健康意識和素養。所以在 2023 年，中國就能取得應對世紀疫情的全面勝利。「三年來，中國經受住全球多輪疫情流行的衝擊。中國因時因勢優化調整防控措施，穩中求進、走小步不停步。新冠肺炎防控方案、診療方案的每一次優化調整，都經過了反覆研究、科學論證，經受住了實踐的檢驗。」[20] 中國的這種因時因勢，優化調整疫情防控的政策和做法，可以說既艱難但又科學，而只有中國這樣的社會主義國家才敢做、才能做！

　　中國人民要生存下去，除了要解決好健康問題，同時還要有好的生存環境才行，所謂「生存模式」決定了「行為模式」。為了達致這一目的，中國建立了「共建共治共享的社會治理制度」，而這一制度其中的一大優點，就是可以動用全國「舉國之力」，來解決在社會發展過程中，需要面對的許多困難問題。習近平指出，要

做到這一點，辦法就是要「完善和發展中國特色社會主義制度，推進國家治理體系和治理能力現代化中國化。」中國如果能做到這一點，那麼中國人民在這地球上，持續生存下去的條件就具備了。但這只是保證「人類文明的進步」以及「人類命運的進化」的其中一個要素（即在上面我所提出的三個要素之一）。下面我會就其他兩個要素，再具體舉幾個例子說明一下，並且仍以中國為例，現先講第二個要素，即促進「人類社會的進步」。

2. 促進「人類社會的進步」，才能保證「人類文明的進步」以及「人類命運的進化」

為了促進「人類社會的進步」，中國自己的做法是「立足新發展階段，貫徹新發展理念，構建新發展格局，堅定不移推動高品質發展。……把發展品質問題擺在更為突出地位，着力提升發展品質和效益。因為只有這樣，中國才能推動經濟全球化，朝着更加開放、包容、普惠、平衡、共贏方向發展。才能持續弘揚和平、發展、公平、正義、民主、自由的全人類共同價值。才能堅持文明交流超越文明隔閡、文明互鑒超越文明衝突、文明共存超越文明優越的命運共同體理念。」[21] 才能推動不同文明相互尊重、和諧共處，增進各國人民的友誼和理解，有效引導和樹立平等、互鑒、對話、包容的文明觀，從而推動社會進步的動力，長期維護世界的和平。

　　而中國在以上這幾個方面，做得最為突出的是，如習近平在二十大報告中所指出的，中國創建了中國式社會主義現代化。而所謂*中國式社會主義現代化，其特徵是：「既有各國現代化的共同特徵，更有基於自己國情的中國特色。中國式現代化是人口規模巨大的現代化，是全體人民共同富裕的現代化，是物質文明和精神文明相協調的現代化，是人與自然和諧共生的現代化，是走和平發展道路的現代化。」*[22] 所以，中國正在打造的社會主義現代化，不但是一項非常偉大而艱巨的事業，而更重要的是，它為中國人民提供

了一個能夠生存下去的良好環境，並為推動和保證「人類文明的進步」以及「人類命運的進化」，提供了一個不可或缺的環境條件。因為有了一個優良的環境（即外因），中國人民才能幸福地在這地球上生存和生活下去，才能不斷實現和滿足人民對美好生活的嚮往。現今，相信大家都比較認同一句在中國很流行的話語，就是：「世界好，中國才能好；中國好，世界才更好。」（註：我認為，這是因為如《人民日報》2023 年 1 月 3 日的一篇題為〈為人類和平與發展事業貢獻中國智慧、中國方案〉的評論文章所指出的：「中國始終行天下大道，謀世界大同。一個個夢想接連實現、充滿生機活力、賡續民族精神、緊密聯繫世界的中國，不僅發展了自己，也造福了世界。」）香港的一位政論家盧永雄指出：

> 「習近平說的中國式現代化的五個特點，等於指出中國現代化的困難和特色：一、中國是十四億人口的大國，發展起來比二、三億人口的國家更困難；二、中國要全體人民富裕，不想出現西方的一比九十九問題，即百分之一富人佔了國家大量財富，滿街都是流浪漢；三、中國不想只發展物質文明，精神文明墮落，濫藥吸毒盛行，大麻合法銷售，槍擊習以為常；四、儘量減少人均能量消耗，不想中國步入發達國家水平時高度耗能；五、愛好和平不發動戰爭，不想像美國那樣，由一九九一年冷戰結束至今三十年間，對外發動二百五十一次戰爭或軍事干預。
>
> *中國要和西方不一樣，走另一條道路的現代化，這叫做『制度自信』，認為毋須盲從西方的模式，中國走不一樣的道路，可以更加成功。*
>
> *這是對美國將中美之爭定位為『民主與威權』之爭，一種有力的理論回應。中國不但有『全過程民主』，不是只有選舉時才看民意的民主，更重要的是中國的現代化發展更加均衡，最後將在方方面面比西方式發展更加優勝。*

　　美國經常想改變中國的政治制度，並聲稱本來相信和中國貿易往來最後會促使中國的社會主義制度改變。

　　習近平不但強調有中國特色的社會主義會長期堅持下去，而且倒過頭來表明，中國式現代化，為人類實現現代化提供了新的選擇。

　　他間接否定了西式民主的政權更替，也否定東方制度必然有治亂循環，認為中共透過大力反貪，自我完善，『黨找到了自我革命這一跳出治亂興衰歷史週期的答案』，『確保黨永遠不變質、不變色、不變味。』」[23]

　　所以，中國正在打造的社會主義現代化，不但是一項非常偉大而艱巨的事業，而更重要的是，它為中國人民提供了一個能夠生存下去的良好環境，並為推動和保證「人類文明的進步」以及為「人類命運的進化」，提供了重要的環境條件。因為，*有了一個優良的地球環境，中國人民及人類整體，才能夠幸福地在這地球上永續地生存和生活下去。*

　　在 2023 年的新年賀词中，習近平指出：「今天的中國，是『夢想接連實現的中國』、『充滿生機活力的中國』、『賡續民族精神的中國』、『緊密聯繫世界的中國』」。我可以堅定地說，現今的中國，已是一個能給人深刻的啟示和奮進的力量、是一個能高質量地引領世界發展、智慧化地導向人類進化的中國。

3. 促進「人類命運的演進」，才能保證「人類文明的進步」以及「人類命運的進化」

（*註*：演進（progress）與進化（evolution）的分別，是演進並不一定具特定的前進方向，而進化是具方向性的，會愈演進愈好、愈高級。）

上面提到，中國式現代化的其中一個特色，就是「走和平發展道路

的現代化」。2022 年 10 月 16 日《人民日報》的一篇報道指出:「習近平在出席中華人民共和國恢復聯合國合法席位 50 週年紀念會議時指出:『人類是一個整體,地球是一個家園。任何人,任何國家都無法獨善其身。人類應該和衷共濟、和合共生,朝着構建人類命運共同體方向不斷邁進,共同創造更加美好未來。』」[24] 而發展則是人類社會的永恆主題,各國人民都熱切期盼,通過發展,實現對美好生活的嚮往。習近平在中國共產黨二十大的報告中指出:「在中國共產黨領導下,中國堅定不移做世界和平的建設者、全球發展的貢獻者、國際秩序的維護者,為促進人類和平與發展作出了重大貢獻。新征程上,中國將繼續積極推動構建人類命運共同體,為世界和平發展,人類文明進步不斷作出新貢獻。」[24] 所以,可以肯定地說,將來「中國還要賡續為人類的進步事業繼續奮鬥,不斷為人類和平與發展的崇高事業作出貢獻。」[25] 為此,中國還提出「全球安全倡議」(Global Security Initiative)和「全球發展倡議」(Global Development Initiative),來進一步夯實「人類命運共同體文明」的構建。很明顯的只有這樣,「人類命運的演進」才有可能,「人類文明的進步」以及「人類命運的進化」才能得到保障。換言之,中國除了要為中國的人民自己創造一個能幸福生活的環境外,同時還要營造構建一個有利於中國人民及整個人類發展和生存的國際環境和空間。中國的做法正如一位香港的政治評論家鄧飛所說,中國的做法「可謂心念國之大者,以及於世界之大;胸懷民之福者,以及與人類之福。中國傳統講求的是由近至遠、推己及人,最後實現天下大同的理想境界。」[26] 這一觀點,在我的一系列的有關著作中,已有詳細的討論,這裏就不再重複。

　　但在這裏我想舉個中國怎樣促進「人類命運的演進」,保證「人類文明的進步」以及「人類命運的進化」的實例,那就是中國正在引領和導向建設的「一帶一路」。

　　王義桅在他著作的《再造中國》一書中指出:

「如果我們把作為古代東西方貿易與文明交流之路的絲綢之路稱為『全球化 1.0 時代』，其單元是文明，載體是歐亞大陸，動力是貿易、文化，遵循『和平合作、開放包容、互學互鑒、互利共贏』的絲路精神；近代西方開創的全球化稱為『全球化 2.0 時代』，是以民族國家為單元，通過海洋實現全球貿易、投資擴張，確立西方中心世界；那麼，『一帶一路』是 21 世紀的跨洲際合作倡議，不只是打通歷史上中斷的絲綢之路，而是借助絲綢之路的歷史概念，開創『全球化 3.0 時代』。

　　『一帶一路』着眼於歐亞地區的互聯互通，着眼於陸海聯通，是對傳統新自由主義主導的全球化的揚棄。美戰略家康納（Parag Khana）在《超級版圖》一書中提出，傳統全球化——關稅減讓，最多能推動世界經濟增長 5%，而新型全球化——互聯互通，將推動世界經濟增長 10% 到 15%。因此，『一帶一路』給全球化提供更強勁動力，並推動傳統全球化，朝向開放、均衡、包容、普惠方向發展。據彭博社預測，到 2050 年，『一帶一路』會新增 30 億中產階級。習近平主席在 2015 年博鼇亞洲論壇年會中也提到，希望用 10 年時間，使中國同『一帶一路』沿線國家的年貿易額突破 2.5 萬億美元。

　　『一帶一路』是一種包容型的全球化。通過『一帶一路』建設，中國將開展更大範圍、更高水準、更深層次的區域合作，共同打造開放、包容、均衡、普惠的區域合作架構。同時，『一帶一路』打造『綠色絲綢之路』、『健康絲綢之路』、『智力絲綢之路』、『和平絲綢之路』，讓老百姓在其中有更多的參與感、獲得感和幸福感。

　　中國與世界的關係已經出現再造中國與再造世界的雙重邏輯：通過再造中國而再造世界——『一帶一路』建設正在超越西方中心論，打造東西互濟、陸海聯通的新中國、新

世界，開創包容性全球化；通過再造世界而再造中國——從
傳統中國、現代中國到全球中國。

　　傳統中國，正在經歷『一帶一路』建設所開啟的三大文
明轉型：從農業文明向工業–資訊文明轉型，從內陸文明向陸
海兼備文明轉型，從地域性文明向全球性文明轉型，從而超
越現代中國身份，樹立全球中國新身份，走出近代而告別西
方，助推中國成為新的世界領導型國家。」[27]（*註*：所謂「全
球性文明」，就相等於在我的拙著《怎樣提升人類命運的進
化？構建：中華新文明、世界新文明、人類命運共同體文明》
一書中所指的「世界新文明、人類命運共同體文明」。其次，
我覺得用「引領和導向型國家」，要比用「領導型國家」更
好。）

　　最後，我還想指出一點，那就是中國正在打造和完善的「中
國之治」，以及把馬克思主義的信仰經「中國化」之後，落到實處，
變為現實，並如習近平所指出的，只要人類「共行天下大道，各國
能夠和睦相處、合作共贏」，攜手「同各國人民一道，弘揚和平、
發展、公平、正義、民主、自由的全人類共同價值，維護世界和平、
促進世界發展，持續推動構建人類命運共同體」[28]，就一定能夠
創造人類世界美好的未來。對於這一點，我是深信不疑的。（*註*：
中國對馬克思主義的信仰，是一種「實」的東西。因為實踐證明，
中國對馬克思主義的信仰經「中國化」後，在這世界上，基本都可
以做到 realizable（即可變為現實）。所以我們必須把對馬克思主義
的信仰與對宗教的信仰區分開來，因為兩者是不一樣的東西（或概
念）。宗教信仰只是一種「虛」的、「玄」的東西，是永遠無法成為
事實的（not realizable）神話。）其目的就是要促進 (1)「人類的
生存」，(2)「人類社會的進步」，及 (3)「人類命運的演進」這三個
能保證「人類文明的進步」以及「人類命運的進化」的要素。這三
個要素如能長期得到維持，那麼，中國就可以為人類科學地和客觀

地，回答了兩個從來沒有哲學家、思想家能夠正確回答的問題，即是：

1. 人類為什麼要長期地生存在這地球上？
2. 人類為什麼能生存在這地球上？

扼要地來說，就上面的兩個問題，以中國五千多年的文明＋發展到現時的中國新文明，我想已有資格可以代表人類作出答覆，那就是：

1. *人類生存在這地球上是為了追求安全、幸福及和諧共生（進化論＋馬克思主義的觀點），懂得為了生存必須要自強不息、努力奮鬥、歷史主動（中國式現代化的概念）；*
2. *因為人類能（或懂得）怎樣去適應環境（進化論的觀點）、改造環境（馬克思主義的觀點）、不斷發展、創造及創新環境，不斷把人類對美好生活的嚮往（包括「信仰」）轉變為現實（中國式現代化的概念）。*

以上的概念，如果能長期得到正確的引導及發展，那麼「人類文明的進步」以及「人類命運的進化」，就可以達到及長期得到保障。

正確引導發展及解決「窰洞對」的問題

現今，中國對自己的短期和長期的發展來說，最為迫切需要解決的，就是《中國共產黨黨章》中所指出的，怎樣「引導我國社會主義現代化事業不斷前進」。而在這進程中，大家最關心的一個問題，就是「窰洞對」的問題。這我在上面已經提及，在這裏我想再補充幾句。

習近平 2022 年 11 月 27 日在瞻仰延安革命紀念地時強調：「在延安時期，楊家嶺是毛澤東居住時間最長的地方，著名的『窰

洞對』就是在這裏進行的。『窰洞對』的意義，是回答如何跳出自然興衰歷史週期率、避免人亡政息、確保政權長期存在的問題。在『窰洞對』中，毛澤東同志給出了第一個答案，這就是讓人民監督政府。黨的十八大以來，以習近平同志為核心的黨中央在全面從嚴治黨的實踐中給出了第二個答案，這就是黨的自我革命。」(29) 而*我認為，對於這一個問題，中國不但需要有第二個答案，而同時還需要有第三個答案：那就是「要借鑑儒家的『教化』方法，做到科學理性精準有效引導人民，通過認知及實踐檢驗真理的方法，不斷增進政治認同、思想認同、理論認同、情感認同來創造更加美好的未來。」*（*註*：有關『教化』的問題，我認為可借鑑儒家的做法：「發揮教化者之功能」。如姚中秋在《大道相通》一書中為文所指出的：「儒家士大夫把教化者、政治家、官僚三種角色統合於一身，可謂『領導性治理者』」，起到「對人民發揮道德引領作用」（見《大道相通》一書，第 235 頁。）

　　因為，只有這樣我們才能有效地引導中國人民及人類，永遠走和平發展的道路，共建人與自然和諧共生文明、世界新文明和人類命運共同體文明。（*註*：有關這方面的論述以及我對這一問題的觀點，請參考我著作的一系列專書，特別是《怎樣提升人類命運的進化？構建：中華新文明、世界新文明、人類命運共同體文明》一書。）

　　為了方便理解，下面我用一個較為簡單的公式來列出「窰洞對」的問題的兩個答案，及我認為必須要有的第三個答案：

　　第一個是毛澤東的答案：「就是讓人民來監督政府，政府才不敢鬆懈。」＋ *第二個習近平的答案：「就是自我革命。」*＋ *第三個是我的答案：「就是要採用『教化之道』，做到科學理性精準有效地引導人民，通過認知及實踐檢驗真理的方法，不斷增進政治認同、思想認同、理論認同、情感認同來創造更加美好的未來。」*

　　我相信，以上三個答案加起來，才能真正有效解決「窰洞對」的問題。

中美必須找到相互尊重、和平共處、
合作共贏的正確相處之道

2023 年 6 月 19 日習近平在北京會見美國國務卿布林肯，習近平在講話中強調指出：「世界在發展，時代在變化。世界需要總體穩定的中美關係，中美兩國能否正確相處事關人類前途命運。寬廣的地球完全容得下中美各自發展，共同繁榮。中國人民和美國人民一樣，都是自尊自信自強的人民，都擁有追求美好生活的權利，兩國之間存在的共同利益應該得到重視，各自取得成功對彼此都是機遇而非威脅。當前，國際社會普遍對中美關係現狀感到擔憂，不希望看到兩國衝突對抗，不願在中美之間選邊站隊，期盼中美和平共處、友好合作。兩國應該本着對歷史、對人民、對世界負責的態度，處理好中美關係，為全球和平與發展作出貢獻，為變亂交織的世界注入穩定性、確定性、建設性。……大國競爭不符合時代潮流，更解決不了美國自身的問題和世界面臨的挑戰。中國尊重美國利益，不會去挑戰和取代美國的。同樣，美國也要尊重中國，不要損害中國的正當權益。任何一方都不能按照自己的意願塑造對方，更不能剝奪對方正當發展權利。中方始終希望中美關係能夠健康穩定，相信兩國能夠排除萬難，找到相互尊重、和平共處、合作共贏的正確相處之道。希望美方採取理性務實態度，同中方相向而行，共同努力，堅持我同拜登總統峇里島達成的共識，把有關積極表態落實到行動上，讓中美關係穩下來好起來。」(30)

　　王毅在見布林肯時更指出說：「國務卿先生此次北京之行正值中美關係處在一個關鍵節點，需要對話還是對抗、合作還是衝突作出選擇。歷史總要向前發展，中美關係終究要向前發展。開歷史倒車沒有出路，推倒重來更不可取。我們要以對人民、對歷史、對世界負責的態度，扭轉中美關係螺旋式下滑，推動重回健康穩定軌道，共同找到中美在新時期的正確相處之道。」(31)……中美關係

陷入低谷，根源在於美方抱持錯誤的對華認知，導致錯誤的對華政策。中美關係歷經波折，美方有必要深刻反思，同中方一道共同管控分歧、避免戰略意外。中美關係要止跌企穩，當務之急是把兩國元首共識真正落到實處。中美關係要行穩致遠，最重要的是把習近平主席提出的相互尊重、和平共處、合作共贏原則作為根本遵循。」[31] 王毅同時深入闡述了中國發展振興的歷史邏輯和必然趨勢，介紹了中國式現代化的鮮明特徵和全過程人民民主的豐富內涵，敦促美方不要拿國強必霸的模板來鏡像中國，不要用西方傳統大國走過的軌跡來誤判中國。這是美國對政策能否真正回歸客觀理性的關鍵所在。王毅要求美方停止炒作「中國威脅論」取消對華非法單邊制裁，放棄對中國科技發展打壓，不得肆意干涉中國的內政。王毅着重剖析了台灣問題的實質，強調維護國家統一永遠是中國核心利益中的核心，是全體中華兒女命運所繫，是中國共產黨矢志不渝的歷史使命。在這個問題上，中國沒有任何妥協退讓的餘地。美方必須真正堅持中美三個聯合公報確定的一個中國原則，尊重中國主權和領土完整，明確反對「台獨」。[31]

從以上習近平和王毅的講話，我們可以清楚看到，中國在引領和導向怎樣解決中美關係的清晰立場。而這一立場，對於解決中美關係能否找到相互尊重、和平共處、合作共贏的正確相處之道，不但重要，而且對於能否長期保證世界和平、社會進步、人類命運的進化，也非常重要。

參考資料

1.　〈談佩洛西明目張膽竄訪台灣〉。2022 年 8 月 18 日，《澳門日報》。

2.　〈中方發出四點回擊〉。2022 年 8 月 18 日，《澳門日報》。

3.　秦剛，〈美行政部門無盡力勸阻佩竄台〉。2022 年 8 月 20 日，《澳門日報》。

4.　柳扶風，〈一旦武統，去如黃鶴〉。2022 年 8 月 14 日，《東方日報》。

5.　〈京發涉台白皮書，不承諾棄武〉，2022 年 8 月 11 日，《星島日報》。

6.　星島日報，〈北京闡述對台立場，白皮書釋統一決心〉。2022 年 8 月 11 日，《星島日報》，「社論」。

7.　中華人民共和國國務院新聞辦公室，《「一國兩制」在香港特別行政區的實踐》。2014 年，人民出版社。

8.　聞言，〈把青春播撒在民族復興的征程上〉。2022 年 8 月 3 日，《人民日報》。

9.　習近平，〈新發展階段貫徹新發展理念必然要求構建新發展格局〉。2022 年 9 月 1 日，《求是》雜誌。(同時見 2022 年 8 月 31 日，《新華網》)。

10.　《習近平生態文明思想學習綱要》出版座談會在京召開。2022 年 9 月 7 日，《人民日報》。

11.　2022 年 9 月 6 日，習近平主持召開「中央全面深化改革委員會第二十七次會議」。2022 年 9 月 7 日，《澳門日報》。

12.　中辦、國辦印發了《關於新時代進一步加強科學技術普及工作的意見》。2022 年 9 月 5 日，《人民日報》。

13.　〈智能經濟助推實體經濟高質量發展〉。2022 年 9 月 7 日，《人民日報》。

14.　《建設數位中國，數位化點亮新生活》。2022 年 9 月 8 日，《人民日報》。

15.　崔海教，《提升數位文化建設水準》。2022 年 8 月 3 日，《人民日報》。

16　新華社報導習近平 2023 年 1 月 31 日，在主持中共中央政治局就加快構建新發展格局進行的第二次集體學習時的講話。2023 年 2 月 2 日，《大公報》

17.　〈中共中央政治局召開會議〉(2022 年 9 月 9 日)。2022 年 9 月 10 日，《人民日報》。

18. 〈開闢國際關係理論創新的新境界〉。2022 年 10 月 13 日，《人民日報》。

19. 〈中國之問、世界之問、人民之問、時代之問……我們這樣回答〉。2022 年 10 月 14 日，《人民日報》。

20. 〈新冠持續三年大流行病史上罕見〉。2022 年 10 月 14 日，《大公報》。

21. 〈為中國人民謀幸福　為中華民族謀復興〉。2022 年 10 月 15 日，《人民日報》。

22. 〈習近平作二十大報告〉。2022 年 10 月 17 日，《大公報》。

23. 盧永雄，〈打造『中國式現代化』〉，2022 年 10 月 18 日，《頭條日報》。

24. 〈繼續積極推動構建人類命運共同體〉。2022 年 10 月 16 日，《人民日報》。

25. 〈十年砥礪奮進　繪寫壯美畫卷〉。2022 年 10 月 15 日，《人民日報》。

26. 鄧飛，〈心懷國之大者　胸懷民之福者〉，2022 年 10 月 18 日，《大公報》。

27. 王義桅，《再造中國》。2017 年，上海世紀出版，第 34–36 頁。

28. 習近平，2022 年 10 月 23 日在中國共產黨第二十屆中央委員會第一次全體會議中，當選中共中央總書記後的講話。2022 年 10 月 24 日，《大公報》。

29. 〈弘揚偉大建黨精神和延安精神，為實現黨的二十大提出的目標任務而團結奮鬥〉（習近平在瞻仰延安革命紀念地時強調的話）。2022 年 10 月 28 日，《人民日報》。

30. 2023 年 6 月 19 日習近平會見美國國務卿布林肯時的講話。2023 年 6 月 20 日，《澳門日報》。

31. 王毅會見布林肯時的講話。2023 年 6 月 20 日，《澳門日報》。

第 12 章

中國怎樣才能引領和導向人類命運的進化及幫助避免自然世界的毀滅？

我在本書的前幾章內，集中討論了中國如何引領和導向世界進步及人類命運進化的有關問題。這些討論，我希望能夠如傑里米·里夫金（Jeremy Rifkin）最近出版的名為《韌性時代》（*The Age of Resilience*）的書一樣，幫助我們「重新思考人類的發展與進化」（Reimaging Existence on a Rewilding Earth）[1]。由於里夫金在他的《韌性時代》一書中所討論的問題，與本書內容所涉及的問題直接有關，所以讓我們先來看看里夫金在他的書中所提出的觀點，然後我再作評論。里夫金的基本觀點，我們可以從該書的中文版的封背上的「內容簡介」，扼要地得到一個概要了解。

「[I] 病毒不斷湧現，氣候逐步變暖，混亂程度正在不斷加劇。追求效率、進步，曾經被認為是神聖不可侵犯的，現在正處於瀕死邊緣。一個強大的新敘事，即『韌性時代』，正在興起。

[II] 在進步時代，效率是組織時間的黃金標準，刺激我

們以更快的速度，甚至更短的時間，實現對地球資源的徵用和商品化，目標是增加人類財富。空間成為自然資源消耗的代名詞，而政府和社會的主要作用，是將自然作為財產進行管理。這使人類成為地球的主宰，但同時也導向了自然世界的毀滅。

[III] 在新的時代，效率開始讓位於個體的適應性，人類社會將從偏好增長轉向生態繁榮，從金融資本轉向生態資本，從生產力轉向可再生性，從過度消費轉向生態管理，從全球化轉向全球本土化。未來的人們將更加深刻地理解自己與自然的共生關係，我們每個人實際上都是一個有微生物和各種元素組成的生態系統。支持進步時代的陳舊的科學方法也被淘汰，讓位於一種稱為複雜自適應系統思維的新科學方法。同樣，超然的理性正在失去聲望，而同理心和親生命意識成為常態。

[IV] 在我們對未來感到迷茫的重要時刻，《韌性時代》為我們打開了一個充滿希望的新世界，幫助我們重新思考人類的發展與進化。」(1)

（*註*：為了方便展開對以上的「內容簡介」的討論，我把以上的「內容簡介」加了四個羅馬數目字：I、II、III、IV，作每段文字的標記，方便下面的討論。）

從里夫金的《韌性時代》一書中，我們可以看到，他似乎主要想說明兩個問題，即：

1. 西方資本主義社會或資本主義國家的發展，以及構建西方現代化文明的推手，主要靠的是「追求效率」。即是說，用「追求效率」來推動發展，達致「進步」和進入現代，形成現今我們所熟悉的所謂「進步時代」（Age of Progress）。（見以上「內容簡介」的第 I、II 段。）

2. 「追求效率、進步，曾經被認為是神聖不可侵犯的，現在正

處於瀕死邊緣。一個強大的新敘事，即『韌性時代』，正在興起。」而構建「韌性時代」的關鍵是，要有綠色發展理念。（*註*：一個強大的新敘事，即『韌性時代』，為什麼會興起，這在「內容簡介」的第 III 段，具體扼要地作出了介紹。）

　　那麼「一個充滿希望的新世界」即，里夫金所說的一個「韌性時代」的形成，是否真的能夠幫助我們解決所有的問題（譬如：不要讓我們「對未來感到迷茫」或被導向「自然世界的毀滅」）？這的確是一個值得我們「重新思考人類的發展與進化」的極其重要的問題。具體一點來說，這涉及到一些我們人類必須予以正視和解決的問題，例如：人類文明和世界文明可以怎樣持續發展下去？人類的繼續生存需要面對哪些天災、人禍的風險？以及地球上的「生物圈」（Biosphere）會否被我們人類在追求「效率、進步」期間，有意（例如搞核競賽而導致引發核戰爭）或無意地（例如在各種激烈的意識形態、科技、工業、貿易等的競爭中）被毀滅，而影響我們人類命運的進化以及人類的生存？

　　現今大家都清楚知道，中國正在打造一個「習近平新時代」，其目的是要把「中國特色社會主義」，引領和導向致建立一種「人類新文明」。至於這種人類新文明的構建，習近平在「七一」的講話中指出，包含兩項非常重要的內容（*註*：又被稱為「雙創」內容），即：***(1)*「*創造中國式現代化新道路*」，及** ***(2)*「*創造人類文明新形態*」**。（*註*：「七一」是指 2021 年 7 月 1 日的慶祝中國共產黨成立 100 週年。）

　　下面讓我們先看一下什麼是「中國式現代化新道路」，然後再看一下什麼是「人類文明新形態」。

「中國式現代化新道路」

洪銀興在他的《中國式現代化論綱》一書中指出：「現代化可以說

是當今世界的熱詞。它既指發達國家所走過的現代化歷程，又指發展中國家追趕發達國家的目標和發展進程。……世界上既不存在定於一尊的現代化模式，也不存在放之四海而皆準的現代化標準。每個國家都有自己的國情和自己的文化，各自的現代化道路和各自的特色，打上不同社會制度的烙印。首先，中國的政治制度、經濟體制和文化背景迥異於西方國家，現代化歷程不可能是西方現代化的『翻版』。中國式現代化是中國共產黨領導下的社會主義現代化。中國的現代化無論是其目標內涵還是道路，都要從中國國情出發，既要發揮自己的後發優勢，又要避開先行現代化國家所走過的彎路，走出一條有別於西方的社會主義現代化道路。其次，現代化不是一朝一夕就能完成的，需要經過長期的努力。在不同的發展階段，有不同的發展格局，中國式現代化道路就會有相應的守正和創新。在新發展階段貫徹新發展理念的現代化道路，可以說就是中國式現代化的新道路。」[2]

　　而中國式現代化的特色和創新之處，是「強調以共用推進共同富裕的社會主義特色；堅持新型工業化、信息化、城鎮化、農業現代化『四化同步』的內容特色；突出創新和綠色發展的道路特色；和突出國家治理體系和治理能力現代化的制度特色。中國式現代化道路，不僅是馬克思主義經濟學說，同中國具體實際相結合的道路，也是現代化的一般理論，與中國國情相結合的道路。這是發展中大國特有的現代化之路。」[2] 如果中國「堅定不移沿着中國共產黨人開創的中國式現代化新道路前行」[2]，那麼在「本世紀中葉我國必將建成富強民主文明和諧美麗的社會主義現代化強國。」[2] 換言之，可以這樣說，*中國要建立的是一個「人與自然和諧共生的現代化」強國，最終形成一個尊重自然、順應自然、保護自然的文明，一個讓自然生態美景能夠永存人間的人類命運共同體文明。*（同時請見拙著《怎樣提升人類命運的進化？構建：中華新文明、世界新文明、人類命運共同體文明》，以及下面的有關討論。）

「人類文明新形態」

從以上的論述，我們可以看到若「中國式現代化新道路」和「人類文明新形態」（同時請見拙著《怎樣提升人類命運的進化？構建：中華新文明、世界新文明、人類命運共同體文明》的有關論述），聯繫在一起，就會形成一種嶄新的發展理念，而這種新發展理念的重點是：「崇向整體與協調」的發展，讓人類可以共同來推動中國文明及世界文明在多形態和多方面的發展，包括：物質文明、政治文明、精神文明、社會文明、生態文明等的多形態和多樣性發展。而這些文明的建立，我在拙著《怎樣提升人類命運的進化？構建：中華新文明、世界新文明、人類命運共同體文明》一書中把他們歸類為三種新文明形態，即：中華新文明、世界新文明、人類命運共同體文明。而這三種新文明的建立，我認為與里夫金所看到的「韌性時代」的內涵，和希望能達致的「韌性時代」，基本上是頗一致的。因為，*大家都在追求和希望能造就及維護一個「人類能繼續生存和可持續發展」的新文明*（a resilient and sustainable future human civilization）。換言之，這一概念是等同習近平正在推動構建的「文明新形態」，也等同我所說的「中華新文明、世界新文明、人類命運共同體文明」，以及里夫金所希望看到的「韌性時代」文明。這三種理念，我認為可被看作為一種「殊途同歸」的現象吧！但這三種理念，由於出發點、觀點和角度不同，也存在着差別。下面就讓我先來解釋一下，現今中國正在構建的新文明形態，到底是怎樣的？然後，再與「韌性時代」文明作比較，看看他們之間會有哪些差別。這樣我們就容易理解和懂得怎樣去更好地維護一個未來「具韌性」、「能繼續生存」、「賡續進化」、及「可持續發展」的人類世界，及其所彰顯的「文明新形態」和「新時代特徵」。

引領和導向人類文明新形態的建立

習近平在「七一」的講話指出:「我們堅持和發展中國特色社會主義,推動物質文明、政治文明、精神文明、社會文明、生態文明協調發展,創造了中國式現代化新道路,創造了人類文明新形態。」那麼我們要問,中國現今所創造的人類文明新形態,到底與現存的西方資本主義文明,有什麼區別?

陳學明等在《走向人類文明新形態》一書中指出:「人類文明新形態與資本主義文明相比較,從表面上看有許多相似之處,因為人類文明新形態,確實是在吸收和借鑒資本主義文明形態的基礎上所形成的。但實際上,兩者還是截然不同的。人類文明新形態所具有的一系列內涵和特徵,是資本主義文明根本不可能具備的。例如,在政治上堅持中國共產黨的領導;在經濟上堅持社會主義市場經濟體制,走共同富裕之路;在文化上堅持以人民為中心,人民群眾既是美好生活的期待者、建設者,又是美好生活的享受者;在社會上堅持公平正義,推動社會全面進步和人的全面發展;在生態上堅持人與自然和諧共生。所有這些,我們在資本主義文明狀態下能夠見到嗎?這裏特別要指出的是,在人類文明新形態下,也能看到在資本主義文明狀態下的那種市場和資本,但是在人類文明新形態下,人民絕不是被市場和資本所統治,而是更強調以人民為中心,讓市場和資本服務於人民群眾,這就是人類文明新形態對資本主義文明的揚棄與超越。另外,資本主義文明顯然是一種『單向度』的文明,它所注重的主要是物質財富的增加,而在人類文明新形態下,物質文明、政治文明、精神文明、社會文明、生態文明將獲得全面、協調發展,人類文明新形態將資本主義『單向度』的文明改造成一種『全面、協調、和諧』發展的文明。相應地,生活在人類文明新形態下的人們也不再是資本主義文明狀態下的那種『單向度』的人,而是成為自由、全面發展的人。」[3]

而所謂成為「自由、全面發展的人」,我認為,當然仍然逃避

不了會受到人的自身身體、能力等的限制，例如，基因遺傳、生理、腦力等方面的差異性限制。不過，正如里夫金在《韌性時代》中所指出，在西方「自啓蒙運動以來，直到『進步時代』誕生，自由的概念一直引導着政治對話，也成了各種治理方法的基礎。」[1] 但現今這種對「自由」的概念，需要從根本上作出反思。

里夫金指出：

「自由的呼聲與工業革命和資本主義的興起密切相關。從羅馬帝國衰落到 13 世紀農業時代原始工業革命的跡象首次出現，歐洲一直被天主教會和教會神職人員比較鬆散的統治着，再往下的階層排序是各國國王及王室、各地方公國的王公貴族和各郡的領主，而處於社會金字塔最底層的是居住在這些人的土地上的農奴。

在這個結構嚴密的封建世界裏，農奴是名副其實的土地附屬物，不能逃離。他們被指定住所，過着被奴役的生活。他們對所屬的莊園領主完全忠誠。他們的忠誠本質上是出於一種敬意，即嚴格服從領主的命令並為領主提供服務。

15 世紀在英國開始的大規模圈地運動，標誌着人與土地的關係發生了根本變化。英格蘭和後來整個歐洲大陸的議會法案，允許當地領主出售部分土地，他們將土地轉變為財產，減少的土地成為可銷售的商品，同時大批農奴被趕出住所。人與土地的關係發生這種突然變化有很多原因，但最重要的是，土地利用的商業前景的出現——由於新興的紡織行業需要大量羊毛，土地被用於放牧更為有利可圖。紡織業成為最早進入農業工業革命（agrarian industrial revolution）的行業，隨後又很快進入了紡織品的工廠生產階段，標誌着現代工業革命的開始。

數以百萬計的農奴被從土地上趕走，他們被告知從此可以自由地簽訂勞動合同以獲得補償，從而開了原始工業勞

動力（proto-industrial workforce）的先河。封建崇拜黯然退場，取而代之的是個人自由（individual freedom）。可以合理地假設，對數百年來一直依附於土地的廣大農奴來說，他們的家庭安全來自他們所依附的土地，無論之前他們的處境多麼悲慘，現在這種突然的變化——脫離土地——對他們而言是災難性的。自由、學習如何在發展中的市場上討價還價、簽訂勞動合同——這些都意味着什麼？

　　隨着自由而來的是自治（autonomy）——這個概念以前僅適用于皇帝和國王，再低一點兒也適用於王公和領主。由此，自由和自治將並駕齊驅，一起進入現代。自治就是自由，自由就是自治。但自治是一種獨特的自由。這種貫穿『進步時代』的自由形式是一種消極的自由——它是一種排他的權利，是自給自足的權利，不虧欠和依附他人，是自我的孤島——直到最近才有所改變。

　　這種傳統的自由概念在 X 世代、千禧一代和 Z 世代人群中顯得越來越格格不入（alien concept）。他們成長的世界正在從所有權（ownership）轉向訪問權（access），從交換價值（exchange value）轉向分享價值（share value），從市場轉向網絡，從對排他性的癡迷（obsession with exclusivity）轉向對包容性的熱情（passion for inclusivity）（註：用較為通俗的說法，就是已達致『你中有我、我中有你』的狀態）。

　　他們理所當然地認為，自由的本質是訪問和包容性，而不是自治和排他性。他們根據在全球所能參與的平台的廣泛程度，來判斷自己的自由程度。他們心目中的包容性是橫向管理和廣泛佈局的，通常包含性別、種族、性取向，甚至是與我們同處在一個星球的所有同胞（our fellow creatures）的關係。對數位化的一代人（digital generation）而言，自由就是能夠參與地球上所有豐富多樣的能動性。」[1]

　　這種能動性的形成和出現，我認為，已可以被視作「成為自由、全面發展的人」的一個開始或雛型。

　　現在，轉回來再說一說資本主義「單向度」的文明。上面陳學明等所指的「資本主義『單向度』的文明，它所注重的主要是物質財富的增加」，而支撐這一「單向度」文明的基礎，在里夫金的眼中，是因為在這「進步時代」（Age of Progress）（註：相當於陳學明等所說的「資本主義文明形態」時代），「在時間維度上左右整個進步時代的是『效率』──追求對『自然資源』的侵佔、消耗和摒棄進行優化，如此一來，增加社會物質財富的速度越來越快，用時越來越短，但代價是自然資源本身的枯竭。我們個人的時間取向和社會的時間節奏，無不以效率為準繩。正是效率讓我們登上了地球優勢物種的制高點，但也是效率把自然世界推向毀滅。」[1] 在這一點上，陳學明等及里夫金所要批判的目標是頗為一致的；只是陳學明等所批判的對象，是資本主義的「單向度」問題，而里夫金則把這一問題，歸究於資本主義所追求的「效率第一」。而解決這一個問題的辦法，里夫金建議應讓西方資本主義所造就的「進步時代」讓位於「韌性時代」（見上面的「內容簡介」[III] 內里夫金所提出的辦法），來繼續鞏固資本主義。而陳學明等的解決辦法，則清楚指出，「在人類文明新形態下，物質文明、政治文明、精神文明、社會文明、生態文明將獲得全面、協調發展，人類文明新形態將資本主義『單向度』的文明改造成一種『全面、協調、和諧』發展的文明」。*這就相等於我在拙著《怎樣提升人類命運的進化？構建：中華新文明、世界新文明、人類命運共同體文明》一書中，所強調的構建「中華新文明、世界新文明、人類命運共同體文明」所需要建立和堅持的理念。而這一理念，綜合地來說，就是必須包括「創新、和諧、協調、全面、和平、綠色、多樣性、具韌性、可持續發展等」概念。*

　　最後在這裏，我還想根據里夫金所提出和觀察到的，一些對人類未來發展所擔憂的問題，作出一些初步的評論和回應。但由於

篇幅的限制，只能夠舉幾個例子說明一下。

1. 怎樣才能讓這一地球生命大家庭繼續健康地進化

里夫金在他的《韌性時代》一書中指出：「不論是東方還是西方，都將迎接韌性時代的到來。千百年來，人類一直試圖讓自然屈從我們的欲望，現在，我們的觀念才剛剛開始轉變。我們將再一次像遠古的祖先和其他生物那樣，重新學習如何使我們這個物種適應自我組織和不斷進化的地球。人類在地球上既不特殊也不應該有特權，而應該與其他生命共存，大家共同構成了地球生命進化的大家庭。」[1] *但怎樣才能讓這一地球生命大家庭繼續健康地進化，我想唯一的辦法就是必須保持人類文明的多樣性，而要保持人類文明的多樣性的唯一辦法，就是要科學地認知，正確地引領和導向，構建人類命運共同體文明，盡一切努力發揮人類的適應力、創造力和創新能力，讓人類能夠朝着健康、有序、進化的方向發展。* 而這一觀點，里夫金似乎並沒有真正地去研究或認知（因為他在書中沒有提及要這樣做），而中國正在構建的人類命運共同體，是可以解決他在這方面的擔憂的。因為，構建人類命運共同體，依照我的看法，正是*一種使人類可以有序地發展、適應和進化，而避免陷入一種無序的人類自我摧毀或難以持續的發展*（註：這是我用里夫金根據熱力學定律悟出來的道理，同時見下面的有關討論）。這不就是里夫金想見到的情況嗎？但遺憾的是，他却無法看到這一點，是「捉到鹿不會脫角」！？

2. 我們應怎樣有效治理一個社會有機體

里夫金在他的《韌性時代》一書中說：

> 「我們要對治理的本質，和我們如何將自己視為一個社會有機體，進行新的思考。在韌性時代，自己的性質已經從對自

然資源的『主權』佔有，轉變為對區域生態系統的管理。就其本身而言，生物區域治理變得更具分佈性，社區承擔着適應和管理地球生物層，上下延伸 19 公里的範圍的責任，這裏有岩石圈、水圈和大氣層，也是地球上的生命綻放的區域。

　　長久以來，我們打破了文明與回歸自然之間的壁壘，而在這個截然不同的世界，『代議制民主』一直被認為是最公平和最具包容性的治理模式，現在，它被認為越來越背離人類每個成員都必須親近自然的要求。隨着年輕一代成為生態區域治理的積極參與者，『代議制民主』已經開始逐步為『分佈式同行治理』讓路。

　　在這個思潮新興的時代，作為治理的旁觀者，原本勤勞高效的公民唯一的任務，是給一小群民選官員投票，讓他們來代表自己的利益。如今，這些公民將部分權力交給了那些積極的、由同行領導的、致力於管理他們所居住的生物區域的公民大會。這已有先例，譬如許多國家傳統上都建立了公民陪審團制度，陪審員們被要求在刑事和民事案件中，對同為公民的被告做出有罪或無罪的判斷。」[1]

　　里夫金從分析西方資本主義社會中看到，我們人類在治理一個社會有機體的效率是很不成功的，並且是在趨向一種無序和具破壞性的方向發展。而他們所依靠的所謂「代議制民主制度」，並不能解決治理一個向無序和具破壞性方向發展的社會有機體的問題。這我們可以從現今許多西方國家，經選舉冒出來的眾多所謂「綠黨」，以及支持他們的「生態區域治理」的各種所謂「環保組織」、「綠色團體」的，完全不稱職、糟糕的行為，和有心無力的表現中，看得一清二楚。而*中國則不一樣，由於國家管理制度的有序性和優越性，已能夠很有效地用「國家之力」來解決治理一個社會有機體的問題。借用里夫金的說法，即中國已能和正在對多個「生態地區」（ecoregion）或「生物集散地區」（bioregion）作出全面有*

效的治理。(*註*：例如：治理長江、黃河，改變沙漠，解決絕對貧困，實行鄉村振興，走中國式現代化道路等「國之大者」之事。這些我在本書的其他章節內已經提及，這裏不贅。)

很明顯的，如果要治理好一個社會有機體，單靠西方國家所採用的頭痛醫頭的辦法，是難以成功的。因為西方國家的治理弱點、問題、瓶頸，以及所要面對的各種限制，主要是出在政治制度和經濟體制不夠完善，個人主義的過度膨脹，以及為政者(或政黨)的自私和貪婪，使人心走向無序化。但可悲的是，里夫金並沒有看到這一點。(*註*：我認為他應該看到，但他在他的書中並沒有指出，不知是原因何在？)

3. 對里夫金特別論及的幾個其他問題的商榷

里夫金在他的《韌性時代》一書中說：「具有諷刺意味的是，與其他生物不同，我們這個物種具有羅馬兩面神的特徵。我們既是攪局者，也是療愈者。幸好我們的神經回路具備一種特殊品質——移情衝動（the empathic impulse），這已經顯示出自身的彈性和無限延展的能力。正是這種稀有而珍貴的屬性得到進化，人類才能在攪局者與療愈者的角色轉換中，一次次攀上人性的巔峰。近年來，青年一代開始將移情衝動(the empathic impulse)擴展到其他生物身上，它們都屬於進化家族的成員。這就是生物學家所說的『親生命意識』(biophilia consciousness)，即前方新征程上一個充滿希望的跡象。」

「人類學家告訴我們，人類是地球上適應性最強的物種之一。*問題是，我們是否會利用這一決定性的屬性，以謙遜、正念和批判性思維重返大自然的懷抱，讓人類和生物大家庭再現繁榮。*」[1](*註*：「*讓人類和生物大家庭再現繁榮*」，並不是指讓人類或其他生物的數量（quantity）無限地增長，造成一種失控的狀態，而是達致一種人類和其他生物以及各種生物物種之間的一種適度*

的平衡（*optimal balance*）。因為只有這樣，生物才具有生存的韌性和可持續發展的能力。這是一條科學規律（*law of nature*），必須嚴格遵守。）

「從讓自然適應人類到讓人類適應自然的巨大轉變，要求我們放棄傳統的培根式的科學研究方法（traditional Baconian approach to scientific inquiry）（*註*：這種方法強調攫取自然的秘密並視地球為人類專屬消費的資源和商品），取而代之的是，我們需要掌握一種全新的科學範式——新一代科學家稱之為複雜的適應性社會/生態系統思維（complex adaptive social/ecological systems modelling，或簡稱 CASES）。這種新的科學觀方法論，把自然視為『生命之源』而不是『資源』，並把地球視為一個複雜的自組織和自進化系統（a complex self-organizing and self-evolving system）。我們無法提前知曉這個系統的運行軌跡，因此*需要的不是先入為主，而是一種預判和保持警覺的適應性方法*。」[1]（*註*：這最後的一句話，我認為翻譯得不夠準確，所以把原話抄錄在下面，給大家參考："requires a science of anticipation and vigilant adaptation rather than forced preemption"。）

事實上這種做法，中國已能做到（這我在下面還會談到）。因為面對着自然環境，中國的治理理念和戰略，就是要對自然環境的利用和變化，*恆常地作出「科學預判和積極適應」*（特別是現今有了大數據的幫助）。中國的做法，不就是里夫金想要見到的 "a science of anticipation and vigilant adaption" 嗎？

現在再轉回來，看一下里夫金其他的一些話。因為他的這些話中，有頗多的地方（和觀點）是值得商榷的。

1. 里夫金說：「幸好我們的神經回路具備一種特殊品質——移情衝動（the empathic impulse）」。

　　根據字典對 empathy 的解釋，應為：「有同感；產生共鳴；表同情；同理心。」這裏譯者把 empathy 翻譯成「移情」，

比較特別；我則喜歡用「同理心」來翻譯 empathy。但這不是我要商榷的重點。我只是想指出，「同理心」（或「移情」）不太可能是一種「衝動」現象。「同理心」的形成，應是一種「理性」的東西，而不是一種純「感性」的東西。「同理心」的形成，是需要經過換位思考，通過長期的實踐，經驗的累積，理性的分折，以及得到正確的思想引領和導向，才能形成和出現的，而不是靠一時的衝動或頭腦發熱，就能形成和出現的。

2. 里夫金說：「我們需要掌握一種全新的科學範式——新一代科學家稱之為複雜的適應性社會/生態系統思維（complex adaptive social/ecological systems modelling）」。

這一範式所用的語言和表達方式，本身太複雜、太難懂、太術語化（jargonized）了。扼要地說，我認為*這一範式與中國所倡導的要構建「生態文明」+「人與自然和諧共生命運共同體文明」的概念，非常接近。而這一工作，人類必須共同一齊來掌握「這種新的科學觀方法論」，然後長期堅持地去做，才能成功。*

在書中，里夫金指出有一點，我認為是值得引起我們重視的，那就是根據現今許多新的發現，證明人類自身的發展和進化，並不完全是依靠或受到「基因」的控制和調節的，「還有另外兩個（*註*：將來還會發現更多的）主要功能機制——生物鐘（biological clocks）和電磁場（electromagnetic fields），它們幫助協調地球上所有物種的生命模式，而且共同補充了關於生命如何在地球所有其他機制功能中進化的重要信息。」[1] 根據里夫金所指出的這些新論據，我覺得人類的多樣性的存在形式，並不是一種無序的，而是受着人類自身多種功能影響和導向的結果。由於這種導向並非是無序的，而是非常有序、和諧及協調的，所以，這就導使*人類擁有強大的適應能力和主觀能動性*。為此有必要把我以上所提

供的*人與地球共同進化（**co-evolve**）的範式，作進一步的優化，即將：「生態文明」 ＋ 「人與自然和諧共生命運共同體文明」的概念，改成為：「人類的有序協調、適應及進化的多樣性」 ＋ 「生態文明」 ＋ 「人與自然和諧共生命運共同體文明」的概念。*

3. 里夫金指出：「新的科學觀方法論把自然視為『生命之源』而不是『資源』，把地球視為一個複雜的自組織和自進化系統。」

　　我同意把自然視為「生命之源」而不是「資源」，但把地球視為一個複雜的自組織和自進化系統，我則認為有商榷餘地。所謂「自組織」（self-organizing），假如依照熱力學第一定律和第二定律，那麼地球本身（或作為一種能量狀態（energy state）來看待）根本是無所謂「自組織」、「自進化」，更不是什麼系統，而只是「能量」（energy）不定地從有序到無序地在變化，而呈現的不同狀態。而「能量」的變化規律，根據熱力學第一定律和第二定律，就是不斷地「從有序流向無序」（*註*：注意「在宇宙中的所有能量都是恒定的，自大爆炸產生以來就一直是如此——重點是，能量既不能被創造，也不能被消滅。宇宙的總能量將一直存在，直到時間的盡頭。」而所謂時間的盡頭，對人類來說，應該就是太陽的熱能或光能消滅的那一刻吧！）。換言之，假如我們一定要用「組織」這一概念，那就是說：地球本身遲早將會從有組織變成無組織。而如果要把地球現在的一切保存下來（包括岩石圈、水圈、大氣層、生物圈等）的話，那就得靠人類去加以組織和維護，而不是靠地球自身去組織和維護。假如人類沒有這智慧去引領把地球系統好好地組織和管理起來，而只是不斷地去破壞其現存的組織和系統，那麼地球當然也就沒法「有序」地進化了。所以，如要保證地球可以有序地進化，首要的是必須保證人類自身的進化，然後再讓人類與地球和

平共存、協調發展、共同進化。而要做到這一點，唯一的辦法就是必須把「人類命運共同體文明」建構好。

4.　里夫金指出：「隨着工業生產的出現，經濟學家將目光投向了擴大資本和提高勞動力效率，並把它們視為創造生產力和利潤的關鍵要素。新的資本主義工業體系和描述其運作方式的經濟學家，已經遠遠偏離了重農主義者的早期願景，資本主義經濟學家很少考慮自然資源的財富屬性，更多考慮的是資產資本和勞動力因素在提高效率、生產力和收入方面所起的作用。但隨後出現了一個障礙。這些早期的經濟學家逐步認識到，『看不見的手』根本沒有觸及他們所謂的『邊際效用遞減原則』。」（註：The Law of Diminishing Marginal Returns，包括：生產邊際效益遞減（diminishing marginal returns on production）和消費邊際效用遞減（diminishing marginal utility of consumption）。）

在古典經濟學誕生之初，阿內·羅貝爾·雅克·杜爾哥（Anne Robert Jacques Turgot）是第一個發現供給側邊際收益遞減規律的人。他認為，生產者總是面臨達到產能利用水平最優化的預期，一旦實現後，再單獨追加的每一個生產要素都會導致單位利潤增量回報下降。」[1] *看來，這一個不但是資本主義要解決的問題，也是社會主義要解決的問題。假如這一個問題不能得到有效解決，那麼能源的浪費和地球資源的損害，將非常之難可以得到補救。甚至可以說，後果將不堪設想！*

5.　最後需要問一個問題，那就是：「大自然是否人類取之不盡，用之不竭的原材料來源？」對於這一個問題，里夫金是這樣回答的。他指出：「我們靠掠奪大自然來維持消費，沉緬於發明新的技術來提高效率，目的是把『自然資源』（natural resources）轉化為我們短暫的消費狂歡，眼裏只有成本效益分析和增加收入——那麼會產生什麼後果呢？用熱力學的

術語來說，在工業資本主義統治下的兩個半世紀中，人類所獲得的短期經濟收益與隨之而來的熵（entropy）增加的代價相比，顯得既微小又短暫，但由此留下的印記和負外部性（negative externalities），將對地球產生永久的影響。」[1]

很明顯的，這種影響當然只可能是壞，而不可能會是好。這就是為什麼現今中國，不但要解決現在人類要面對的問題和挑戰，同時，還必須要解決人類需要面對的各種長遠問題及挑戰。因為只有這樣，才能讓我們的地球和人類，不但可以持續發展和進步，並且還可以有序地進化。這裏必須指出：「進步」和「進化」是有區別的。他們的區別在於，從熱力學的角度來看，如只追求「進步」，那麼就會出現兩種情況：「有序」或「無序」的情況；而出現「無序」的情況，則要比出現「有序」的情況多，這樣對地球和人類造成的損害，相對來說將會更大。這就是為什麼里夫金希望看到「進步時代」應被「韌性時代」取代的原因。而「進化」一般來說，則是需要避免陷入「混亂」、「無序」發展的陷阱。所以人類的「進化」是需要有正確的思想引領和導向，才可以避免陷入「無序」發展的陷阱。這就是為什麼里夫金建議，我們必須重新思考人類的發展和進化。而他在書中所提出的辦法，就是要打造一個「韌性時代」。但我認為，*如果我們人類真的要打造一個新時代或新文明，那麼我們就必須首先做到 (1) 建構好各種人類命運共同體；(2) 構建大家公認的多種優良政治制度和經濟體制；(3) 要尊重和相信科學，並用科技的力量來推動人類的進步和進化；(4) 用積極、進取、開放及支持的心態來對待創造和創新；(5) 要建立一種世界性的，可以被全人類接受的思想道德引領和導向體系*。我相信，只有這樣，我們才能成功地構建一個（包括里夫金所想要見到的「韌性時代」）具韌性和可持續發展的「人類命運共同體文明」或「人類命運共同體文明時代」（請見拙著《怎樣提升人類命運的進

化？構建：中華新文明、世界新文明、人類命運共同體文明》
一書的有關論述）。

最後需要指出，里夫金所希望見到的「韌性時代」這一概念，
本身的意念是很好的，是想見到一**種使人類可以有序地進化，而避**
免陷入一種無序的人類自我摧毀或難以持續的發展。但可惜的是，
他所提供的根據和理由，則過於單薄和狹窄。他似乎把所有的理據
都建基於人類的「同理心衝動」（the empathic impulse）。而並沒有
認真地去考慮，中國在這方面正努力在做的和開創的工作。

下面就讓我簡要地介紹一下，中國在這方面的工作。

我先引用在《人民日報》發表的一篇題為〈破解時代之問、
引領發展之路〉的評論文章的一些內容，作扼要的介紹。

「1. 引領共同發展的方向

　　人們更加深刻地認識到，世界之變、時代之變、歷史之
變正以前所未有的方式展開。

　　放眼當今世界，全球經濟脆弱、地球政治緊張、全球治
理缺失、南北差異拉大、氣變危害加劇、糧食和能源危機疊
加、大國金融政策負面外溢顯現……焦點、熱點、難點問題
層出不窮，貧困、分裂、動盪有增無減。和平還是戰爭？發
展還是衰退？開放還是封閉？合作還是對抗？兩股力量激
勵交鋒，『世界向何處去』的時代命題亟需答案。

　　一次次攸關人類社會發展的關鍵當口，總有洞察時代
之變的中國主義主張，為世界共同發展提供智慧、注入力量。

── 面對單邊主義、保護主義抬頭，習近平主席態度鮮明：
『搞保護主義如同把自己關進黑屋子，看似躲過了風吹雨
打，但也隔絕了陽光和空氣。打貿易戰的結果只能是兩敗俱
傷。』

── 面對世界上『脫鈎』、『斷鏈』的雜音，以鄰為壑、零和

博弈的思維，打造『小院高牆』、搞封閉排他『小圈子』的行徑，習近平主席強調：『經濟全球化是時代潮流。大江奔騰向海，總會遇到逆流，但任何逆流都擋不了大江東去。動力助其前行，阻力使其強大。

—— 面對如何建設疫後世界、如何應對人類發展面臨的重大挑戰，習近平主席提出『推動更加包容的全球發展』、『推動更加普惠的全球發展』、『推動更有韌性的全球發展』……

中國是一個對促進全球可持續發展具有全面願景和規劃的大國。

縱觀歷史，人類社會正是在戰勝一次次考驗中成長、在克服一場場危機中發展。『充分利用一切機遇，合作應對一切挑戰』『人類只有一個地球，人類也只有一個共同的未來』。……習近平主席多次向世界發出呼籲，以對話代替衝突，以協商代替脅迫，以共贏代替零和，把本國利益同各國共同利益結合起來，努力擴大各國共同利益匯合點，建設和諧合作的國際大家庭。

2. 匯聚開放融通的力量

「當今世界，人類命運與共，各國不是乘坐在 190 多條小船上，而是乘坐在一條命運與共的大船上。堅持拆牆而不做牆、開放而不隔絕、融合而不脫鉤，推動構建開放型世界經濟，才能頂住全球性危機的驚濤駭浪。

下大力氣發展全球互聯互通，讓世界各國實現聯動增長；構建開放新型世界經濟，促進貿易和投資自由化便利化；推動經濟全球化朝着更加開放、包容、普惠、平衡、共贏的方向發展。

2022 年 11 月，在第五屆進博會開幕式上，習近平再次向世界宣示中國主張——『我們要以開放紓發展之困、以開

放滙合作之力、以開放聚創新之勢、以開放謀共用之福，推動經濟全球化不斷向前，增強各國發展動能，讓發展成果更多更公平惠及各國人民。』

　　『當今世界，和平合作、開放融通、變革創新的潮流浪浪向前。』始終支援經濟全球化『堅定實施對外開放基本國策』、『推進高品質共建「一帶一路」』、『進一步融入區域和世界經濟，努力實現互利共贏』——開放自信的中國始終以自身新發展為世界提供新機遇，始終站在歷史正確的一邊。

3. 開創命運與共的未來

　　2022 年 11 月初，聯合國大會裁軍與國際安全委員會先後表決通過『防止外空軍備競賽的進一步切實措施』『不首先在外空放置武器』『從國際安全角度看資訊和電信領域的發展』三項決議，其中均寫入中國提出的人類命運共同體理念，這是聯大決議連續六年寫入『人類命運共同體』理念。

　　世界上的問題錯綜複雜，解決問題的出路是維護和踐行多邊主義，推動構建人類命運共同體。此時，我們更清楚地認識到全人類的命運緊密相連。我們是同處一個星球的人類命運共同體。

　　『大道之行也，天下為公。』中國始終堅持維護世界和平、促進共同發展的外交政策宗旨，致力於推動構建人類命運共同體。

　　2021 年 9 月，習近平主席在第 76 屆聯合國大會一般性辯論上提出全球發展倡議，宣導各國堅持發展優先，堅持以人民為中心，堅持普惠包容，堅持創新驅動，堅持人與自然和諧共生，堅持行動導向。

　　面對紛繁複雜的國際局勢和地緣衝突加劇的嚴峻現實，習近平主席 2022 年 4 月又再提出全球安全倡議，為應對國際安全挑戰、實現世界長治久安提出中國方案。全球安全倡

議宣傳到協同合作的發展方式，這超越了通過強權競爭與軍備競賽來實現自身安全最大化的零和思維。

　　『世界好，中國才能好；中國好，世界才更好。』構建人類命運共同體理念凝續日益廣泛的國際共識，形成世界各國人民建設美好世界的最大公約數，展現出強大的生命力和感召力。」[4]

中國發展的長期影響

看待中國的發展，不僅要看短期數據，更要看長期大勢及經濟等韌性。而這韌性是來自：(1) 統籌的能力及力度；(2) 高質量發展；及 (3) 人民的共同富裕。

　　2023 年 1 月 5 日《人民日報》的一篇評論文章指出：「習近平總書記強調：『政策和策略是黨的生命。』經濟社會發展是一個系統工程，必須綜合考慮政治和經濟、現實和歷史、物質和文化、發展和民生、資源和生態、國內和國際等多方面因素，對各方面政策進行統籌，實現相互支撐、促進。」[5] 特別是要搞好「六個統籌」，即是：綜合部署統籌經濟政策、財政政策、貨幣政策、產業政策、科技政策、及社會政策。

　　而至於高質量方面，中國一再強調，要「牢牢把握高品質發展這個首要任務，各方面政策都要同向發力、互補協同，共同服務於高質量發展大局。」[5] 而有關共同富裕的問題，這我在本書內的其他章節已作出討論，這裏就不再重複了。

　　最後，作為總結，正如我在前面所指出的，如果要創建一個「韌性時代」，我們只有構建「人類命運共同體文明」這一條路可走。而走這條路，用中國採用的辦法，我認為一定能夠成功，因為 (1) 有中央的引領和導向，就能把頂層設計搞好，把發展作全面考慮及整體協調地推進，而不會只去追求「效率」；(2) 跟着讓地方作

進一步的引領和導向，並具體地予以配合和貫徹落實；(3) 同時相信市場，讓市場產生活力，不斷地來引領和導向，推動及支持各種類型和社會各層面的創造和創新性的發展（特別是在科技方面的）。

中國以上的做法，里夫金在他的書中完全沒有提及。而缺乏考慮中國在多方面能夠提供給創造和建立「韌性時代」的要素和實踐經驗，依我的看法，是里夫金的《韌性時代》一書的最大敗筆。

而讓我更為失望的是，里夫金既然沒有考慮中國在多方面能夠提供給創造和建立「韌性時代」的要素和實踐經驗，那他又怎樣能把他所想要見到的所謂「韌性時代」，予以具體落實或實現呢？

在這裏讓我再舉一個有關「中國的綠色發展」的實例，說明一下。

在 2023 年 1 月 19 日，國務院新聞辦公室發佈了一份《新時代的中國綠色發展》白皮書。白皮書由七個部分組成，分別是：「堅定不移走綠色發展之路」、「綠色空間格局基本形成」、「產業結構持續調整優化」、「綠色生產方式廣泛推行」、「綠色生活方式漸成時尚」、「綠色發展體制機制逐步完善」、和「攜手共建美麗地球家園」。

白皮書強調指出：

> 「綠色是生命的象徵，大自然的底色，良好生態環境是美好生活的基礎，人民共同的期盼。綠色發展是順應自然、促進人與自然和諧共生的發展，是用最少資源環境代價取得最大經濟社會效益的發展，是高品質、可持續的發展，已經成為各國共識。
>
> 　幾千年來，中華民族尊重自然、保護自然、生生不息、繁衍發展，宣導『天人合一』是中華文明的鮮明特色。改革開放以來，中國把節約資源和保護環境確立為基本國策，把可持續發展確立為國家戰略，大力推進社會主義生態文明建設。

中國堅持綠水青山就是金山銀山的理念，堅定不移走生態優先、綠色發展之路，促進經濟社會發展全面綠色轉型，建設人與自然和諧共生的現代化，創造了舉世矚目的生態奇蹟和綠色發展奇蹟，美麗中國建設邁出重大步伐。綠色成為新時代中國的鮮明底色，綠色發展成為中國式現代化的顯著特徵，廣袤中華大地天更藍、山更綠、水更清，人民享有更多、更普惠、更可持續的綠色福祉。中國的綠色發展，為地球增添了更多『中國綠』，擴大了全球綠色版圖，既造福了中國，也造福了世界。」(6)

我認為，以上中國所做或正在努力做的這些工作，正是構建「韌性時代」必須有的內容和基礎。白皮書還強調指出，如要「保護生態環境、推動可持續發展」，這應是各國共同的責任。而中國是非常願意與「國際社會一道，同築生態文明之基，同走綠色發展之路，守護好綠色地球家園，建設更加清潔、美麗的世界。……作為世界上最大的發展中國家，中國秉持人類命運共同體理念，堅定踐行多邊主義，提出全球發展倡議、全球安全倡議，深化務實合作，積極參與全球環境與氣候治理，為落實聯合國 2030 年可持續發展議程，推動全球可持續發展，共同構建人與自然生命共同體，共建繁榮清潔美麗的世界，貢獻了中國智慧、中國力量。」(6)

以上中國所做的如此重要的事，里夫金在他的書中，卻完全不作介紹，實在非常奇怪！

我認為，如要想真正見到一個「韌性時代」的出現，那麼中國在多方面能夠提供給創造和建立「韌性時代」的要素和實踐經驗，是不可或缺的。而中國在這方面，無論是現在還是將來，所能起的引領和導向作用（註：中國現今還很具體地為生態保護劃了紅線），也都是非常重要及不可或缺的。

參考資料

1.　傑里米·里夫金（Jeremy Rifkin），鄭挺穎、阮南捷譯，《韌性時代：重新思考人類的發展與進化》（*The Age of Resilience: Reimagining Existence on a Rewilding Earth*）。2022 年，中信出版集團，第 XI，XVI，30–35，143–144，225–226 頁。

2.　洪銀興，《中國式現代化論綱》。2023 年，江蘇人民出版社，〈導論〉，第 1，16 頁。

3.　陳學明等著，《走向人類文明新形態》。2022 年，天津人民出版社，第 5 頁。

4.　〈破解時代之問、引領發展之路〉。2023 年 1 月 17 日，《人民日報》。

5.　〈更好統籌經濟政策和其他政策（人民觀點）〉。2023 年 1 月 5 日，《人民日報》。

6.　國務院新聞辦公室在 2023 年 1 月 19 日，發佈了《新時代中國綠色發展白皮書》，並同日上載《新華網》。白皮書的全文，可見 2023 年 1 月 20 日的《人民日報》。

第 13 章

中國正在加快步伐引領和導向世界未來的發展

2023 年 2 月 18 日,王毅在德國出席第 59 屆慕尼黑安全會議中國專場上,發表了題為「建設一個更加安全的世界」的主旨講話。下面我把這一篇講話全文抄錄下來,供大家參考,因為這一篇講話是顯示中國正在怎樣實實在在地,引領和導向世界未來的發展的一個極佳例子[1]。

王毅的講話全文如下:

「很高興時隔三年,再次來到慕尼黑安全會議現場,與各位新老朋友面對面交流。

我還清晰地記得,三年前,新冠疫情剛剛爆發之際,我率領代表團來到這裏,介紹中國一線的抗疫努力,呼籲各國同舟共濟,共克時艱。國際社會也給予了中國寶貴理解和支持,我對此深表感謝。

人類與新冠病毒長達三年的抗爭,揭示了一個樸素的真理,那就是習近平主席多次強調的,我們都是地球村的成員,同屬一個命運共同體。團結起來,我們才能戰勝挑戰;相互信任,我們就能取得勝利。

　　三年後的今天，雖然疫情得到了控制，但世界並沒有更加安全。大國互信日益缺失，地緣裂痕不斷擴大，單邊主義大行其道，冷戰思維捲土重來，能源、糧食、氣候、生物、人工智能等新型安全威脅接踵而至。

　　站在歷史演進的重要關頭，人類社會絕不能重走陣營對立、分裂對抗的老路，絕不能陷入零和博弈、戰爭衝突的陷阱。建設一個更加安全的世界，是各國人民的強烈願望，是世界各國的共同責任，更是時代前進發展的正確方向。

　　為了世界更安全，我們都要堅持尊重各國主權和領土完整。

　　強權政治、霸權行徑擾亂世界安寧，已成為國際和平面臨的最大破壞性因素。肆意干涉別國內部事務，無論編造什麼理由，都是對國際關係基本準則的無視和背叛。在台灣問題上違背一個中國原則，製造『一中一台』、『兩個中國』，無論做出什麼包裝，都是對中國領土完整的嚴重侵犯，也是對於台海和平穩定的現實威脅。

　　主權原則是當代國際秩序的基石，各國都應切實遵守，言行一致，不能選擇性適用，更不能搞雙重標準。中國將堅定遏制分裂干涉行徑，捍衛主權和領土完整。

　　為了世界更安全，我們都要堅持通過對話協商和平解決爭端。

　　國與國難免出現矛盾和摩擦，施壓抹黑、單邊制裁、往往事與願違，甚至貽害無窮。無論問題多麼複雜，都不應放棄對話協商；無論爭端如何尖銳，都應堅持政治解決；無論局勢多麼困難，都要給和平一個機會。

　　中國秉持習近平主席提出的共同、綜合、合作、可持續安全觀，根據事情本身的是非曲直，對國際爭端採取負責任態度，發揮建設性作用。中國在烏克蘭問題上的方針歸結為一句話，就是勸和促談。我們將為此發表『關於政治解決烏

克蘭危機的中國立場』，繼續堅定地站在和平一邊，站在對話一邊。

為了世界更安全，我們都要回歸聯合國憲章宗旨和原則。

當今世界面臨諸多動盪戰亂，根源正是憲章的宗旨和原則沒有得到真正的遵守。挑起意識形態對立，編織排他性小圈子，破壞了國際團結，阻礙了國際合作。誇大安全威脅，蓄意製造緊張，削弱了戰略互信，增加了誤判風險。

當務之急是，各方都應放棄本國利益優先的『小道理』，服從遵守聯合國憲章宗旨和原則的『大道理』。共同反對冷戰思維，共同抵制陣營對抗。

為了世界更安全，我們都要重視發展的關鍵作用。

世界不能富者恆富、貧者恆貧。必須加快落實聯合國2030 年可持續發展目標，切實保障世界各國特別是廣大發展中國家的正當發展權利，助力落後地區改善民生，振興經濟，標本兼治，消除滋生衝突的土壤。

世界更不應走上保護主義、脫鈎斷鏈的歧途。必須堅決抵制將貿易科技合作政治化、武器化、意識形態化的圖謀。各國人民都過上好日子，安全才能牢固和持久。

各位朋友，

建設一個更加安全的世界，是中國矢志不渝的追求。

去年底，中國共產黨舉行第二十次全國代表大會。習近平總書記莊重宣告，新時代新征程上，我們的中心任務就是以中國式現代化全面推進中華民族偉大復興。如何完成這一人類歷史上規模最大的現代化進程，中國的回答明確且堅定，那就是堅持走和平發展道路。和平發展不是權宜之計，更不是外交辭令，而是中國從歷史、現實和未來的深刻思考中作出的戰略抉擇。

回望過去，近代中國飽受侵略、擴張之不幸，深知和平

之寶貴、發展之重要。新中國成立之初我們就提出和平共處五項原則，70 多年來中國從未主動挑起一場戰爭，從未侵佔別國一寸土地，並且是世界上唯一將和平發展寫進憲法的國家，是五核國中唯一承諾不首先使用核武器的國家。中國的和平紀錄經得起歷史檢驗，中國的和平崛起開創了人類奇跡。

立足當下，實現高品質發展，讓中國老百姓過上更加幸福美好的生活，是中國黨和政府的第一要務。我們深知，要發展，就需要和平安寧的國際環境，就必須與各國和平共處，與世界合作共贏。我們始終高舉和平、發展、合作、共贏旗幟，致力於深化拓展平等、開放、合作的全球夥伴關係。

展望未來，和平發展是潮流所趨，人心所向。有人篤信『國強必霸』，認為中國強大起來就會拋棄和平發展。但中國已經用事實證明，這條和平發展道路不僅走得通，而且很成功，我們沒有理由放棄，還要更加堅定地走下去，團結更多國家一道走和平發展道路。中國的力量每增長一分，世界的和平就多一分希望；各國共同致力於和平發展，人類的未來就能充滿光明。

近年來，習近平主席洞察天下大勢，提出全球發展倡議和全球安全倡議，為解決人類面臨的和平與發展兩大難題提供了中國方案、貢獻了中國智慧。目前已有 100 多個國家和包括聯合國在內多個國際組織支持上述兩大倡議，近 70 個國家加入『全球發展倡議之友小組』。我願在此宣佈，中國將於近期發布《全球安全倡議概念文件》，解決全球安全難題提供更系統的思路，更可行的舉措，歡迎各國積極參與。

各位朋友，

建設一個更加安全的世界，當然也離不開中歐雙方的正確選擇。

中歐作為多極化進程的兩大力量，兩大市場，兩大文明，

我們作出的選擇對世界的走向舉足輕重。如果我們選擇對話與合作，陣營對立就不會形成；如果我們選擇和平與穩定，新的冷戰就打不起來；如果我們選擇開放與共贏，全球的發展繁榮就有了希望。這是我們的共同責任，是我們對歷史，對人類應當提交的答卷。

　　慕尼黑有一座聞名遐邇的和平天使雕像，既是人類對戰爭結束的紀念，更是對永續和平的期待。道雖遠，行則將至，事雖難，做則必成。我們應攜起手來，為建設一個更加安全的世界而共同努力。」[1]

正如王毅在上面的演講中所提到的，中國時外交部部長秦剛在 2023 年 2 月 21 日出席「全球安全倡議：破解安全困境的中國方案」藍廳論壇開幕式時，正式宣佈了中方的《全球安全倡議概念檔》（下面簡稱為《概念檔》）。

《概念檔》清楚說明了中國的全球安全倡議的背景、核心理念與原則、重點合作的方向等。

《概念檔》指出：「安全問題事關各國人民的福祉，事關世界和平與發展的崇高事業，事關人類的前途命運。

當前，世界之變、時代之變、歷史之變正以前所未有的方式展開，國際社會正經歷罕見的多重風險挑戰。地區安全熱點問題此起彼伏，局部衝突和動盪頻發，新冠疫情延宕，單邊主義、保護主義明顯上升，各種傳統和非傳統安全威脅交織疊加。和平赤字、發展赤字、安全赤字，治理赤字加重，世界又一次站在歷史的十字路口。

我們所處的是一個充滿挑戰的時代，也是一個充滿希望的時代。我們深信，和平、發展、合作、共贏的歷史潮流不可阻擋。維護國際和平安全、促進全球發展繁榮，應該成為世界各國的共同追求。中國國家主席習近平提出全球安全倡議，宣導以團結精神適應深刻調整的國際格局，以共贏思維應對複雜交織的安全挑戰，旨在

消弭國際衝突根源、完善全球安全治理，推動國際社會攜手，為動盪變化的時代，注入更多穩定性和確定性，實現世界持久和平與發展。」[2]

《概念檔》的核心理念與原則是：(1) 堅持共同、綜合、合作、可持續的安全觀。(2) 堅持尊重各國主權、領土完整。(3) 堅持遵守聯合國憲章的宗旨和原則。(4) 堅持重視各國合理的安全關切。(5) 堅持通過對話協商，以和平方式解決國家間的分歧和爭端。(6) 堅持統籌維護傳統領域和非傳統領域安全。

上述的「六個堅持」，「彼此聯繫、相互呼應，是辯證統一的有機整體。其中，堅持共同、綜合、合作可持續的安全觀是理念指引，堅持尊重各國主權、領土完整是基本前提，堅持遵守聯合國憲章的宗旨和原則是根本遵循，堅持重視各國合理的安全關切是重要原則，堅持通過對話協商，以和平方式解決國家間的分歧和爭端是必由之路，堅持統籌維護傳統領域和非傳統領域安全是應有之義。」[2]

秦剛在出席「全球安全倡議：破解安全困境的中國方案」藍廳論壇開幕式的演講中還指出：「《概念檔》具有鮮明的行動導向：堅定支持聯合國安全治理的核心作用；努力促進大國協調和良性互動；積極推動對話和平解決熱點問題；有效應對傳統與非傳統安全挑戰；不斷加強全球安全治理體系和能力建設。」[3]

中國除正式宣佈了《全球安全倡議概念檔》之外，中國外交部還跟着在 2023 年 2 月 24 日發佈了《關於政治解決烏克蘭危機的中國立場》書。由於這也是一份非常重要的、具有引領和導向性的文件，所以我也把全文抄錄在下面，供大家參考。

「一、尊重各國主權。公認的國際法，包括聯合國憲章宗旨和原則應該得到嚴格遵守，各國主權、獨立和領土完整都應該得到切實保障。國家不分大小、強弱、貧富一律平等，各方要共同維護國際關係基本準則，捍衛國際公平正義。國際

法應當得到平等統一適用，不應採取雙重標準。

二、摒棄冷戰思維。一國的安全不能以損害他國安全為代價，地區安全不能以強化甚至擴張軍事集團來保障。各國的合理安全利益和關切都應得到重視和妥善解決。複雜問題沒有簡單解決辦法。應堅持共同、綜合、合作、可持續的安全觀，着眼世界長治久安，推動構建均衡、有效、可持續的歐洲安全架構，反對把本國安全建立在他國不安全的基礎之上，防止形成陣營對抗，共同維護亞歐大陸和平穩定。

三、停火止戰。衝突戰爭沒有贏家。各方應保持理性和克制，不拱火澆油，不激化矛盾，避免烏克蘭危機進一步惡化甚至失控，支援俄烏相向而行，儘快恢復直接對話，逐步推動局勢降級緩和，最終達成全面停火。

四、啟動和談。對話談判是解決烏克蘭危機的唯一可行出路。一切有利於和平解決危機的努力都應得到鼓勵和支援。國際社會應堅持勸和促談正確方向，幫助衝突各方儘快打開政治解決危機的大門，為重啟談判創造條件和提供平台，中方願繼續為此發揮建設性作用。

五、解決人道危機。一切有利於緩解人道危機的舉措都應得到鼓勵和支援。人道主義行動必須遵守中立、公正原則，防止將人道問題政治化。切實保護平民安全，為平民撤離交戰區建立人道主義走廊。加大對相關地區的人道主義援助，改善人道主義狀況，提供快速、安全、無障礙的人道主義准入，防止出現更大規模人道主義危機。支援聯合國在對衝突地區人道援助方面發揮協調作用。

六、保護平民和戰俘。衝突當事方應嚴格遵守國際人道法，避免襲擊平民和民用設施，應保護婦女、兒童等衝突受害者，尊重戰俘的基本權利。中方支援俄烏交換戰俘，各方應為此創造更多有利條件。

七、維護核電站安全。反對武裝攻擊核電站等和平核設

施。呼籲各方遵守核安全公約等國際法，堅決避免出現人為核事故。支援國際原子能機構為促進和平核設施的安全安保發揮建設性作用。

八、減少戰略風險。核武器用不得，核戰爭打不得。應反對使用或威脅使用核武器。防止核擴散，避免出現核危機。反對任何國家在任何情況下研發、使用生化武器。

九、保障糧食外運。各方應均衡全面有效執行俄羅斯、土耳其、烏克蘭和聯合國簽署的黑海糧食運輸協定，支持聯合國為此發揮重要作用。中方提出的國際糧食安全合作倡議為解決全球糧食危機提供了可行方案。

十、停止單邊制裁。單邊制裁、極限施壓不僅解決不了問題，而且會製造出新的問題。反對任何未經安理會授權的單邊制裁。有關國家應停止對他國濫用單邊制裁和『長臂管轄』，為烏克蘭危機降溫發揮作用，也為發展中國家發展經濟和改善民生創造條件。

十一、確保產業鏈供應鏈穩定。各方應切實維護現有世界經濟體系，反對把世界經濟政治化、工具化、武器化。共同減緩危機外溢影響，防止國際能源、金融、糧貿、運輸等合作受到干擾，損害全球經濟復甦。

十二、推動戰後重建。國際社會應採取措施支援衝突地區戰後重建。中方願為此提供協助並發揮建設性作用。」[4]

從王毅以上的講話，以及中國外交部所宣佈的《全球安全倡議概念檔》、《關於政治解決烏克蘭危機的中國立場》書，以及 2023 年 4 月 26 日習近平與澤連斯基通電話時指出的「四個應該」、「四個共同」、「三點思考」處理烏克蘭問題的根本遵循（註：「四個應該」：各國主權、領土完整都應該得到尊重，聯合國憲章的宗旨和原則都應該得到遵守，各國合理的安全關切都應該得到重視，一切有利於和平解決危機的努力應該得到支持；「四個共同」：共同支持

一切致力於和平解決烏克蘭危機的努力，共同反對使用或威脅使用核武器，共同努力確保全球產業鏈供應鏈穩定，共同為危機地區的平民過冬紓困；「三點思考」：衝突戰爭沒有贏家，複雜問題沒有簡單解決辦法，大國對抗必須避免。見 2023 年 4 月 27 日《大公報》），我們可以清楚地看到，現今中國在世界的政治舞台上，因為堅持站在和平的一邊、站在歷史正確的一邊、站在人類道德高地、站在人類社會前進發展及進化的正確方向，*已能成熟理性和具建設性地，起到在思想引領和行動導向方面的作用*，讓國際社會接受中國提供的中國智慧和中國方案，以達致進一步增進與各國加強溝通合作，踐行真正的多邊主義，維護國際公平正義，共同守護世界人民的安寧，擔負起中國作為一個大國的擔當和責任，鍥而不捨地繼續推動構建世界新文明、人類命運共同體文明。而其最終的目的，就是希望能為人類謀幸福，為世界謀大同，為人類社會謀進步，為人類命運謀進化。

當然，如果要達到以上的目的，中國還須自身硬。「堅定走好自己的道路，做好自己的事情」，而首先是實現中國式現代化，為國家和中華民族謀求復興強盛。所謂「道路決定命運」，「實現中國式現代化，要有道不變、志不改的決心，堅持把國家和民族發展放在自己力量的基點上，堅持把我國發展進步的命運，牢牢掌握在自己手中。」[5]

實施創新驅動發展戰略

要達到以上的目的，先要深入實施創新驅動發展戰略，加快建設科技強國，把科技創新成為現代化建設的重要動力。正如中國科技部部長王志剛所說，對中國來說，「科技創新在黨和國家事業全域中的地位提升前所未有，作用發揮前所未有，科技賦能[已]成為高品質發展的顯著標誌。」*所以就中國來說，「科技創新[已]成為引領*

現代化建設的重要動力」[6]。而習近平在不同的場合，也一再強調：「新發展理念，創新是第一位的。」因為「*創新是引領發展的第一動力。*」[5] 2023 年 3 月 5 日，習近平在參加十四屆全國人大第一次會議江蘇代表團審議時，在講話中強調：中國必須「加快實現高水準科技自立自強」，因為這「是推動高品質發展的必由之路」。他並且還督促地指出，必須「加快實施創新驅動發展戰略，推動產學研深入合作。」

加強基礎研究

2023 年 2 月 21 日，中共中央政治局就加強基礎研究，進行第三次集體學習。習近平在主持學習時，更特別強調：在創新方面，中國還必須切實加強基礎研究，因為「*加強基礎研究，是實現高水準科技自立自強的迫切要求，是建設世界科技強國的必由之路。*各級黨委和政府要把加強基礎研究，納入科技工作重要日程，加強統籌協調，加大政策支持，推動基礎研究實現高品質發展。」[7]

習近平還說：

> 「黨和國家歷來重視基礎研究工作。新中國成立後特別是改革開放以來，我國基礎研究取得了重大成就。當前，新一輪科技革命和產業變革突飛猛進，學科交叉融合不斷發展，科學研究範式發生深刻變革，科學技術和經濟社會發展加速滲透融合，基礎研究轉化週期明顯縮短，國際科技競爭向基礎前沿前移。應對國際科技競爭、實現高水準自立自強，推動構建新發展格局、實現高質量發展，迫切需要我們加強基礎研究，從源頭和底層解決關鍵技術問題。
>
> 　要強化基礎研究前瞻性、戰略性、系統性佈局。基礎研究處於從研究到應用、再到生產的科研鏈條始端，地基打得

牢,科技事業大廈才能建得高。要堅持『四個面向』,堅持目標導向和自由探索『兩條腿走路』,把世界科技前沿從國家重大戰略需求和經濟社會發展目標結合起來,統籌遵循科學發展規律提出的前沿問題和重大應用研究中抽象出的理論問題,凝練基礎研究關鍵科學問題。要把握科技發展趨勢和國家戰略需求,加強基礎研究重大專案可行性論證和遴選評估,充分尊重科學家意見,把握大趨勢、下好『先手棋』。*要強化國家戰略科技力量,有組織推進戰略導向的體系化基礎研究、前沿導向的探索性基礎研究、市場導向的應用性基礎研究,注重發揮國家實驗室引領作用*、國家科研機構建制化組織作用、高水準研究型大學主力軍作用、和科技領軍企業『出題人』、『答題人』、『閱卷人』作用。要優化基礎學科建設佈局,支持重點學科、新興學科、冷門學科和薄弱學科發展,推動學科交叉融合和跨學科研究,構築全面均衡發展的高品質科學體系。

　　世界已經進入大科學時代,基礎研究組織化程度越來越高,制度保障和政策引導對基礎研究產出的影響越來越大。必須深化基礎研究體制機制改革,發揮好制度、政策的價值驅動和戰略牽引作用。」[7]

2023 年 2 月 22 日《人民日報》的一篇評論文章,還提醒地指出:在戰略方面,要注意處理好戰略與策略的關係。不要忘記「戰略和策略是辯證統一的關係,戰略是從全域、長遠、大勢上作出判斷和決策,策略是在戰略指導下為戰略服務的,正確的戰略需要正確的策略來落實。」[8] 所以必須「把謀事和謀勢、謀當下和謀未來統一起來,對趨勢性問題具有前瞻性和預見性,才能未雨綢繆、提前謀劃、牢牢把握戰略主動權。把戰略的原則性和策略的靈活性有機結合起來,靈活機動、隨機應變、靈機決斷,在因地制宜、因勢而動、順勢而為中把握戰略主動。」[8] 因此,處理好戰略與策

略的關係，在引領和導向科學發展、基礎研究、創新等方面，都非常重要。

2023 年 4 月 27 日楊明在《人民日報》撰文指出：「戰略問題是一個政黨、一個國家的根本性問題。只有站在時代前沿觀察和思考，正確把握趨勢性、前瞻性問題，牢牢把握戰略主動權，才能推動事業發展。同時，正確的戰略需要正確的策略來落實。沒有適宜有效的策略，再正確的戰略也會成為『空中樓閣』。正確處理好戰略與策略的關係，既要把方向、抓大事、謀長遠，又要抓準抓好工作的切入點和着力點，不斷增強工作的系統性、預見性、創造性。……正確運用戰略策略是我們黨推進革命、建設、改革的一條重要經檢。」而「推進中國式現代化[更]是事關中華民族偉大復興戰略全域化宏大事業，我們既要善於把當前的問題放在歷史長河中思考定位，保持歷史耐心和戰略定力，掌握戰略主動權，又要腳踏實地做好自己的事情，積跬步以至千里。」

加快數位中國建設整體佈局

而在這方面我還可以舉一個例子，再說明一下。那就是有關 2023 年 2 月 27 日中共中央國務院印發的《數位中國建設整體佈局規劃》。

> 「《規劃》指出，建設數位中國是數位時代（digital age）推進中國式現代化的重要引擎，是構築國家競爭新優勢的有力支撐。加快社會數位中國建設，對全面建設社會主義現代化國家、全面推進中華民族偉大復興具有重要意義和深遠影響。
>
> 《規劃》提出，到 2025 年，基本形成橫向打通、縱向貫通、協調有力的一體化推進格局，數位中國建設取得重要

進展。數位基礎設施高效聯通，數據資源規模和品質加快提升，數據要素價值有效釋放，數位經濟發展品質效益大幅增強，政務數位化智慧化水平明顯提升，數位文化建設躍上新台階，數字社會精準化普惠化便捷化取得顯著成效，數位生態文明建設取得積極進展，數位技術創新實現重大突破，應用創新全球領先，數位安全保障能力全面提升，數位治理體系更加完善，數字領域國際合作打開新局面。到 2035 年，數位發展水平進入世界前列，數位中國建設取得重大成就。數位中國建設體系化佈局更加科學完備，經濟、政治、文化、社會、生態文明建設各領域數位化發展更加協調充分，有力支撐全面建設社會主義現代化國家。

　　《規劃》明確要夯實數位基礎設施和數據資源體系『兩大基礎』，推進數字技術與經濟、政治、文化、社會、生態文明建設中『五位一體』深度融合，強化社會技術創新體系和數位安全屏障『兩大能力』，優化數位化發展國內國際『兩個環境』。」[9]

　　其次，2023 年 4 月 27 日何秀超在《人民日報》為文指出：在這數位時代，我們還「要主動、積極適應數位化、智慧化、終身化、融合化發展趨勢，集聚全社會優質學習資源，搭建全民終身學習公共服務平台，滿足社會成員多樣化、個人化學習需求，建設學分銀行，讓人人皆學、處處能學、時時可學成為現實，讓教育成為伴隨每個人一生的教育、平等面向每個人的教育、適合每個人的教育、更加開放靈活的教育。」因此，看來政府有必要盡快用數位化來引領和導向中國的教育發展，朝向像何秀超所引習近平所說的那樣，把中國打造成一個「全民終身學習的學習型社會、學習型大國」。

　　講到這裏，我也必須指出，在一些新興科技領域，中國已處於探索和創新前列，並在有些方面（例如：互聯網、物聯網、工業

互聯網、人工智能（或人工智慧，包括大家正在努力研發的ChatGPT）、生成式模型、量子通信、5G、6G 和科幻創作等），已開始影響並改變人們看待世界、以及跟世界互動的方式等。

2023 年 6 月 2 日，梁言品在《人民日報》為文指出：「數字經濟既是新興產業，也滲透到千行百業。把握數位化、網絡化、智慧化方向，推動製造業、服務業、農業等產業等數位化，是大勢所趨。」現今，「從舌尖到指尖、從田間到車間、從地面到『雲端』，伴隨數位生活、數字生產而壯大的數字經濟，正在為發展賦能、為生活添彩，助力經濟提質增效、高質量發展。」這就是為什麼習近平一再強調：中國必須「乘勢而上，加快數字經濟、數字社會、數位政府建設，推動各領域數位化優化升級。」

2023 年 3 月 16 日，國務院新聞辦公室還發佈了一份《新時代的中國網絡法治建設》的白皮書，全面介紹了中國網絡法治建設的情況，分享中國網絡法治建設的經驗和做法。

白皮書除「前言」、「結束語」外，共分為六個部分，分別是「堅定不移走依法治網之路」、「夯實網絡空間法制基礎」、「保障網絡空間規範有序」、「捍衛網絡空間公平正義」、「提升全社會網絡法治意識和素養」、「加強網絡法治國際交流合作」。

白皮書還介紹說：「進入新時代，中國將依法治網作為全面依法治國和網絡強國建設重要內容，努力構建完備的網絡法律規範體系、高效的網絡法治實施體系、嚴密的網絡法治監督體系、有力的網絡法治保障體系，網絡法治建設取得歷史性成就。中國的網絡法治建設不僅有力提升了中國互聯網治理能力，也為全球互聯網治理貢獻了中國智慧和中國方案。」

白皮書還說：「在全面建設社會主義現代化國家新征程上，中國將始終堅持全面依法治國、依法治網的理念，推動互聯網依法有序健康運行，以法治力量護航數位中國高品質發展，為網絡強國建設提供堅實的法治保障。」

加快建設農業強國　推進農業農村現代化

其次,如要把我國發展進步的命運牢牢掌握在自己手中,除要把科技發展大大的予以提升和強化之外,同樣重要的是,要加快建設農業強國,推進農業農村現代化。

2023 年 3 月 16 日出版的第 6 期《求是》雜誌,發表了習近平的文章,指出:中國「要錨定建設農業強國目標,切實抓好農業農村工作。全面推進鄉村振興,到 2035 年基本實現農業現代化,到本世紀中葉建成農業強國,是黨中央着眼全面建成社會主義現代化強國作出的戰略部署。*強國必先強農,農強方能國強*。沒有農業強國就沒有整個現代化強國;沒有農業農村現代化,社會主義現代化就是不全面的。必須把加快建設農業強國擺上建設社會主義現代化強國的重要位置。建設農業強國,基本要求是實現農業現代化。我們要建設的農業強國、實現的農業現代化,既有國外一般現代化農業強國的共同特徵,更有基於自己國情的中國特色。一是依靠自己力量端牢飯碗;二是依託雙層經營體制發展農業;三是發展生態低碳農業;四是賡續農耕文明;五是紮實推進共同富裕。……保障糧食和重要農產品穩定安全供給,始終是建設農業強國的頭等大事。只有把牢糧食安全主動權,才能把穩強國復興主動權。……全面推進鄉村振興是新時代建設農業強國的重要任務。『三農』工作重心已經實現歷史性轉移,人力投入、物力配置、財力保障都要轉移到鄉村振興上來。總的要求仍然是全面推進產業、人才、文化、生態、組織『五個振興』。產業振興是鄉村振興的重中之重,也是實際工作的切入點。……要依靠科技和改革雙輪驅動加快建設農業強國。建設農業強國,利器在科技,關鍵靠改革。必須協同推進科技創新和制度創新,開闢新領域新賽道,塑造新動能新優勢,加快實現量的大突破和質的躍升。……要大力推進農村現代化建設。農村現代化是建設農業強國的內在要求和必要條件,建設宜居宜業和美鄉村是農業強國的應有之義。要一體推進農業現

代化和農村現代化，實現鄉村由表及裏、形神兼備的全面提升。……要加強黨對加快建設農業強國的全面領導。全面推進鄉村振興、加快建設農業強國，關鍵在黨。必須堅持黨領導『三農』工作原則不動搖，健全領導體制和工作機制，為加快建設農業強國提供堅強保證。」

還需要注意的一些其它重要事項

2023 年 2 月 23 日《人民日報》的一篇評論文章則指出：在推進中國式現代化的進程中，不要忘記，還必須警惕「處理好守正與創新的關係，在守正中把穩舵盤、保持航向，在創新中尋求突破、揚帆遠航。守正與創新相輔相成，體現了變與不變、繼承與發展、原則性與創造性的辯證統一。」(10) 2023 年 2 月 28 日《人民日報》的一篇評論文章，則進一步指出：「在全世界最大的發展中國家推進現代化建設，是一項創造歷史的偉大事業。新征程上，中國式現代化的每一步跨越都將產生世界性影響，都將為全人類進步事業作出新的貢獻。」(11)（同時見本書其他章節的有關討論，這裏不贅。）

　　不過，在這裏我仍需指出一點，那就是「科技倫理、政策監管和法律法規等綜合性手段，引導和干預科技發展走向，積極應對科技發展帶來的挑戰」的問題也非常重要(12)。而在這方面，中國並沒有忽視。譬如，我們可以看一下，在 2023 年 2 月 26 日，中辦國辦印發的《關於加強新時代法學教育和法學理論研究的意見》。《意見》指出：要加快完善法學教育體系，「構建自主設置與引導設置相結合的學科專業建設新機制。立足中國實際，推進法理學、法律史等基礎學科以及憲法學與行政法學、刑法學、民商法學、訴訟法學、經濟法學、環境與資源保護法學、國際法學、軍事法學等更新學科內涵，更好融入全面依法治國實踐。適應法治建設新要求，加強立法學、文化法學、教育法學、國家安全法學、國際法學

等學科建設，*加快發展社會治理法學、科技法學、數位法學、氣候法學、海洋法學等新興學科*。堅持依法治國和依規治黨有機統一，加強紀檢監察學、黨內法規學學科建設。推進法學和經濟學、社會學、政治學、心理學、統計學、管理學、人類學、網絡工程以及自然科學等學科交叉融合發展，培養高品質複合型法治人才。」[13]

從以上的論述，我們可以清楚看到，中國在治國理政方面的引領和導向作用，不但是在加快促進自身的發展和推動中華文化的創新性建設，並且還在成功地，走一條能夠引領和導向世界文明進步和進化的路。而這一條路，中國是作為一種使命任務來抓的，是統籌自身的發展和安全作出的戰略決策，是把握未來發展的主動權的一種極其重要的戰略部署。

很明顯的，只有這樣做，中國才能加快步伐，成功地推進和拓展中國式現代化不斷向前發展，構建品質提升的內生動力體系，推進品質強國建設（見中共中央、國務院印發的《品質強國建設綱要》），連接中國與世界的文化橋樑，進一步鞏固中國文化的根基，維護好中國文化文明創新的寶藏，提升我們的硬實力和軟實力，並通過硬實力和軟實力的建設，增強中國在軟硬實力方面的吸引力、影響力和感召力，為全面建設社會主義現代化國家，全面推動中華民族新文明的建立，為世界新文明、人類命運共同體文明及人類命運的構建和進化，引領世界未來的發展思想，導向世界未來的發展行動，夯實人類的和平與發展事業，貢獻中國智慧、中國方案和中國力量。

加快構建人類命運共同體文明

人類的群體生產生活，孕育了「文化」；「文化」的積累，形成「文明」；人類文明的進步，推動了人類命運的進化。

在這地球上，有成千上萬的人類群體生產生活着，因此，就

產生了許許多多不同的「群體文化」（或聚落文化）。這些不同的「群體文化」，在歷史時間的推移下，有些不斷地提升質量、擴大外延範圍，逐漸朝着「文明」的方向演變。其過程一般被認為是通過這樣的途徑演進的，即：由聚落 → 城市 → 國家 → 文明（註：有關對「文明」的闡釋，請參考本章末的「附件 I」，有進一步的詮釋）。但這種「文明」形成之後，由於種種原因，或呈現斷裂，或現今已完全消失，能不斷發展至今的並不多。而中國的文明（或中華文明），則是唯一不斷裂而能延續至今的「文明」，這實不容易。而在人類歷史上，那些能夠繼續發展下去，對人類未來的發展能起到引領和導向作用的「文明」，則可以說，只有中國。而中華文明，不但由於從來都沒有斷裂過，而且還在不斷自我優化壯大，並逐步地形成一種世界和人類歷史上獨一無二的「中華新文明」（註：相當於張維為所指的「文明型國家」，及習近平講的，中國正在建立的「中華民族現代文明」（我稱其為 1.0 版，Modern Chinese Civilization 1.0）。將來這 1.0 版會繼續發展升級，形成 2.0 版、3.0 版...。但在本書的各章節內，為了方便，我只用「中華民族現代文明」，而不指明是 1.0 版。換言之，「中華新文明」的持續發展和演進，將包涵「中華民族現代文明」的 1.0、2.0、3.0...各種不同版本的內容。）「中華新文明」的出現，不但提升了「中華傳統文明」的形態、格局和地位，並且還助力世界文明朝着更平衡、積極、向善、和諧、包容，以及建立各種「文明共同體」的方向發展及進化，形成一種人類歷史上嶄新的「世界新文明」。「世界新文明」的進一步發展，就步入中國正在推動構建的「人類命運共同體文明」（請見拙著《怎樣提升人類命運的進化？構建：中華新文明、世界新文明、人類命運共同體文明》的有關討論）。而「人類命運共同體文明」這一種從屬人類世界（或全球）的文明新形態，是人類歷史上從未有過的。而*這一獨特（unique）的人類文明的歷史進程，從人類文明進化的角度來看，都是由於中國自身的發展，引領和導向中國歷史的進程，所造成的結果。*我的這一觀點，在下面會

繼續再詳細地作出詮釋。但為了方便說明起見，以上這一種人類的「獨特文明進程」（unique pattern of human civilization development）或文明多樣性的形成（formation of diversity of civilization），扼要地可以用下面這樣一個*階段性的進程的公式或流程（**flow sequence**）*來表示，即是：

中華新文明（或中華民族現代文明）　→　世界新文明　→　人類命運共同體文明

而從這一文明進程所呈現的*三個階段之間的關係*，我們可以看到，以上文明進程的每一個階段，都擁有其他文明階段相同的多種基本因素（commonality or common features）；而他們之間的最大差別則是，每一個階段本身，都具有突破性的一些特質（breakthrough）或促使進化的獨特的推動力量（forward advancing unique evolutionary forces），其主要的特質或引領及導向力量，我在下面扼要地列出來，供大家參考。

A.　中華新文明（Chinese new civilization）（或「中華民族現代文明」，modern Chinese civilization）

　　= 中華傳統文明（Chinese traditional civilization）+ 中國特色社主義文明（Chinese socialist civilization，將來會逐漸演進形成共產主義文明（Chinese communist civilization））；

B.　世界新文明（World new civilization）

　　= 西方工業文明（Western industrial civilization）+ 科學文明（Western science civilization）+ 中國式現代化文明（Chinese path to modernization）；

C.　人類命運共同體文明（civilization of a community with a shared future for humankind）

　　= *多元（**diverse**）*、*多功能性（**poly-function**）*、*多結構形式*

（*multi-structural*）*的不同建構的人類命運共同體*（註：有關不同的「人類命運共同體」的分類方法，請見我在拙著的一系列專著中的有關闡釋。）

以下我進一步說明人類文明發展的三個階段：

A.「中華新文明」（或「中華民族現代文明」）

中華民族經過許多磨難而形成的「中華新文明」（或中華民族現代文明），其獨特之處，在於中國是一個多民族但統一的國家；並能在很短的時間內（幾十年），自立自強地，通過夯實「民族共同體」的建立，摸索出一條走「中國式現代化」的道路。這一條道路，與西方通過建立許多「民族國家」（註：由於民族分裂、仇恨，宗教信仰等所造成的），不斷用戰爭、侵略、霸權、霸道、霸凌的方法，互相惡鬥、傾軋，而產生的「西方現代化文明」（Western modern civilization），是不一樣的。由此可見，「中國式現代化」的道路，並不是什麼「中國西方化」的模式，更沒有走「西方式現代化」的道路；「中國式現代化」完全是中國自主地探索和創造出來的，一條發展「中國新文明」之路。

　　《人民日報》評論員和音進一步指出：「中國式現代化深深植根於中華優秀傳統文化，為中華文明所滋養，有着深厚的文明底蘊。中華優秀傳統文化中蘊含的天下為公、民為邦本、為政以德、革故鼎新、任人唯賢、天人合一、自強不息、厚德載物、講信修睦、親仁善鄰等，是中國人民在長期生產生活中積累的宇宙觀、天下觀、社會觀、道德觀的重要體現，同科學社會主義價值觀主張具有高度契合性。中國式現代化蘊含的獨特世界觀、價值觀、歷史觀、文明觀、民主觀、生態觀等及其偉大實踐，實現了對世界現代化理論和實踐的重大創新，為國際社會應對世界之變、時代之變、歷史之變提供了有益借鑒。中國推動構建人類命運共同體，提出『一帶

一路』倡議、全球發展倡議、全球安全倡議等，為解決人類面臨的共同問題提供了中國智慧、中國方案、中國力量。……中國式現代化在與世界其他文明的交流中推進和拓展，並以平等交流互鑒的方式豐富人類文明，將促進人類文明的整體進步」[14] 和進化。「中國式現代化體現科學社會主義的先進本質，展現了不同於西方現代化模式的新圖景。西方國家在現代化進程中無法遏制資本貪婪的本性，無法解決物質主義膨脹、精神貧乏等痼疾。中國式現代化致力於物質文明和精神文明相互協調、相互促進，讓全體人民始終擁有團結奮鬥的思想基礎、開拓進取的主動精神、健康向上的價值追求。」[14] 是一種全新的人類文明新形態。可以這樣說：「中國式現代化」創造了「人類文明新形態」。

其次，「中國式現代化」讓全體人民始終擁有團結奮鬥的思想基礎，這對中華文明之能夠賡續發展至關重要，因為力量生於團結，團結才能彙聚智慧，團結才能有效營造歷史主動。任中平 2023 年 3 月 3 日在《人民日報》為文指出，習近平強調「團結奮鬥是中國人民創造歷史偉業的必由之路」、「牢牢把握團結奮鬥的時代要求」、「團結就是力量，團結才能勝利」[15]。對中國來說，民族的團結，堅持把國家和民族發展放在自己力量的基礎上創造奮鬥，才能建立新的偉業，開闢美好的未來。「團結越是牢固，越能『集聚起萬眾一心、共克時艱的蓬勃力量』。這是中國發展的大邏輯。」[15]

2023 年 3 月 3 日《人民日報》的一篇評論文章更指出：「中國式現代化蘊含的獨特民主觀，是在總結人類現代化進程基礎上提出來的，也是在推動社會主義現代化過程中形成的。『民主是全人類的共同價值，是中國共產黨和中國人民始終不渝堅持的重要理念。』『人民民主是社會主義的生命，沒有民主就沒有社會主義，就沒有社會主義的現代化，就沒有中華民族偉大復興。』而必須認識到，中國實行的民主是『人民民主』，是一種『全過程的民主』。」[16] 中國的全過程民主，堅持人民立場。習近平指出：「我們必須堅持國家一切權利屬於人民，堅持人民主體地位。」[16] 中

國實行的民主，與西方的「選舉民主」是完全不一樣的。

　　2023 年 3 月 18 日《人民日報》的一篇評論員文章指出：「中國的民主，真正把發展為了人民、發展依靠人民、發展成果由人民共用落到實處，充分調動起人民的主觀能動性，這是中國之治的『密碼』，是中國民主的力量。……民主的發展與國家治理的現代化相伴相生，相互作用，相互促進。絕無國家治理『失靈』『低效』，國內問題成堆，民主卻是『世界樣板』的荒謬現象。中國的現代化，沒有走西方老路，而是創造了中國式現代化道路；沒有照搬照抄西方民主模式，而是創造了中國式民主。……民主是多樣的，實現民主的道路並非只有一條。中國基於本國國情發展全過程人民民主，具有着鮮明的中國特色，也體現了全人類對民主的共同追求；既推動了中國的發展與中華民族的復興，也豐富了人類政治文明形態。從全球視野來看，佔世界人口近 1/5 的 14 億多中國人民真正實現當家作主，享有廣泛權利和自由，提振了發展中國家發展民主的信心，為人類民主事業發展探索了新的路徑。越來越多國際人士認為，中國的全過程人民民主為其他國家，尤其是廣大發展中國家，提供了有益借鑒。」[17] 此外，在 2023 年 3 月中國發表了《2022年美國民主情況》的報告。報告指出：「2022 年，美國持續陷入民主失真、政治失能、社會失和的惡性循環。金錢政治、身份政治、社會撕裂、貧富分化等問題愈加嚴重。美國民主弊病已深入政治和社會肌理的方方面面，並進一步折射出其背後的治理失靈和制度缺陷。」

　　但遺憾的是，正如報告所指：「儘管自身問題成堆，美國卻仍居高臨下，指手畫腳，充當民主教師爺，編造和渲染『民主對抗威權』虛假敍事，圍繞美國的私利，在全世界劃分『民主和非民主陣營』，張羅舉辦第二屆『領導人民主峰會』，向各國盤點和分派『民主兌現承諾』。這些做法無論是打着『道義』的花言巧語，還是操着利益的掩飾手段，都隱藏不住將民主政治化、工具化、推行集團政治、服務維權目標的真實意圖。」而當今世界，真正需要的是要

弘揚真正民主、摒棄美式的偽民主,共同推進國際關係民主化,支援各國發展適合本國國情的民主,而不是什麼美國式的民主。

最後,我想指出,改革開放也是中國式現代化的顯著特質。沒有開放,中國式的現代化就不可能實現,中國的文明就難以賡續,新的文明形態就不會出現。張凡在 2023 年 3 月 3 日的《人民日報》撰文指出:「開放帶來進步,封閉必然落後。在構建新發展格局中推進高水準對外開放,是順應經濟全球化歷史大勢的需要,也是提升國內迴圈品質,和促進國內國際雙迴圈在更高水平上相互促進的客觀要求。回望過去,我國經濟發展成就是在開放條件下取得的;展望未來,我國經濟高品質發展也必須在更加開放的條件下進行。新征程上,我們必須堅持開放合作的雙迴圈,通過強化開放合作,更加緊密地同世界經濟聯繫互動,提升國內大迴圈的效率和水平。要推進高水平對外開放,穩步推動規則、規制、管理、標準等制度型開放,營造市場化、法治化、國際化一流營商環境,推動共建『一帶一路』高質量發展,全面塑造參與國際合作和競爭新優勢,促進各國互利共贏、共同繁榮發展。」[18] 大家都可以看到,過去中國經濟的發展成就,在很大程度上,是在開放的條件下取得的;未來,中國經濟的高品質發展,很明顯的,也必須是在更加開放的條件下進行。所以,推進高水平對外開放,是構建新發展格局的應有之義,是促進高質量發展的必然要求。而假如沒有高質量的發展,就談不上社會主義現代化,人類文明的進步,以及人類命運的進化。

不過需要注意的是,中國正在加快發展步伐,努力和大力地推進中國式現代化的發展,「是一個系統工程,需要統籌兼備、系統謀劃、整體推進,正確處理好頂層設計與實踐探索、戰略與策略、守正與創新、效率與公平、活力與秩序、自立自強與對外開放等一系列重大關係。」[19]

此外,我們還可以看到,中國正在打造的「中華新文明」(或「中華民族現代文明」)的形態(同時請參考拙著《怎樣提升人類

命運的進化？構建：中華新文明、世界新文明、人類命運共同體文明》的有關討論），其主要的內容要素和特性，是可以簡要地用一個公式來表示的，即：

中華新文明（或中華民族現代文明）
＝ 和平發展 ＋ 開放包容 ＋ 科技協同創新 ＋ 全球發展 ＋ 全球安全 ＋ 高質量發展 ＋ 人民民主 ＋ 民主團結 ＋ 協商監督 ＋ 依法治理 ＋ 生態文明建設和綠色發展 ＋ 人民共同富裕 ＋ 物質文明和精神文明相協調發展 ＋ 人與自然環境和睦相處共生共進化 ＋ 一個廉潔、高效、親民、愛民及強而有力的執政黨。

　　以上這一公式，也彰顯了人類社會文明發展的高度（同時見「附件 I」，參考有關我在不同的學校，宣講以「文明」為題的講稿），也可以說是一項創舉，為全球提供了一種全新的文明類型或文明模式。這一模式不僅在中華大地創造了發展奇跡，也惠及世界各國；為世界新文明、人類命運共同體文明的建立，築牢了一個堅實可持續發展的文明發展基礎！（同時見下面有關「世界新文明」的討論，以及在本章章末引述習近平的有關闡釋）。

　　不過，現今最為關鍵的是，中國必須從現在起到本世紀中葉，全面建成社會主義現代化強國、全面推進中華民族偉大復興。因為*「強國建設」、「民族復興」，是建立「中華新文明」的堅強保證*。而至於怎樣才能全面建成社會主義現代化強國，這在 2023 年 3 月 13 日的第十四屆全國人民代表大會第一次會議閉幕會上習近平的講話中，已作了闡釋和說明。在這裏我引述了習近平的部份講話，供大家參考。習近平說：

　　「具有五千多年文明史的中華民族，在歷史上創造了無數輝煌，也經歷過許多磨難。近代以後，中國逐步成為半殖民地半封建社會，飽受列強欺凌、四分五裂、戰亂頻繁、生靈塗炭之苦。中國共產黨成立之後，緊緊團結帶領全國各族人民，

經過百年奮鬥，洗雪民族恥辱，中國人民成為自己命運的主人，中華民族迎來了從站起來、富起來到強起來的偉大飛躍，中華民族偉大復興進入了不可逆轉的歷史進程。

從現在起到本世紀中葉，全面建成社會主義現代化強國、全面推進中華民族偉大復興，是全黨全國人民的中心任務。強國建設、民族復興的接力棒，歷史地落在我們這一代人身上。我們要按照黨的二十大的戰略部署，堅持統籌推進『五位一體』總體佈局、協調推進『四個全面』戰略佈局，加快推進中國式現代化建設，團結奮鬥，開拓創新，在新征程上做出無負時代、無負歷史、無負人民的業績，為推進強國建設、民族復興做出我們這一代人的應有貢獻！（註：『五位一體』總體佈局，是中國特色社會主義事業的總體佈局，主要是統籌推進經濟建設、政治建設、文化建設、社會建設、生態文明建設。而『四個全面』則是 2014 年 12 月由習近平提出的，即全面建成小康社會、全面深化改革、全面依法治國、全面從嚴治黨。）

我們要更好統籌發展和安全。安全是發展的基礎，穩定是強盛的前提。要貫徹總體國家安全觀，健全國家安全體系，增強維護國家安全能力，提高公共安全治理水平，完善社會治理體系，以新安全格局保障新發展格局。要全面推進國防和軍隊現代化建設，把人民軍隊建設成為有效維護國家主權、安全、發展利益的鋼鐵長城。

我們要紮實推進『一國兩制』實踐和祖國統一大業。推進強國建設，離不開香港、澳門長期繁榮穩定。要全面準確、堅定不移貫徹『一國兩制』、『港人治港』、『澳人治澳』、高度自治的方針，堅持依法治港治澳，支持香港、澳門特別行政區發展經濟、改善民生，更好融入國家發展大局。實現祖國完全統一是全體中華兒女的共同願望，是民族復興的其中之義。要貫徹新時代黨解決台灣問題的總體方略，堅持一個中

國原則和『九二共識』，積極促進兩岸關係和平發展，堅決反對外部勢力干涉和『台獨』分裂活動，堅定不移推進祖國統一進程。

　　我們要努力推動構建人類命運共同體。中國的發展惠及世界，中國的發展離不開世界。我們要紮實推進高水準對外開放，既用好全球市場和資源發展自己，又推動世界共同發展。我們要高舉和平、發展、合作、共贏旗幟，始終站在歷史正確一邊，踐行真正的多邊主義，踐行全人類共同價值，積極參與全球治理體系改革和建設，推動建設開放型世界經濟，推動落實全球發展倡議、全球安全倡議，為世界和平發展增加更多穩定性和正能量，為我國發展營造良好國際環境。

　　治國必先治黨，黨興才能國強。推進強國建設，必須堅持中國共產黨領導和黨中央集中統一領導，切實加強黨的建設。要時刻保持解決大黨獨有難題的清醒和堅定，勇於自我革命，一刻不停全面從嚴治黨，堅定不移反對腐敗，始終保持黨的團結統一，確保黨永遠不變質、不變色、不變味，為強國建設、民族復興提供堅強保證。」[20]

從以上習近平根據中國共產黨二十大所擘畫出來的「*民族復興*」「*強國建設*」的宏偉藍圖，我們可以清楚看到，在強國建設、民族復興的征程上，今後中國必須堅定不移推動高質量發展，始終堅持人民至上，堅持安全穩定發展，治國必先治黨（同時見在本章末的有關討論）。

B. 「世界新文明」

「世界新文明」的建立，是由於西方發展了工業文明和科學文明的結果。但遺憾的是，歷史上西方並沒有讓工業文明和科學文明，朝

着世界和平的方向及道路發展下去。

　　幸運的是，就中國來說，中國並沒有依照西方的發展方式去做，而是堅持走和平發展的道路、走中國式現代化的道路。2023 年 3 月 7 日《人民日報》一篇評論員文章指出：

> 「走和平發展道路，是中國式現代化的鮮明特徵和必然選擇。這條道路不是傳統大國崛起的翻版，不是國強必霸的再版，而是造福中國、有利於世界的正道。中國堅定站在歷史正確的一邊，站在人類文明進步的一邊，高舉和平、發展、合作、共贏旗幟，在堅定維護世界和平與發展中謀求自身發展，又以自身發展更好維護世界和平與發展。
>
> 　　作為世界最大的發展中國家，發展始終是中國的第一要務。中國式現代化既獨立自主、自力更生，又在對外開放中廣泛借鑒和吸收西方現代化進程中的經驗，通過激發內生動力與和平利用外部資源相結合的方式來實現國家發展。中國堅持和平發展、開放發展、合作發展、共同發展，繼續為廣大發展中國家提供力所能及的支持和說明。與此同時，中國將堅定不移地維護國家主權、安全和發展利益。中國人民從來沒有欺負、壓迫、奴役過其他國家人民，也絕不允許任何外來勢力欺負、壓迫、奴役我們。」[21]

　　但極度遺憾的是，以美國為首的西方國家，還是在全方位遏制和打壓中國，搞你死我活的零和博弈，並不斷製造衝突。這就是為什麼時外長秦剛 2023 年 3 月 7 日，在十四屆全國人大第一次會議舉行的記者會上，要強硬明確地警告美國：「美方所謂要給中美關係『加裝護欄』『不衝突』，實際上就是要中國打不還手，罵不還口，但這辦不到！」[22]

　　2023 年 3 月 15 日，中國共產黨與世界政黨高層對話會，以視頻連線方式舉行。習近平在高層對話會開幕式上，發表了題為

「攜手同行現代化之路」的主旨講話。習近平表示:「實現現代化是近代以來中國人民矢志奮鬥的夢想。中國共產黨一百多年團結帶領中國人民追求民族復興的歷史,也是一部不斷探索現代化道路的歷史。經過數代人不懈努力,我們走出了中國式現代化道路。……中國共產黨將致力於維護國際公平正義,促進世界和平穩定。中國式現代化不走殖民掠奪的老路,不走國強必霸的歪路,走的是和平發展的人間正道。」[(23)]

習近平在講話中並回答了「現代化發展之問」,不但發展了「中華新文明」,同時也充實了建立「世界新文明」發展的內涵,繁榮了世界文明的百花園。習近平針對「現代化發展之問」,是這樣回答的,他說:「一、我們要堅守人民至上理念,突出現代化方向的人民性。二、我們要秉持獨立自主原則,探索現代化道路的多樣性。三、我們要樹立守正創新意識,保持現代化進程的持續性。四、我們要弘揚立己達人精神,增強現代化成果的普惠性。五、我們要保持奮發有為姿態,確保現代化領導的堅定性。」[(23)] 以上習近平的概括,簡約地就是說希望世界各國做到「相互尊重、和平共處、合作共贏」的世界新文明相處之道。

C. 「人類命運共同體文明」

有關「人類命運共同體文明」,在我的一系列專著中,已有深入詳盡的討論。但在這裏還是值得回顧一下,習近平對「人類命運共同體」的基本看法。2023 年 3 月 20 日,習近平在赴莫斯科對俄羅斯聯邦進行國事訪問之際,在《俄羅斯報》和俄新社網站發表了題為〈踔勵前行、開啟中國友好合作、共同發展新篇章〉的署名文章。在文章中習近平指出:「2013 年 3 月,我在莫斯科國際關係學院發表演講,提出各國相互聯繫、相互依存的程度空間加深,人類生活在同一個地球村裏,越來越成為你中有我、我中有你的命運共同體。*此後,我又相繼提出共建『一帶一路』倡議、全球發展倡議、*

全球安全倡議、全球文明倡議，豐富了人類命運共同體理念的內涵和實踐路徑，為應對世界之變、時代之變、歷史之變提供了中國方案。」[24]

　　根據以上習近平的講話，以及在我的一系列專著中的論述，我們可以把構建「人類命運共同體」的「中國方案」，用以下圖表的形式（見表 13.1），作綜合性的總結，供大家參考。（請參考拙著《人類命運的演進印跡和路程》（修訂版），第 172 頁，及《怎樣提升人類命運的進化？構建：中華新文明、世界新文明、人類命運共同體文明》，第 235 頁。）

　　2023 年 3 月 24 日的《人民日報》，發表了一篇題為〈努力推動構建人類命運共同體〉的評論員文章。文章指出：「人類是休戚與共的命運共同體，面對共同挑戰，只有和衷共濟、和合共生這一條出路，任何艱難曲折都不能阻擋歷史前進的車輪。新征程上，我們要高舉和平、發展、合作、共贏旗幟，始終站在歷史正確的一邊、站在人類文明進步的一邊，踐行真正的多邊主義，踐行全人類共同價值，積極參與全球治理體系改革和建設，堅持經濟全球化正確方向，推動貿易和投資自由化便利化，推動建設開放型世界經濟，推動落實全球發展倡議、全球安全倡議、全球文明倡議，為世界和平發展增加更多穩定性和正能量，為我國發展營造良好國際環境。」[25]

　　文章還指出：「我們所處的是一個充滿挑戰的時代，也是一個充滿希望的時代。只要我們堅持和平發展道路，既通過擁護世界和平發展自己，又通過自身發展維護世界和平，同世界上一切進步力量攜手前進，就一定能夠不斷為人類文明進步貢獻智慧和力量，同世界各國人民一道，推動建設一個持久和平、普遍安全、共同繁榮、開放包容、清潔美麗的世界。」[25]（同時見「附件 II」。）

　　在這裏也解釋一下有關「全球文明」的概念。習近平 2023 年 3 月 15 日，在出席中國共產黨與世界政黨高層對話的講話中指出：「在各國前途命運緊密相連的今天，不同文明包容共存、交流互

表 13.1　表示人類命運共同體的構建及發展的
各種理念內涵和實踐路徑

各種不同的「人類命運共同體」的類別*	1. *人類社會發展人類命運共同體*。舉例：地球生命共同體；人類衛生健康共同體；全球發展共同體；人類安全共同體；人與自然生命共同體等。 2. *人類地區性（或區域性）發展人類命運共同體*。舉例：上海合作組織命運共同體；中國–巴基斯坦命運共同體；中非命運共同體；亞洲、中國–東盟、亞太、中阿、中拉、中國–中亞、中國同太平洋島國命運共同體等區域性命運共同體；以及中國–巴基斯坦、東埔寨、寮國、緬甸、哈薩克、烏茲別克、印尼、泰國、古巴等 20 多個國家構建命運共同體等。 3. *人類功能性發展人類命運共同體*。舉例：網絡空間命運共同體；核安全命運共同體；海洋命運共同體；人類與水命運共同體等。 4. *與聯合國組織緊密合作發展人類命運共同體*。舉例：聯合國衛生健康命運共同體等。
推動「人類命運共同體」向前發展的理念內涵和實踐路徑	1. 「一帶一路」倡議 2. 全球發展倡議 3. 全球安全倡議 4. 全球文明倡議 5. 全球和平倡議**

* 也有人把「人類命運共同體」分成為：在全球層面、在地區層面、和在雙邊層面三種類型（見國紀平在 2023 年 3 月 23 日《人民日報》的文章）。這一種分類，在此表類別 2：「人類地區性（或區域性）發展人類命運共同體」裏，已全部得到覆蓋。

** 這是我的建議，也可用「世界和平倡議」。但由於「世界」只局限在「人類世界」的範圍，而「全球」則包括「人類世界」及「自然世界」，因此，用「全球」比「世界」更為合適。而 1 至 4 都是中國提出的倡議。

鑒，在推動人類社會現代化進程、繁榮世界文明百花園中具有不可替代的作用。為此，提出全球文明倡議：一、我們要共同宣傳尊重世界文明多樣性，堅持文明平等、互鑒、對話、包容，以文明交流超越文明隔閡、文明互鑒超越文明衝突、文明包容超越文明優越。二、我們要共同倡導弘揚全人類共同價值，和平、發展、公平、正義、民主、自由是各國人民的共同追求，要以寬廣胸懷理解不同文明對價值內涵的認識，不將自己的價值觀和模式強加於人，不搞意識形態對抗。三、我們要共同宣導重視文明傳承和創新，充分挖掘各國歷史文化的時代價值，推動各國優秀傳統文化在現代化進程中實現創造性轉化、創新性發展。四、我們要共同宣導加強國際人文交流合作，探討構建全球文明對話合作網絡，豐富交流內容，拓展合作管道，促進各國人民相知相親，共同推動人類文明發展進步。」[23]

依我的看法，扼要地來說，全球文明（global civilization）的特質，就是要做到能協調推進人類社會，創造發展多樣文明的包容共存和交流互鑒（diversity of civilizations or diverse human civilizations）＋積極消除自然環境在不斷變化中（diverse and changing global environment）所造成的，不利文明傳承、轉化、創新發展的因素。

現在轉回來再說說「人類命運共同體文明」。習近平在俄羅斯媒體發表的署名文章中指出：「10 年來，和平、發展、公平、正義、民主、自由的全人類共同價值日益深入人心，建設持久和平、普遍安全、共同繁榮、開放包容、清潔美麗的世界，成為越來越多國家的共同追求。國際社會清楚地認識到，世界上不存在高人一等的國家，不存在放之四海而皆準的國家治理模式，不存在有某個國家說了算的國際秩序。一個團結而非分裂、和平而非動盪的世界符合全人類共同利益。」[24]（同時見「附件 II」有關這方面的討論。）

「而面對層出不窮的全球性問題和挑戰，解決問題的出路是維護和踐行多邊主義，推動構建人類命運共同體。」「構建人類命

運共同體,是世界各國人民前途所在。」習近平以上一再強調的觀點,我們應該牢記。

中國還應提出「全球和平倡議」以保證世界和平

2023 年 3 月 19 日,香港《星島日報》的一篇社論指出:「中國成功促成沙特、伊朗復交,展示中國在推動國際和平上,既有意願,也有實力。」[26] 而在 2023 年 3 月 20–23 日,習近平還訪問了俄羅斯,目的是希望能夠推動俄烏和談。

　　面對世界百年未有之大變局,世界各國對於實現世界和平發展、合作共贏、公平正義有着強烈的渴望。*習近平站在全人類發展的高度,提出人類命運共同體理念,願攜手與世界各國共建「一帶一路」,並提出全球發展倡議、全球安全倡議、全球文明倡議。其目的是希望能夠引領和導向世界各國,朝着世界多極化、國際關係民主化、構建更加公平合理的國際秩序、完善全球治理等方向發展,來應對單邊主義、冷戰思維的挑戰,從而達致與世界各國共同促進全球和平發展的目的。*

　　《星島日報》的社論,進一步指出:「中國要促成俄烏坐下議和,難度極高。……中方對俄烏勸和促談,最大障礙是美國。……中國積極為俄烏調停,已成中美重要角力場,因這不止為中國和世界帶來和平紅利,還可成為中國反擊美國遏制的重要手段,向世界彰顯中美外交價值觀的重大差異,即中國為世界帶來和平、公平,而美國則只圖挑動戰火、謀奪私利。」[26]

　　中國作為一個大國,有責任和擔當,發揮引領作用,為促進世界和平與發展發揮更多建設性作用,為世界和平發展進步作出更多貢獻。而要達到此目的,我建議中國除了先後提出全球發展倡議、全球安全倡議、全球文明倡議,為促進世界和平發展,推動人類文明進步,豐富人類命運共同體理念的內涵和實踐路徑,來應對

世界之變、時代之變、歷史之變之外，中國還應提出**全球和平倡議**，為進一步促進世界和平發展，發揮更多建設性作用。其次，不要忘記「**全球和平**」（或「**世界和平**」）是夯實「**人類命運共同體文明**」的定海神針。**假如世界不太平，全球戰亂頻繁，也就無法落實「人類命運共同體」，也就難以推動人類文明進步和人類命運進化的進程。**

　　因此，在以後的歲月裏，我期望中國共產黨能一代又一代接續引領和導向中國人民，朝着不斷壯大我國的經濟實力、科技實力、綜合國力的方向發展；繼續為建設富強民主文明和諧美麗的中國努力奮鬥；創造比資本主義更高的效率和適當的發展平衡，更有效地維護社會公平，實現效率與公平、物質文明與精神文明相兼顧、相促進、相統一；弘揚和平、發展、公平、正義、民主、自由的全人類共同價值；高舉和平、發展、合作、共贏旗幟，不斷努力推動構建「中華新文明」、「世界新文明」、「人類命運共同體文明」、「全球文明」、「科技文明」等，朝着人類命運進化的方向邁進，繼續做好歷史的引領和導向工作。

　　我深信，正如習近平所說：「中國共產黨將致力於推動高品質發展，促進全球發展繁榮。中國共產黨將致力於維護國際公平正義，促進世界和平穩定。中國共產黨將致力於為推動文明交流互鑒，促進人類文明進步。」[23]

　　而對中國來說，「中國式現代化既基於自身國情、又借鑒各國經驗，既傳承歷史文化、又融合現代文明，既造福中國人民、又促進世界共同發展，是我們強國建設、民族復興的康莊大道，也是中國謀求人類進步、世界大同的必由之路。」[23] 概括地說，「中國式現代化，就是人口規模巨大的現代化、全體人民共同富裕的現代化、物質文明和精神文明相協調的現代化、人與自然和諧共生的現代化、走和平發展道路的現代化。」[24] 而中國在這方面的引領和導向，非常重要，並且必須繼續下去。因為，中國作為一個現代化的文明大國，現今只有中國才能無私、理性、智慧地引領和導向人

類及世界各國，走和平及可持續發展的道路。

作為總結，我們可以從以上的討論清楚看到，中國正在着力建立一個新時代中國特色社會主義思想的科學體系，並用這一個體系來推動中國的未來發展，其重點主要包括以下幾個方面：

1. 要做到改革發展、內政外交國防、治黨治國治軍等方方面面構成一個完整的、穩定的、科學的思想體系。用這個思想體系來觀察時代、把握時代、引領時代；推進中國式現代化以取得新進展新突破，解決經濟社會發展中的各種矛盾和問題，防範化解重大風險，特別是要在任何時候，貫徹落實全面從嚴治黨。

2. 「着眼全國發展大局，發揮自身優勢，明確主攻方向，主動融入和服務構建新發展格局，努力在實現科技自立自強、構建現代化產業體系、促進城鄉區域協調發展、擴大高水準對外開放、加強生態環境保護等方面實現新突破。」(27)

3. 與世界各國共同構建人類命運共同體，堅持做到：(1) 守望相助，(2) 共同發展，(3) 普遍安全，(4) 世代友好，(5) 和平團結，(6) 保護自然，(7) 共同富裕，(8) 共同繁榮，(9) 打造世界美好的明天。

新時代中國特色社會主義思想的科學體系
及中華文明的特性

2023 年 6 月 2 日，習近平在一個關於文化傳承發展的座談會上，對於在本章上面提到的，中國正在着力建立一個新時代中國特色社會主義思想的科學體系，並用這一個體系來推動中國的未來發展的問題，作出了進一步的系統闡述。他明確地指出：「中國文化源遠流長，中華文明博大精深。只有全面深入瞭解中華文明的歷

史，才能更有效地推動中華優秀傳統文化創造性轉化、創造性發展，更有力地推進中國特色社會主義文化建設，建設中華民族現代文明。」(28)

他說：「中華優秀傳統文化有很多重要元素，共同塑造出中華文明的突出特性。中華文明具有突出的連續性，從根本上決定了中華民族必走自己的路。如果不從源遠流長的歷史連續性來認識中國，就不可能理解古代中國，也不能理解現代中國，更不可能理解未來中國。中華文明具有突出的創造性，從根本上決定了中華民族守正不守舊、尊古不復古的進取精神，決定了中華民族不懼新挑戰、勇於接受新事物的無畏品格。中華文明具有突出的統一性，從根本上決定了中華民族文化融為一體、即使遭遇重大挫折也牢固凝聚，決定了國土不可分、國家不可亂、民族不可散、文明不可斷的共同信念，決定了國家統一永遠是中國核心利益的核心，決定了一個堅強統一的國家是各民族人民的命運共同體系。中華文明及民族具有突出的包容性，從根本上決定了中華民族交往交流交融的歷史取向，決定了中國各宗教信仰多元並存的和諧格局，決定了中華文化對世界文明兼收並蓄的開放胸懷。中華文明具有突出的和平性，從根本上決定了中國始終是世界和平的建設者、全球發展的貢獻者、國際秩序的維護者，決定了中國不斷追求文明交流互鑒而不搞文化霸權，決定了中國不會把自己的價值觀與政治體制強加於人，決定了中國堅持合作、不搞對抗，決不搞『黨同伐異』的小圈子。」(28)

習近平在座談會上，還強調指出：「在五千多年中華文明深厚基礎上開闢和發展中國特色社會主義，把馬克思主義基本原理與中國具體實際、中華優秀傳統文化相結合是必由之路。這是我們在探索中國特色社會主義道路中得出的規律性的認識，是我們取得成功的最大法寶。第一，『結合』的前提是彼此契合。馬克思主義和中華優秀傳統文化來源不同，但彼此存在高度的契合性。相互契合才能有機結合。第二，『結合』的結果是互相成就，造就了一個

有機統一的新的文化生命體，讓馬克思主義成為中國的，讓中華優秀傳統文化成為現代的，讓經由『結合』而形成的新文化成為中國式現代化的文化形態。第三，『結合』築牢了的道路根基，讓中國特色社會主義道路有了更加宏闊深遠的歷史縱深，拓展了中國特色社會主義道路的文化根基。中國式現代化賦予中華文明以現代力量，中華文明賦予中國式現代化以深厚底蘊。第四，『結合』打開了創新空間，讓我們掌握了思想和文化主動，並有力地作用於道路、理論和制度。更重要的是，『第二個結合』是又一次的思想解放，讓我們能夠在更廣闊的文化空間中，充分運用中華優秀傳統文化的寶貴資源，探索面向未來的理論和制度創新。第五，『結合』鞏固了文化主體性，創立新時代中國特色社會主義思想就是這一文化主體性的最有力體現。『第二個結合』，是我們黨對馬克思主義中國化時代化歷史經驗的深刻總結，是對中華文明發展規律的深刻把握，表明我們黨對中國道路、理論、制度的認識達到了新高度，表明我們黨的歷史自信、文化自信達到了新高度，表明我們黨在傳承中華優秀傳統文化中推進文化創新的自覺性達到了新高度。」(28)

　　從以上的論述，我們可以清楚地看到，通過長期的實踐，中國已「把中國經驗提升為中國理論，實現了精神上的獨立自主。」中國「秉持開放包容，堅持馬克思主義中國化時代化，傳承發展中華優秀傳統文化，促進外來文化本土化，不斷培育和創造新時代中國特色社會主義文化。」(28)

　　因此，從認知的角度，我們可以這樣簡要概括地來理解，即：中國現今正在以 [中國優秀傳統文化] ＋ [新時代中國特色社會主義文化]，來努力造就（或努力建設）一個，在人類文明進化史上，從未出現過的「中華民族現代化文明」（或「中華新文明」）。而在這基礎上，中國同時還在努力打造一個人類「世界新文明」，以及構建一個「人類命運共同體文明」。

　　這也就是說，*從人類命運進化的角度來看，我們可以看到，當今，中國把人類進化的進程，已引領和導向至一個高度融合的*

[現代科技文明] + [現代人文文明] 的時代。（註：*[現代科技文明] 指的是 [現代農業文明] + [現代工業文明] + [現代數位文明及人工 智能文明]；而 [現代人文文明] 指的是 [中華民族現代文明]（或 中華新文明）+ [世界現代文明]（或世界新文明）+ [人類命運共同 體文明]。*）

最後，順便指出，2023 年 6 月 4 日《人民日報》的一篇評論員文章，提了兩個很有意思的問題，即：「(1) 一個國家生生不息的歷史文脈，如何傳承賡續？(2) 一個民族綿延不絕的悠久文明，如何發揚光大？」[29] 對於這兩個問題，在本書的好幾個章節內，都可以看到中國是怎樣回答的。扼要地來說，就是：中國正在具體努力地做好這方方面面的引領和導向工作。因為只有這樣，中國才能回答好有關中國應該怎樣賡續自己的歷史文化及文明，及怎樣建立中華新文明（或中華民族現代文明）；並在這基礎上，回答好怎樣打造世界新文明，怎樣構建人類命運共同體文明，以及怎樣引領和導向世界未來的發展和人類命運進化的進程問題。而最近習近平對以上問題的回答，也非常值得參考。他說：中國在新文化和新文明建設時，必須要強調用「社會主義核心價值觀來引領文化建設」，以人民為中心的導向來建設中華民族現代文明。他還說：「對歷史最好的繼承，就是創造新的歷史；對人類文明最大的禮敬，就是創造人類文明新形態。」[30]

參考資料

1.　王毅，〈建設一個更加安全的世界〉。2023 年 2 月 21 日，《大公報》。

2.　《全球安全倡議概念檔》，2023 年 2 月 22 日《人民日報》。

3. 秦剛在「全球安全倡議：破解安全困境的中國方案」藍廳論壇開幕式上發表的主旨演講。2023 年 2 月 22 日，《人民日報》。

4. 中國外交部發佈的《關於政治解決烏克蘭危機的中國立場》。2023 年 2 月 25 日，《人民日報》。

5. 〈不負人民的發展答卷〉。2023 年 2 月 26 日，《人民日報》。

6. 〈科技創新成為引領現代化建設的重要動力〉（權威部門話開局）。2023 年 2 月 25 日《人民日報》。

7. 〈習近平在中共中央政治局第三次集體學習時強調　切實加強基礎研究　夯實科技自立自強根基〉。2023 年 2 月 23 日《人民日報》。

8. 〈處理好戰略與策略的關係〉。2023 年 2 月 22 日，《人民日報》。

9. 〈中共中央國務院印發《數位中國建設整體佈局規劃》〉。2023 年 2 月 28 日，《人民日報》。

10. 〈處理好守正與創新的關係〉。2023 年 2 月 23 日，《人民日報》。

11. 〈將徹底改寫現代化的世界版圖〉（和音）。2023 年 2 月 28 日，《人民日報》。

12. 〈深入把握科技革命的趨勢和影響〉（新書評介）。2023 年 2 月 23 日，《人民日報》。

13. 〈中辦國辦印發《關於加強新時代法學教育和法學理論研究的意見》〉。2023 年 2 月 27 日，《人民日報》。

14. 和音，〈助力世界文明朝着平衡、積極、向善的方向發展〉。2023 年 3 月 2 日，《人民日報》。

15. 任仲平，〈團結奮鬥，創造新的偉業〉，2023 年 3 月 3 日，《人民日報》。

16. 〈最廣泛、最真實、最管用的民主〉。2023 年 3 月 3 日，《人民日報》。

17. 〈讀懂中國之治的「密碼」〉。2023 年 3 月 18 日，《人民日報》。

18. 張凡，〈進一步深化改革開放〉。2023 年 3 月 3 日，《人民日報》。

19. 〈推進中國式現代化需要處理好若干重大關係〉。2023 年 3 月 4 日，《人民日報》。

20. 〈人民的信任，是我前進的最大動力——習近平在第十四屆全國人民代表大會第一次會議上的講話〉（2023 年 3 月 13 日）。2023 年 3 月 14 日，《大公報》。

21. 和音，〈為人類和平與發展作出更大貢獻〉。2023 年 3 月 7 日，《人民日報》。

22. 2023 年 3 月 7 日，〈秦剛在十四屆全國人大一次會議舉行的記者會上，就中國外交政策和對外關係回答中外記者提問〉。2023 年 3 月 8 日，《人民日報》。

23. 〈習近平出席中國共產黨與世界政黨高層對話會並發表主旨講話〉。2023 年 3 月 16 日，《人民日報》。

24. 〈習近平在俄羅斯媒體發表署名文章〉。2023 年 3 月 20 日，《人民日報》。

25. 〈努力推動構建人類命運共同體〉。2023 年 3 月 20 日，《人民日報》。

26. 〈習近平訪俄，俄烏和談創契機〉。2023 年 3 月 19 日，《星島日報》，「社論」。

27. 〈着眼全國大局　發揮自身優勢　明確主攻方向〉。2023 年 5 月 21 日，《人民日報》。

28. 習近平，〈擔負起新的文化使命　努力建設中華民族的現代文明〉。2023 年 6 月 3 日，《人民日報》。

29. 〈賡續歷史文脈　譜寫當代華章〉。2023 年 6 月 4 日，《人民日報》。

30. 〈中國式現代化是賡續古老文明的現代化〉。2023 年 6 月 5 日，《大公報》。

附件 I

徐是雄教授談「文明」
（演講稿）

1.　我們怎麼樣去理解和界定「文明」（civilization）？

2.　人類群體的生產生活，孕育了「文化」；「文化」的積累，形成了「文明」；人類文明的進步，推動了人類命運的進化。從廣義的角度看，「廣義的文化」=「廣義的文明」。

3.　人類文明的出現，是宇宙的一大奇蹟。人類既是文明的創造者，又是文明成果的體現者。人類在創造文明的過程中，不斷改變自己的生存方式；同時文明成果的積累也推動了人類的演進。

　　　　人類自身和人類所創造的文明，形成一種互動或動態進化的關係。

　　　　人類演化的全部過程，我們還不全部清楚，但根據考古學家暫時性的結論顯示：對中國人來說，我們約有百萬年的人類史、一萬年的文化史、五千多年的文明史。

4.　近 30 萬年前，自「智人」（*Homo sapiens*，即現代人）以獨特的物種出現以來，人類存在的大部分時間，其基本的生活重心，與其他動物一樣，都是為生存（to survive）和繁衍（to reproduce）。人類的生活水準，始終不脫勉強維生，但幾萬年過去，無論在地球各地，儘管都有改變，但改變並不多。可是令人費解的是，就在過去的幾個世紀，人類的生存模式卻

發生了劇烈變化。從歷史發展的長遠角度來看，人類幾乎在一瞬之間，就經歷了生活品質上史無前例的戲劇性進步。

5.　為什麼人類能夠創造出自發式的進步？

　　　主要的原因有三個：

(1)　因為 (a) 人類透過與自然環境的互動和不斷「鬥爭」（即是 (i) 要麼去適應環境的變化，與自然環境和諧共生，即是適者生存；(ii) 要麼就去改造環境，與自然環境和諧共生）；(b) 人類群體生活的形成，促使人類快速演化，而在中國，就形成了一種「多元一體」的格局。「多元」指的是中國是一個多民族的國家，但各民族卻非常交融，在中華大地上形成了共同的價值觀念和文化心理，各民族都成了中華民族大家庭中的成員，即達至「一體化」。

(2)　因為「古往今來，人類逐水而居，而文明則伴水而生。」水是人類生命的泉源；沒有水，所有的「生命體」（living things）都會滅亡。

(3)　人類在這地球上所構建的文明，是由我們人類的大腦（brain）或心智（mind）能力（capability and capacity）的不斷演進和進化所導致的結果。

6.　在這地球上，為什麼會有這麼多不同的文明呢？

　　　原因主要有兩個：

(1)　生存的地理環境不一樣；

(2)　生活習慣和「文化」（culture）存有差異。

故此，在這地球上就出現和形成了許多不同的文明，即「文明的多樣性」或「文明的多元化」。

7.　簡要地來說，世界上有「四大文明」或「原生文明」：古埃及、巴比倫、古印度、中華[古]傳統文明（事實上不止這四種）。

但這些文明，很多都是「失落」或「斷裂」的文明，而「失落是常態，無失落是意外」。像我們中國至今，在很多方面還保持着與古代的連續性（但也是唯一的例子），是因為特別能長期保持一種「農耕+讀書治國」的文明（簡稱「耕讀」文明），太不容易了。而且，中國的歷史文化遺產特別豐富，價值特別高，包括歷史價值、藝術價值、科技價值、社會價值、文化價值等。

8.　那麼為什麼我們的中華文明，能保持着與古代的連續性呢？

主要是因為「中華文明」不但能保持住五千多年的古代中華文明（Chinese ancient or traditional civilization，即「中華傳統文明」）的連續性，並且還在持續發展，與時俱進，不斷通過「自強不息」、「自力更生」和「拼博精神」來發展自身文化的優點，增強其生命力和影響力，把中國的傳統文明，演變成一種獨特的「中華民族現代文明」（modern Chinese civilization）或「中華新文明」。

9.　那麼具體來說，這種獨特的「中華民族現代文明」或「中華新文明」的內涵是什麼？

在回答這一問題之前，讓我們回顧一下「人類文明」的演變進程：

(1)　古代的人類生產力落後，科技不發達，知識水平低，生活方式以遊牧流浪狩獵為主；

(2)　之後到一萬多年前，人類進入定居式的農業聚落和社會，逐步形成「農耕文明」或「農業文明」；

(3)　到十八、十九世紀「工業革命」時代，科學技術進展的增速驚人（特別是蒸汽機、電力等的發明及其擴大的用途），使科學大步前進，而文學、藝術、音樂等同樣受惠於各種腦智的進步，促使「人文」方面史無前例的蓬

　　勃發展；同時愈來愈多的人有受教育的機會，因而創新的速度也大大加快，形成了第一次和第二次「工業革命」，並帶來了人類歷史上從來未有過的「工業文明」；

(4)　到了上一世紀，人類進入「電腦化」時代，這對人類的文明進程來說，又起了翻天覆地的變化。人類步入了一個「數字化」或「數位化」時代（digital age），即「第三次工業革命」時代。

　　　　而中國從這一時代開始，便急起直追，建立了「北斗」、5G、「空間站」、AI、量子通信等科學技術設備。因此，人類也就開始步入一個「第四次工業革命」時代。

(5)　現今，中國與其他許多國家，正在加快構建「網絡空間命運共同體」，為科技創新、為世界和平、為國與國之間的合作共贏、為推進人類文明的進步，作出貢獻。而在這一方面，我們中國已開始獲得巨大的進展，在許多方面站在領先的地位，並同時在協助打造和建立一個「人類命運共同體文明」時代，或可被稱為一個「人類新人文時代」或「人類現代文明時代」（a New Human Age or a Modern Human Age），一個以「人文」理論和概念推動，並以「全球文明」及「人類命運共同體文明」為基礎的「新人文文明」或「現代人文文明」，與由一個以「科學」理論和概念推動的「工業文明」（Industrial Civilization）+「科學技術文明」（Science and Technology Civilization）+「數字文明」（或「數位文明」）（Digital Civilization），形成一種相輔相成、相得益彰的推動人類命運進化的格局（同時見第 18 項的有關論述）。

　　（註：有些學者，例如易中天等，採用了不同的標準、原則和分類方法，認為直接從原始社會過渡而來的，稱為第一代文明（即要經過由：聚落 → 城市 → 國家 → 文明，這樣的一個過程）；在第一代文明基礎之上建

立的，稱為第二代文明，也叫「古典文明」（譬如：印度文明、瑪雅文明、希臘文明、羅馬文明等）；而第三代文明 ＝ 西方現代文明。）

根據不同的分類方法，扼要地我們還可以用以下的方法作出分類，那就是：人類文明的進化，是依照以下的這種過程序列進化的：

第一代文明（＝ 游牧文明）→ *第二代文明*（＝ 農業文明）→ *第三代文明*（＝ 工業文明）＝ 西方文明的第一次工業革命（蒸汽機）＋ 第二次工業革命（電）→ *第四代文明*（＝ 數字化文明）＝ 數字化或數位化時代 ＝ 第三次工業革命（電腦）→ *第五代文明*（＝ 人工智慧或人工智能文明）＝ 第四次工業革命 → *第六代文明*（＝ 星際文明或太空文明）＝ 第五次工業革命。

而在「游牧文明」出現之前，只有「文化」，因為那時人腦還不夠發達，不懂得怎樣用腦的「思維」能力來推動和建設文明（或開創「思維文明」）。（*註*：人類的「思維文明」的形成，始於懂得利用火。之後，總的來說，整個人類的「思維」發展，進入了一段非常緩慢的發展期，直至「工業文明」時期的到來（由於能得到教育的人多了起來，以及資本主義的興起），人類整體性的「思維」能力，才超快地（指數式的，exponential）發展起來。）

至於「中華文明」，則是 (a) 在第一代文明中，唯一延續至今的；(b) 在延續至今的文明中，唯一沒有宗教信仰的；(c) 在沒有宗教信仰的文明中，唯一具有世界性的。所以「中華傳統文明」是一種「世俗」文明，其特徵是含有豐富的「現實精神」、「人本精神」，追求的是「中庸、和諧、入世、包容」的人生哲學、生存觀、天下觀（或世界觀）和宇宙觀。

10. 所謂「人類命運共同體」，簡要地指的是：中國認為人類應追求的是「和平發展、合作共贏、和諧共生」；而西方國家所追求的則是「競爭發展、你輸我贏、你錯我對」。因為現今我們人類已進入一個「你中有我、我中有你」的「人類命運共同體文明」，以及具有「文明多樣性」特徵的「全球文明」。（註:「全球文明」這一倡議是中國提出的，這倡議建立在尊重世界文明多樣性的基礎上，有助於增進不同民族間、不同文明間的聯繫與互動，為世界的和平與穩定創造條件，為「人類命運共同體文明」打牢基礎。）所以根據這一「人類社會進化」的進程，我們可以把這一進程用以下的公式來表示，即：

「中華新文明」 → 「世界新文明」 → 「人類命運共同體文明」

在以上這三個人類文明不同的發展階段，每一階段都擁有自身的特質，但也有與其他階段相同之處。

11. 而中國正在為自己打造的「中華新文明」，則具體包括以下的要素，即：

和平發展 + 開放包容 + 科技協同創新 + 全球發展 + 全球安全 + 高質量發展 + 人民民主 + 民主團結 + 協商監督 + 依法治理 + 生態文明建設和綠色發展 + 人民共同富裕 + 物質文明和精神文明相協調發展 + 人與自然環境和睦相處共生共進化 + 一個廉潔、高效、親民及強而有力的執政黨。

12. 以上的要素，基本上體現和彰顯了下面幾個重要的中國人的「文明」概念或觀點：

　　對自己的國家來說，要做到：獨立自主、人民至上、生命至上、和平發展、自力更生、開放包容、團結奮鬥。

　　而就國與國之間的關係來說，則要做到：相互尊重、和平共處、開放發展、合作發展、共同發展、合作共贏、避免戰爭。

　　這樣，就可以真正體現我們中國人所講的「善政」及優良的文明「治國理政」標準，從而達致國與國之間「和睦相處」的理想文明境界。這扼要地包括以下的內容和元素，以及中華文明的突出特性：

　　「大道之行，天下為公」；「天下大同的社會理想」；「民為邦本、為政以德的治理思想」；「九州共貫、多元一體的大一統傳統」；「修齊治平、興亡有責的家國情懷」；「厚德載物、明德弘道的精神追求」；「富明厚生、義利兼顧的經濟倫理」；「天人合一、萬物並育的生態理念」；「實事求是、知行合一的哲學思想」；「執兩用中、守中致和的思維方法」；「講信修睦、親仁善鄰的交往之道」；「天下兼相愛則治，交相惡則亂」；「道私者亂，道法者治」；「包容共濟、求同存異、協商合作、共同創造，推動構建人類命運共同體，弘揚和平、發展、公平、正義、民主、自由的全人類共同價值，堅持和平發展、開放發展、合作發展、共同發展的理念，堅定不移維護國家主權、安全和發展利益，反對霸權、霸道、霸凌、欺負、壓迫、奴役其他國家人民的行徑。」（對中國來說，更不允許任何外來勢力欺負、壓迫、奴役中國和中國人民。）（*註*：以上內容大多摘錄自習近平的講話。）

13. 「世界新文明」 = 西方工業文明 + 科學文明 + 中國式現代化文明。

14. 「人類命運共同體文明」= 多元、多功能、多形式的不同建

構的人類命運共同體。而推動「人類命運共同體」的構建力
量，則包括中國提出的一系列倡議：「一帶一路」倡議、「全
球發展」倡議、「全球安全」倡議、「全球文明」倡議等。（註：
「全球文明」倡議 ＝ 協調推進人類社會創造發展的多樣文
明的包容共存和交流互鑒 ＋ 積極消除自然環境在不斷變化
所造成的不利文明傳承、轉化、創新發展的因素。）

15. 中國擁有 14 億人口，若每個人都能出一份力，就會彙聚成
排山倒海的磅礴力量，若每個人做成一件事、幹好一件工作，
就能把國家事業推前一步，而人類文明的進步和人類命運的
進化，也就能夠向前再邁進一大步。

16. 最後我建議，中國還應提出「全球和平倡議」或「世界和平
倡議」，因為和平是建立「中華新文明」、「世界新文明」、「人
類命運共同體文明」及「全球文明」的定海神針。

17. 總的來說，我認為人類文明的進化，扼要地是循以下的規律
演進的：

從古人類懂得怎樣利用工具開始，就出現了「工具文
明」。之後，人類開始懂得怎樣利用「火」，就出現了「思維
文明」（即懂得動腦筋）。人類的「思維文明」從萌芽到成熟，
經過了不知多少年的時間，在這期間，由於內因和外因的相
互刺激和衝擊及不停的互動（the result of interactions of
internal and external forces），「思維文明」不斷進化，促使人
類的腦功能（function）、心智（mind）和智力（capacity）也
不斷進化，變得愈來愈聰明，最終形成多種我們熟悉的文明
發展路徑或形態，即：城市文明、國家文明、農業文明、工
業文明、語文文明、物質文明、精神文明、科學文明、人文
文明、心理文明、宗教文明、全球文明等。如要保證這多種
的文明能持續發展，重要的是我們必須盡快把人類命運共同

體文明建立起來。而中國正在朝着這方向努力，讓未來的世界更美好和太平。

18.　而從人類命運進化的角度，還可以看到，*當今中國正在把人類進化的進程，引領和導向至一個高度融合的 [現代科技文明] + [現代人文文明] 的時代*。[現代科技文明] 指的是：[現代農業文明] + [現代工業文明] + [現代數位文明及人工智能文明]；而 [現代人文文明] 指的是：[中華民族現代文明]（或中華新文明）+ [世界現代文明]（或世界新文明）+ [人類命運共同體文明]。但注意：[現代科技文明] 與 [現代人文文明] 所涉及的內容和範圍是有重疊的，但各自也有自身的發展重點和特性，因此，兩者是具有明顯差別的。此外，「中華新文明」與「中華民族現代文明」的關係是：「中華新文明」的持續發展和演進，將包涵「中華民族現代文明」在演進過程中所形成的 1.0、2.0、3.0...的各種不同版本的內容。而依據中國的發展速度來看，「中華民族現代文明」1.0 版，大概需要 50 多年才能完成（即從 1980 年開始算起，至 2030 年左右）。之後的 2.0 版的發展速度，估計將會加快，可以在 30 多年之內，完成升級進化的週期（evolutionary cycle）。但之後的發展速度，會否保持高速，還是會緩慢下來，現時暫難預測。

附件 II

構建人類命運共同體，創造
更加美好的世界
（演講稿）

（註：我在演講時，一般都不會看着稿子來讀，而是根據演講稿的內容，另做一些簡報（PowerPoint）來演譯和發揮的。）

2013 年 3 月 24 日，習近平主席在莫斯科國際關係學院，首次提出人類命運共同體的理念。十年前，世界正處於一個大發展、大變革、大調整時期。人類在問，我們到底應該建設一個什麼樣的未來世界？怎樣建設這個未來的世界？而人類命運共同體的理念，在這個時候就被提了出來。這可以說是對以上的問題，一個最具遠見和國際影響的答案。

　　2017 年 1 月，習主席在聯合國日內瓦總部，再進一步深入地闡釋了構造人類命運共同體理念，並倡導人類要建設一個持久和平、普遍安全、共同繁榮、開放包容、清潔美麗的世界。我認為要達到此目的，在構建人類命運共同體時，就必須解決好以下的兩個問題，那就是：(1) 需要充分理解人類命運共同體的理念；(2) 搞清楚實踐人類命運共同體的路徑。

　　習主席在不同場合指出，人類是一個整體，地球是人類的家園。人類的交往愈來愈密切頻繁，是一個你中有我，我中有你的人類命運共同體。因此，「每個民族、每個國家的前途命運都緊緊聯繫在一起，應該風雨同舟，榮辱與共，努力把我們生於斯，長於斯的這個星球建成一個和睦的大家庭，把世界各國人民對美好生活

的嚮往變成現實。」因此，*構建人類命運共同體，不但可以避免政治制度之爭，以及不同文明之間的衝突，更可以促進不同的社會制度、不同的意識形態、不同的歷史文化、不同的發展水平的國家，做到在國際事務中交流互鑒、共商共建、共同發展、合作共贏、和諧共生。*

當然，構建人類命運共同體能否成功，關鍵還要看行動和實踐路徑是否對頭。而在這方面，*過去的十年，中國積極採取引領和導向行動，把人類命運共同體，分別在雙邊層面、區域層面、全球層面穩步地推進，並提出全球發展倡議、全球安全倡議、全球文明倡議，豐富人類命運共同體的內涵和行動引導，*「*促進各國人民相知相親，共同應對各種全球性挑戰，朝着構建人類命運共同體方向不斷邁進*」（註：引自 2023 年 4 月 24 日〈習近平在接受外國駐華大使遞交國書〉時的講話，見 2023 年 4 月 2 日《人民日報》），*最終建立一個人類命運共同體文明。*

但除了分別在雙邊層面、區域層面、全球層面推進人類命運共同體之外，在構建人類命運共同體時，還得把重點聚焦在構建人類命運共同體的功能和目的方面。換言之，就是說我們要問：為什麼一定要構建這麼多的人類命運共同體？其最終目的是什麼？功能是什麼？在下面我試回答一下這些問題。譬如，就構建「人類衛生健康共同體」來說，其構建的目的，是要保障全人類的衛生健康；又譬如，就構建「人與自然生命共同體」來說，其目的就是要保護生物多樣性，以及不要讓人類繼續污染環境；又再譬如，就構建「人類與地球氣候變化共同體」來說，其目的就是要人類社會減排二氧化碳，防止地球氣候不斷變暖。

因此，總的來說，人類命運共同體的主要內涵，除上面所提的之外，還要達致以下幾項目的：

1.　覆蓋政治、安全、經濟、文化、生態五個方面；

2.　順應現今世界已進入你中有我、我中有你，各國相互依存、休戚與共的格局；

3. 做到構建合作共贏為核心的新型國際關係，引領人類文明走
向及歷史發展潮流；

4. 讓各國能夠合作達到一個持久和平、普遍安全、共同繁榮、
開放包容、清潔美麗、文明多樣的人類可持續幸福生活和不
斷發展的理想世界；

5. 以寬廣胸懷理解不同文明對價值內涵的認識，不將自己的價
值觀和模式強加於人，促進全球人類文明的發展和互鑒，不
搞意識形態對抗，從而構建各種不同類型的人類命運共同
體。

6. *顯示未來促使人類文明進步和發展的動力，不但需要依靠*
「科學技術」和「工業革命」（即物質文明的建設）來推動和
支撐，同時，還需要依靠構建人類命運共同體，從「人文」
和「以人為本」（human-centered）的角度（即精神文明的建
設），來推動和支撐人類文明的發展及進程。中國的這一做
法，我認為是中國在推動人類文明進步和人類命運進化的一
大發明。而這一發明，不但能起到在哲學思想和理性思維方
面新的突破；同時，還能引領和導向「人類學」和各種「人
文」學科及領域的未來發展，創造出更多新的要素、新的路
徑和顛覆性的創新思維。

　　從以上的論述我們已經可以看到，人類命運的進化，已達致
一個必須構建「人類命運共同體文明」的階段。而這我在拙著《怎
樣提升人類命運的進化？構建：中華新文明、世界新文明、人類命
運共同體文明》以及在《怎樣推動人類心智、心理、命運的進化？
中國如何引領和導向世界未來的發展》的書中，就構建中華新文明
→ 世界新文明 → 人類命運共同體文明的進程，以及築牢中華新
文明、世界新文明、人類命運共同體文明的架構及內涵作出了闡
釋。而這一進程，我可以簡要地，用以下幾個公式，把他們的內涵
以及他們之間的聯繫清楚地顯示出來：

中華新文明（或「中華民族現代文明」）＝[中華傳統文明 ＋ 社會主義人文文明（包括：人文新文明 ＋ 科技新文明）]

（*註*：「中華新文明」與「中華民族現代文明」之間的關係是：「中華新文明」的持續發展和演進，包涵了「中華民族現代文明」在演進過程中所形成的 1.0 版、2.0 版、3.0 版...的各種不同版本的內容。此外，如果單從「中華新文明」＝「人文新文明」＋「科技新文明」的角度來看，那麼「人文新文明」籠統地就可以被視作為：「中華傳統文明」＋「社會主義人文文明」。）

世界新文明 ＝「各國多樣文明」 ＋ 科學文明 ＋ 不同的政治制度

（*註*：在這裏我需要特別指出，所謂「各國多樣文明」，指的是人類文明進化過程中所形成的全球多樣性文明，以及他們在進化過程中，根據不同的文明類型的形成和進化過程，所形成的以下的各種不同文明類型。即是說，研究者從不同的觀點與角度考慮，所作出的不同的人類文明進化過程的分類。這主要包括以下幾種不同的推動人類文明進步進化的類型：

1.　[*農業文明 → 工業文明*] 的形成和進化過程（工業文明，包括：第一、二次工業革命、第三次工業革命、第四次工業革命）；或 [農業文明 → 科技賦能形成的農業現代化文明] ＋[工業革命] 的形成和進化過程。

2.　[*社會文明*] 的進化過程 ＝ 從 [奴隸社會 → 封建社會 →資本主義社會 → 社會主義社會（→ 共產主義社會）] 在不同的歷史發展階段，形成的文明。（至於共產主義文明具體會在什麼時候會出現？以什麼形式出現？現時還難以預測。）

3.　[*中華新文明*] 的形成和進化過程 ＝ [中華傳統文明 ＋ 科技文明 ＋ 社會主義文明]（社會主義文明，相當於中國式現代化文明、可持續發展文明、或中華民族現代文明）。

4.　[*世界新文明*] 的形成和進化過程 ＝ [每一個國家自己獨特的文明 ＋ 科學文明 ＋ 不同的政治制度]。（每一個國家自己

獨特的文明，都大約需經歷以下發展過程才能形成，即：原生文明 ＋ 外來文明的本土化 ＋ 現代化文明 → 形成各自獨特的文明。）

5. [*人類命運共同體文明*] 的形成和構建，這是由中國首先提出，包括中國所倡議的全球發展、全球安全等理念，宣道和平、發展、合作共贏，以達致全球多樣文明共興。）

至於「中華新文明、世界新文明、人類命運共同體文明」之間的相互聯繫及形成過程，譬如，就中國來說，簡要地就可以用以下的公式來表示，即：

中華新文明（或「中華民族現代文明」）→ 世界新文明 → 人類命運共同體文明

人類命運共同體文明 ＝[雙邊層面、區域層面、全球層面人類命運共同體 ＋ 功能性、目的性驅動的共建共享共用命運共同體]。

（*註*：雙邊層面指的是，例如：中國–巴基斯坦、柬埔寨、寮國、緬甸、哈薩克、烏茲別克、印尼、泰國、古巴等。地區層面指的是中國–亞洲、東盟、上海合作組織、亞太、中非、中阿、中拉、中國–中亞、中國–太平洋島國等。全球層面指的是網絡空間命運共同體、核安全命運共同體、人類衛生健康命運共同體、全球發展共同體、人類安全共同體、人與自然生命共同體、海洋命運共同體等。請參考國紀平在 2023 年 3 月 23 日《人民日報》的文章。）

2023 年 3 月 24 日，時外交部長秦剛在《人民日報》撰文指出：「如今，越來越多國家認識到，世界命運應該由各國共同掌握，國際規則應該由各國共同書寫，全球事務應該由各國共同治理，發展成果應該由各國共同分享，人類命運共同體代表着世界的未來。」

　　我認為秦剛上面的說活，對香港的未來發展具有啟發性。因為，長期以來，香港受到英國和美國的影響，認為世界事務、國際規則，都必須順從英美的想法去做才行。而很多人看不到，現今世界正在大變，而這變化可以說，不但是世界之變，而更是時代之變、歷史之變。所以，香港必須順應這巨大的變化，走出英美國家的思想囹圄和各種錯誤的宣傳及陷阱，努力為自己擘畫出一條新路來。而這一條新路，就是要盡快融入中國內地的發展，助力國家構建各種人類命運共同體，如：人類衛生健康共同體、人與自然生命共同體等。其次，還必須提升我們的思維方式，除了弘揚中華文化之外，還要助力國家，努力構建各種人類命運共同體。這就需要把香港年輕人的視野，從「國際視野」進一步開闊和提升至「全球視野」或「全球文明」視野；因為，現今人類文明的進化進程，已超越了「國際化時代」，而進入了一個受資訊、互聯網、金融、人工智能、氣候變化等引領和導向的「全球化時代」（global age）。所以我認為，香港各界只有認識到這一點，並意識到其重要性和迫切性，香港才能為中國，為「一國兩制」的建設，為和平、普遍安全、公平、正義、開放包容、清潔美麗的世界作出我們的貢獻。香港才能有效助力促進中國更高水平開放型經濟新體制的形成，推進國家治理體系和治理能力的現代化，並超越西方的現代化。而香港只有這樣做，才能對接中國的國家戰略；才能真正助力國家的科技進步、新的「工業革命」或「工業文明」（science and technology-based industrial civilization）的建立；同時，助力國家推動以構建人類命運共同體為基楚的、嶄新的人類「人文文明」或「以人為本的文明」（human-based or human-centred civilization），即「人類命運共同體文明」。

　　最後，我引錄 2023 年 4 月 16 日《人民日報》一篇題為〈重視文明傳承和創新〉的文章中的幾段話，作為這一次演講的總結：

　　　「每一種文明都延續着一個國家和民族的精神血脈，既需要

薪火相傳、代代守護，更需要與時俱進，勇於創新。

　　我們要共同宣讀重視文明傳承和創新，充分挖掘各國歷史文化的時代價值，推動各國優秀傳統文化在現代化進程中實現創造性轉化、創新性發展。」

就中國來說，我們必須吸收各國的優秀文明要素，「堅持把馬克思主義基本原理，同中國式的現代化全面具體相結合、同中華優秀傳統文化相結合，推動中華優秀文化創造性轉化、創新性發展，以時代精神激活中華優秀文化的生命力，與其他文明相互借鑒，豐富世界文明百花園。」

後　語

我在編著一系列有關探索人類命運的進步和進化的專書時，發現有幾個問題，在我編著出版的這一系列書中，並沒有足夠及詳細的作出討論和說明；所以在這本書內，我就試圖把這些問題串聯起來，凝聚集合成一個綜合性的「引導學」概念。因為，人類心智在理性地運作或受到情緒的影響而運作時，必須要有正確的引領和導向，才能發揮心智各種有意義的思想、理念和理論，建立起穩定、可持續發展的實踐基礎，以及作出各種能推動社會進步、人類命運進化的行為和舉動。只有讓正確的引導起到作用，我們才能有效地解決各種社會和人類發展（包括發展的方向）的問題，以及充分掌握和了解他們之間的各種互為因果、相互影響的關係和關聯性的問題。為了說明以上問題，我在這裏再以中國為例，闡明一下：

1.　在社會的發展過程中，中國應怎樣建立自己的、能長期引領和導向，以及能促使人心穩定的問題。要回答或解決這一個問題，我在本書中倡議，中國需要建立一門能長久及全面「引領和導向人心」向善、向上、平和、積極、正向、進取、進化的「理性 ＋ 情感」的學問門類（a lead and direct discipline），及學術領域（Academic Research and Development Area）。如果要建構起這樣的一門「引導學」，其內容必須包含以下的範疇和內涵特質，即是要具備：綜合性、通識性、廣泛知識性、理論性、思想性、啟發性、前瞻性、想像力和方法論等的內容。這種「引導學」與西方的「正向心理學」、「社會心理學」或「社會學」是不一樣的。因為我所倡議的

「引導學」，與被引入中國的西方的「正向心理學」、「社會心理學」或「社會學」所指向和涉及的範圍及重點，以及針對和需要解決的人心和社會問題，都是不一樣的。中國是一個擁有龐大人口、多民族、地理環境複雜、文化歷史悠久、傳統獨特的社會主義國家，這與西方許多的國家很不一樣。所以我們必須把「引導學」與西方的「正向心理學」、「社會心理學」或「社會學」區分開來，分別對待；不過，同時我們也要用一種「和而不同」、「相互借鑒」、「包容匯集」的心態，來引導它們互相融合，形成一種新的、理性的、屬於中國人自己的「文化軟實力」和「學術門類」。

2.　「達爾文發現了有機界的發展規律，馬克思發現了人類歷史的發展規律」，但現今中國的學者的注意力，似乎都集中在研究馬克思主義所發現的社會發展規律，而比較少研究，以及進一步發展有關達爾文所發現的，有關人類自身的發展規律，而更少人對達爾文發現的有關人類的發展規律，與馬克思發現的社會發展規律之間的關係，其相輔相承的協同增效作用，以及兩者對今後人類文明（特別是對「人類命運共同體文明」、「全球文明」、「中華新文明」）的發展的引領和導向作用及影響等，作深入的研究和探討。因為必須看到，正如龔聲 2022 年 10 月 5 日在《澳門日報》發表的一篇評論文章中所指出的：中國「從構建人類命運共同體，到共建『一帶一路』；從弘揚全人類共同價值，到提出全球發展倡議、全球安全倡議；從深化國際經濟合作、促進共同發展，到支持世界抗疫、打造人類衛生健康共同體等」，這一項項倡議主張，及一個個實際的行動，不但彰顯出中國作為世界和平建設者、全球發展貢獻者、國際秩序維護者的作為和擔當，而更重要的是，依照我的看法，這同時還彰顯出中國現今正在打造的「世界新文明」、「人類命運共同體文明」、及「全球文明」，不但在思想和實踐等方面，是都能起到重要的引領和導向作

用及影響的。我相信，這種引領和導向，中國以後還會加大
力度繼續堅持下去。譬如，正如評論員和音 2022 年 10 月 5
日，在《人民日報》的撰文中所指出：**「*構建人類命運共同體
是超越民族國家意識形態的『全球觀』，為推動世界和平與發
展開闢了新路徑。*」**讓人類能夠有效地「推動建設相互尊重、
公平正義、合作共贏的新型國際關係。共同享受尊嚴、共同
享受發展成果、共同享受安全保障。」讓中國能夠有機會與
各國攜手共同謀發展，「共同為人類開創持久和平、普遍安
全、共同繁榮、開放包容、清潔美麗的美好未來」，此外，還
能為人類建立一個不同文明都能夠「包容共存」、「交流互
鑒」、　「共同進化」的「人類命運共同體文明」及「全球文
明」。

3.　怎樣能使中國公民（特別是一些年輕人）充分理解，從外國
引入中國的各種政治理論和文化，在任何時候，都必須予以
「中國化」和不斷創新的問題。同時還必須，除馬克思主義
的科學理論之外，充分利用其他科學理論和科學發現作為補
充。在任何時候，都不要讓創新意識受到任何形式的限制，
一定要把「科學」、「中國化」、「開放」、「包容」的創新發展
之路正確地引領和導向好。任理軒 2022 年 9 月 27 日在《人
民日報》撰文指出說：「習近平指出：『馬克思主義理論不是
教條，是行動指南，必須隨着時間的變化而發展。馬克思主
義能不能在實踐中發揮作用，關鍵在於能否把馬克思主義基
本原理同中國實際和時代特徵結合起來。』」所以，從引導的
角度來看，要把「中國化」的理念具體地引導好，就必須把
馬克思主義的基本原理同中國的具體實踐結合好，同中華優
秀傳統文明相結合和貫徹落實好，同時，還要能與其他的科
學理論結合好。

4.　和音 2022 年 9 月 27 日在《人民日報》為文指出：習近平提
出的「全球發展倡議，以構建全球發展共同體為目標，秉持

發展優先，以人民為中心等理念，有利於促進全球共同發展，增進人類共同福址。」中國的「全球發展倡議」，「致力於構建團結、和平、均衡、普惠的全球發展夥伴關係，堅持多邊主義，彙聚共創全球發展的合力。」中國在全球發展方面的有效引導，不但為中國，而正如任理軒 2022 年 9 月 26 日在《人民日報》的一篇文章中所講的那樣：「人類 200 多年的現代化進程中，實現工業化的國家不超過 30 個。而一個擁有 14 億多人口的發展中大國，用短短幾十年時間，就走完發達國家幾百年走過的工業化歷程，從『現代化的遲到國』，躍升為『世界現代化的增長極』，這在人類歷史上從未有過，是人類歷史上的創舉。所以中國在這方面，對其他的發展中國家，肯定是會起到引領和導向作用的。因為中國在這方面，為其他發展中國家提供了一種「新的可能」；從而促使各國達致一個能夠共同發展的世界、一個和諧多極的世界。相信以後，中國還會在這方面繼續努力，提供更多引領和導向方面的貢獻的。因為只有這樣，一個我們期待見到的「世界新文明」或「全球文明」+「人類命運共同體文明」才能建立起來。

5.　現今中國正面臨世界百年未有之大變局，應是時候要積極考慮，怎樣去築牢和夯實人民在心智心理方面的韌性和防線，來抵禦（現今和未來）西方對中國正在努力構建和不斷進步的中華新文明、科技新文明、人類命運共同體文明、全球文明的挑戰，以及怎樣保證中國共產黨能夠長期有效執政，維護中國永久安定繁榮和人民幸福。

　　有歷史學家認為：「19 世紀是英國世紀；20 世紀是美國世紀；而 21 世紀則是中國世紀。」現今看來，世界經濟和政治局勢的變化，似乎的確是有這樣的一種趨勢。假如這是真的話，那麼 21 世紀的「治世」的責任，就落在中國的頭上了。這樣中國在治理這個世界各個方面的引領和導向作用，

就更為重要和要小心地去面對和處理了。這對中國來說，是巨大的責任和考驗。因為，中國要引領和導向的，不但是中國的未來發展，而是整個人類社會未來的發展和命運的進化。

如果從中國本身來考慮，重要的是需要做到以下兩方面的引領和導向，即：(1) 對黨員的引領和導向；(2) 對廣大人民群眾的引領和導向。而在對黨員的引領和導向方面，中國共產黨作為執政黨，歷來是都非常重視這方面的工作的。例如，在 2023 年 5 月 1 日出版的第 9 期《求是》雜誌，發表了習近平在〈學習貫徹習近平新時代中國特色社會主義思想主題教育工作會議上的講話〉。在講話中，習近平指出要深刻認識開展主題教育的重大意義。因為「第一、這是統一全黨思想意志行動、始終保持黨的強大凝聚力、戰鬥力的必然要求。第二、這是推動全黨積極擔當作為、不斷開創事業發展新局面的必然要求。第三、這是深入推進全面從嚴治黨、以黨的自我革命引領社會革命的必然要求。」文章還指出「要切實加強對主題教育的領導」。這一點當然重要，但我認為更重要的，是要有效地「加強宣傳引導」。這就是為什麼我要在本書中一再強調，中國共產黨作為中國的唯一執政黨，除了必須把對黨員的工作引領和導向好外，更重要的是，還必須把對人民群眾的引領和導向工作做好，讓人民群眾在理智和情感方面，都能認同和支持中國共產黨所做的一切的理由和原因。但這並不是搞一些宣講會就能解決的問題，而是要有系統地把整個引領和導向的工作，作長期的全面性的安排，才能見到成效的。

6. 怎樣引導人們用整體意識、全球思維、人類情懷、真實感受來考量這個世界。同時，還要考量怎樣可以引導人們摒棄叢林法則、不搞強權獨霸、超越零和博弈等，為人類的文明發展，人類命運的進化，開闢一條新的道路。現在，有一個很

好的具體例子，可以用來說明一下這個問題。2022 年 9 月 30 日聯合國安理會就一項關於烏克蘭問題的決議草案進行表決。由於常任理事國俄羅斯的否決，草案未獲通過。中國常駐聯合國代表張軍指出：「烏克蘭危機延宕七個多月（*註*：至今還未停息），危機及其外溢效應已經帶來廣泛的消極影響，危機日益呈現長期化、擴大化的前景令人擔憂，中方對此深表關切。我們認為，當務之急是要全力推動局勢緩和降溫，引導當事方儘快重啟外交談判，開啟政治解決大門，將各自合理關切納入談判中，把可行選項擺到桌面上，為早日停火止戰作出努力。」（見 2022 年 10 月 2 日《澳門日報》的報導。）中國是一個負責任的大國，我深信，中國始終會站在和平一邊，中國必定會繼續為緩和局勢，解決危機發揮建設性的引導作用的。因為，「今日中國，不僅是中國之中國，而且是世界之中國」。正如和音在 2022 年 10 月 4 日《人民日報》發表的一篇文章中所指出：「中國將始終堅持和平發展、開放發展、合作發展、共同發展、與各國攜手同行，為維護世界和平、促進共同發展不斷做出新貢獻。」

所以，我認為現今我們最重要的工作是，不但要促進人類長期和平共處、共同發展，同時，還要做到讓世界各國可以「共同進化」（co-evolve）及持續發展（develop sustainably）。

正如習近平 2023 年 4 月 24 日在向「第四屆聯合國世界數據論壇」致賀信時指出：「可持續發展是人類社會繁榮進步的必然選擇，實現強勁、綠色、健康的全球發展是世界各國人民的共同心願。」習近平還說：「中國願同世界各國一道，在全球發展倡議框架下深化國際數據合作，以『數據之治』助力落實聯合國 2030 年可持續發展議程，攜手構建開放共贏的數據領域國際合作格局，促進各國共同發展進步。」而丁薛祥在同一論壇上又指出：「當前，世界百年未有之大變局加速演進，可持續發展面臨多重挑戰。我們

要以『數據之治』推動落實全球發展倡議，為可持續發展提供新的動力和活力。」丁薛祥更提出四點倡議：「一是堅持真正的多邊主義，深化全球數位治理，打破數位壁壘，深化數據互聯，積極拓展平等、開放、合作的數字夥伴關係。二是強化數位創新應用，加快推進數位化轉型，加強新一代數位技術協同創新，推動數位技術融入經濟社會發展各領域和全過程。三是促進公平發展，不斷彌合數位鴻溝，營造開放、包容、公平、公正、非歧視的數位經濟發展環境，增強數字經濟可及性，共用數位技術發展紅利。四是攜手落實聯合國 2030 年可持續發展議程，強化對全球減貧、糧食安全、能源供應、衛生健康等領域的統籌監測，及時準確衡量可持續發展的進展和成效。」2023 年 4 月 23 日評論員和音在一篇題為〈中國式現代化版權屬於中國，機遇屬於世界〉的評論文章中指出：「作為世界上最大的發展中國家，中國始終胸懷天下，在實現自身發展的同時，為世界和平注入更多正能量，為全球發展帶來更多新機遇。」在文章中，和音還引習近平 2023 年 4 月 21 日，在向上海「世界會客廳」舉辦的「中國式現代化與世界」藍廳論壇的致賀信中指出：「中國願同各國一道，努力以中國式現代化新成就為世界發展提供新機遇，為人類探索現代化道路和更好的社會制度提供新助力，推動構建人類命運共同體。」（見 2023 年 4 月 23 及 25 日的《人民日報》。）

　　現今，在這個世界上，按照人類和地球的進化規律，我們人類最聰明的做法，就是應把「人類命運共同體文明」，看成為人類命運進化的最終目的。即是說，從現今這一新時代開始，*我們需把*「*中華新文明*」→「*世界新文明*」→「*人類命運共同體文明*」*的構建和進化進程*，視作為人類命運進化最理想、最現實和可達致的終極目標（ the ideal, real and reachable goal of human civilization evolution）。

　　顏曉峰在他的《創造人類文明新形態》一書中指出：「美好理想，在各個國家各個民族的實現形式，因其國情、傳統、文化而會

各具特色。每種文化都有其獨特的世界觀念、價值理念、幸福標準，對人類社會美好理想也包含着本民族文化的理解，也就自然會影響到理想社會的構建。」他在書中還進一步指出：「中國的先哲們關於道法自然、天人合一、天下為公、大同世界，自強不息、厚德載物，以民為本、安民富民，為政以德、政者正也，革故鼎新、與時俱進，仁者愛人、以德立人，求同存異、和而不同等思想，都是中華傳統文化中對理想社會的憧憬和要求，就會在不同程度上以不同的方式啟迪和引導當代中國的人類文明新形態建設。……習近平指出：『世界上既不存在定於一尊的現代化模式，也不存在放之四海而皆準的現代化標準。我們推進的現代化，是中國共產黨領導的社會主義現代化，必須堅持以中國式現代化推進中華民族偉大復興，既不走封閉僵化的老路，也不走改旗易幟的邪路，堅持把國家和民族發展放在自己力量的基點上、把中國發展進步的命運牢牢掌握在自己手中。』……無論是西方的現代化文明形態，還是蘇聯解體、東歐劇變前的其他社會主義國家的文明形態，都不能成為中國的文明新形態的範本和模板。」（見：顏曉峰，《創造人類文明新形態》。2022 年，社會科學文獻出版社。）

　　現今，中國正在努力引導世界構建「人類命運共同體文明」和「全球文明」。而人類命運共同體文明，是包含着眾多不同的人類命運共同體的建構、形式、功能和類型的（註：換一種說法，即是人類命運共同體是具有多樣性的特徵的。請參考在我編著的其他專書中的有關討論。）換言之，也就是說，姑勿論人類命運共同體文明的建構，包含或覆蓋了多少個社會主義國家或共產主義國家，最終都是不重要的。（註：我相信，就算人類命運共同體文明，將來都是全由社會主義國家或共產主義國家組成，社會主義國家或共產主義國家的建構也必定會是多樣性的，而不可能是一個樣式的模板。再說，將來社會主義國家間，社會主義國家與共產主義國家間，和共產主義國家間，也會產生種種矛盾的。不過，他們解決矛盾的辦法，必定會是更理性和文明。因為，在人類命運共同體

的架構之內，追求國家的利益會逐漸被淡化及不需要；代之的是大家會更看重和要維護各種人類命運共同體和全球文明的整體性利益。）重要的是，由於人類命運共同體文明具有廣闊的包容性、強勁多元的適應性、普遍實際的可行性、以及巨大實質的韌性。所以，很明顯的可以看到，人類命運共同體文明，是需要全球文明的建立和支撐的，因為全球文明是築牢人類命運共同體文明不可或缺的基石。故此，我們應把「人類命運共同體文明」，視作為人類命運進化，最理想、最現實和可達致的終極目標。假如「人類命運共同體文明」無法構建和運作起來，也就無法落實和體現全球發展、全球安全、全球文明所倡議的內涵，無法做到為人類造福、澤被後世的目的了。

　　此外，如真正要把「中華新文明」、「世界新文明」、「人類命運共同體文明」建設好，我認為最重要的是，要中國進一步提出全球和平倡議（或世界和平倡議），來築牢「中華新文明」、「世界新文明」、「人類命運共同體文明」的基石。因為，如果人類社會沒有和平，或和平的基石不牢固，人類就難以文明地繼續生存下去和持續文明地發展下去！人類命運的進化，就會非常艱難。而人類就會永遠生活在痛苦和磨難之中，而難以文明地進化！

　　但就當前來說，中國如要引領和導向好以上各方面的工作，就必須如王毅 2023 年 6 月 29 日在《人民日報》發表題為〈貫徹對外關係法，為新時代中國特色大國外交提供堅強法治保障〉的文章中所指出的，中國必須要「堅持推動構建人類命運共同體，推動共建『一帶一路』高質量發展，推動踐行全球發展倡議、全球安全倡議、全球文明倡議，深化完善全方位、多層次、寬領域、立體化的對外工作佈局。在對外工作中強化法治思維、法治意識、法治方式、法治能力。要充分發揮對外關係法基礎性作用。」王毅在文章中還指出：「當前，中國發展進入戰略機遇和風險挑戰並存、不確定難預料因素增多的時期。面對嚴峻挑戰，我們必須保持戰略定力，知難而進、迎難而上，敢於鬥爭、善於鬥爭，包括善於用法治

武器,不斷豐富和完善對外鬥爭法律「工具箱」,充分發揮法律作為國際秩序『穩定器』的積極作用。制定對外關係法,旗幟鮮明反對一切霸權主義和強權政治,反對任何單邊主義、保護主義、霸凌行徑,針對外國對中國的干涉、制裁、破壞等行徑,明確反制、限制性法律規定,有利於發揮防範、警示和震懾作用,為中國依法行使反制裁、反干涉的正當權利提供法律依據,有利於以法治方式手段堅定有效維護國家利益,也有利於更好維護國際公平正義。」王毅的文章還說:「要全面準確把握對外關係法的指導思想、總體原則和主要內容。對外關係法明確發展對外關係的指導思想,確定立法遵循的總體原則,載明發展對外關係的目標任務,確立發展對外關係的制度,強化發展對外關係的能力建設和保障。」

　　《人民日報》就王毅對立法的深遠意義,作了以下的闡釋:「1. 彰顯國家意志:制定對外關係法是以法律形式貫徹落實習近平外交思想的重大成果。有利於將黨在對外領域的方針政策通過法定程序轉化為國家意志,規範和指導對外工作,服務國內發展大局和對外工作全局。2. 提供法治支撐:制定對外關係法是加強黨中央對外工作集中統一領導的重要舉措。有利於更好發揮對外工作領導核心作用,為新時代對外工作提供更加堅實的法治支撐、更為完備的制度規範、更加有力的政治保障。3. 展開大國形象:制定對外關係法是我國長期的外交大政方針和理念實踐的系統集成。有利於彰顯我國負責任大國形象,引領世界大變局發展方向,開闢新征程中國特色大國外交新境界。4. 推進戰略布局:制定對外關係法是完善我國涉外法治體系建設的關鍵舉措。就對外關係各領域工作作出根本性、原則性規定,為其他涉外法律提供授權、指引和銜接,有利於整體性推進涉外法治工作戰略布局。5. 保障對外開放:制定對外關係法是實現高質量發展、推進對開放的重要保障。有利於展示我國高舉和平、發展、合作、共贏旗幟,有利於在法治基礎上為推進高水平對外開放打造發展新優勢,開闢發展新局面。6. 維護國家安全:制定對外關係法是維護國家主權、安

全、發展利益的迫切需要。明確反制、限制性法律規定，有利於發揮防範、警示和震懾作用，為我國依法行使反制裁、反干涉的正當權利提供法律依據。」

2023 年 6 月 27 日，李強在天津出席夏季達沃斯論壇開幕式的致辭中也強調指出：「當今世界，缺的是交流、而不是隔閡，缺的是合作、而不是對抗，缺的是開放、而不是封閉，缺的是和平、而不是衝突。我們要在習近平主席提出的構建人類命運共同體理念引領下，共同落實全球發展倡議、全球安全倡議、全球文明倡議、更好地在歷史前進的邏輯中前進、在時代發展的潮流中發展、努力建設一個更美好的世界」。

2023 年 7 月 5 日《人民日報》的一篇評論指出：「近期，『去風險』正在取代『脫鈎』，成為西方一些政客談論對華經濟關係時的新論調，被用來美化包裝一系列以『去中國化』為目的的消極政策。所謂『去風險』，本質上是把經貿問題政治化、意識形態化，違背經濟規律，擾亂全球產業鏈供應鏈安全穩定，最終會阻礙世界經濟復甦進程。」文章進一步指出：事實上「中國是機遇，不是『風險』。國際社會應該警惕和共同抵禦的真正風險，是以『去風險』之名推進『去中國化』」。而事實上美國才是現今最大的風險製造者，因為它為了平息自身內部的政黨紛爭及矛盾，正不斷採用冷戰思維的方式來挑戰中國的底線。

2023 年 7 月 4 日，習近平在出席上海合作組織成員國元首理事會第二十三次會議時的講話中指出：「10 年前，面對世界之變、時代之變、歷史之變，我提出人類生活在同一地球村，越來越成為你中有我、我中有你的命運共同體。10 年來，人類命運共同體理念得到國際社會廣泛認同和支援，正在從理念轉化為行動、從願景轉變為現實。」這有力說明，人類命運共同體是對全人類利益的維護的最佳辦法，並同時能夠促進全球的治理，推動人類社會的進步，驅動人類文明的進化，朝着更加公正合理的方向發展。為此，習近平在以上的講話中，強調指出：「我們要肩負起時代賦予的重

任，牢記初心使命，堅持團結協作，為維護世界和平與發展注入更
多確定性和正確能量。第一，把牢正確方向，增進團結互信。第二，
維護地區和平，保障共同安全。第三，聚焦務實合作，加快經濟復
甦。第四，加強交流互鑒，促進民心相通。第五，踐行多邊主義，
完善全球治理。」

　　現今，人類命運共同體已贏得了廣泛的認識，凝聚了強大的
發展合力。從系統地闡述發展觀、安全觀、合作觀、文明觀、全球
治理觀，到團結互信、安危共擔、互利共贏、包容互鑒，再到構建
衛生健康、安全、發展、人文等共同體，已成為發展人類命運共同
體文明、維護全人類利益的重要力量。對解決現今人類這時代之
問：應團結還是分裂？和平還是衝突？合作還是對抗？提供了中
國的方案及中國的智慧。

　　其次，「當前，中國人民正在中國共產黨領導下推進中國式現
代化建設。並以中國式現代化成就，[為]世界各國提供新的發展機
遇，推動建設更加美好的世界。」(註：「中國式現代化」有人稱之
為「中國特色社會主義現代化」。這兩句話，對中國人來說，是相
同的。但外人看來，則是有區別的。因為對中國人來說，中國式現
代化的建設推進和拓展，是由我國歷史傳承和文化傳統決定的，是
由我國獨特的國情決定的。但對外國人來說，中國式現代化的重要
性，是在於證明，西方資本主義國家的現代化道路，並非人類走向
現代化的唯一路徑。再說，中國式現代化是堅持走和平發展的道路
的，承諾永遠不稱霸、永遠不搞擴張的一條現代化道路；是一條在
堅定維護世界和平與發展中謀求自身發展，以自身發展更好地維
護世界和平與發展的新道路。)

　　從王毅、李強、習近平以上的講話，以及《人民日報》的評
論，我們可以清楚看到，現今中國是怎樣在努力，繼續引領和導向
世界的未來發展，人類社會的進步，以及人類命運的進化的。

　　而近年，對中國自身的發展來說，還有幾個方面是值得我們
注意的，那就是中國正在起草的《中華人民共和國愛國主義教育

法》。假如我們從引領和導向的角度來看，這將不但會大大提升中國人民對國家的認知能力和認同感，並且還會在推動愛國主義教育、維護國家統一和民族團結等方面，起到重要的引領和導向作用（特別是對港澳台同胞來說）。因為，《中華人民共和國愛國主義教育法》，不但可以讓中國人民，更有底氣來維護中國的國家利益，同時，還可以更有效地抵制西方反華的國家（例如：美國等）對中國的攻擊、抹黑和欺凌。

其次，值得注意的是，在 2023 年 7 月 5–7 日，習近平在江蘇考察時，提出了六個新希望，即是：(1) 在科技創新上，能夠取得新突破；(2) 在強鏈補鏈延鏈上，展現新作為；(3) 在建設中華民族新文明上，探索新經驗；(4) 在推進社會治理現代化上，實現新提升；(5) 在加強優秀傳統文化的保護傳承上，還要積極創新發展，科藝融合，拓展邊界，傳承文化致敬經典，反映時代，服務社會；(6) 在以學促幹上，取得實實在在的成就，把中國式現代化的美好圖景，一步步變為現實。他更特別強調指出：「各級黨組織要教育引導黨員、幹部落實『重實踐』要求，堅持學思想貫通、知信行統一，匡正幹的導向，增強幹的動力，形成幹的合力，在以學促幹上取得實實在在的成效。一是樹牢造福人民的政績觀，堅持以人民為中心的發展思想，堅持高質量發展，不搞貪大求洋、盲目蠻幹、嘩眾取寵；堅持出實招求實效，不搞華而不實、投機取巧、數據造假；堅持打基礎利長遠，不搞急功近利，竭澤而漁、勞民傷財。二是鼓足幹事創業的精氣神，竭盡職守、擔當作為，迎難而上、敢於鬥爭，嚴肅整治拈輕怕重、躺平甩鍋、敷衍塞責、得過且過等消極現象，完善擔當作為激勵和保護機制。三是形成狠抓落實的好局面，不折不扣貫徹落實黨中央決策部署，積極主動抓落實，聚合眾力抓落實，以釘釘子精神抓落實，聚焦實際問題抓落實，在抓落實上取得新實效。」

而更值得注意的是，近期中國在引領和導向文明交流互鑒方面更加大了力度。而這依我的看法，不但對解決中美關係，抑或建

立中華新文明、世界新文明或全球文明及人類命運共同體文明，都是非常之的重要。因為，在人類漫長的歷史和人類的進化過程中，創造更多各民族具有自身特點的標識的多樣文明，不但重要而且是推動人類社會進步，和驅動人類文明進化不可或缺的動力源。而這也就是為什麼，習近平在 2023 年 7 月 3 日向第三屆文明交流互鑒對話會暨首屆世界漢學家大會致賀的信中要強調：「中方願同各方一道，弘揚和平、發展、公平、正義、民主、自由的全人類共同價值，落實全球文明倡議，以文明交流超越文明隔閡、文明互鑒超越文明衝突、文明包容超越文明優越，攜手促進人類文明進步。」而韓正在出席同一會議的開幕式致辭中，更進一步指出，中國對文明交流互鑒的重視程度。他說：「習主席提出的全球文明倡議，揭示了文明交流和發展的基本規律，指明了人類社會新的合作前景，是繼全球發展倡議、全球安全倡議後，新時代中國為國際社會提供又一重要公共產品，表明了中方致力於促進人類文明進步、推動構建人類命運共同體的真誠願望。」在講話中，韓正還進一步指出：我們「要尊重人類文明的多樣性，堅持文明平等、互鑒、對話、包容，實現不同文明和合共生。要探求人類文明的共通性，共同走和平發展道路，弘揚不同文明的共同價值。要維護文明發展的創新 性，充分挖掘各國歷史文化的時代價值，推動人類文明繼往開來。要促進人類文明的包容性，加強國際人文交流合作，引領文明發展的多邊主義方向，……為全球發展繁榮注入新動力，繪就現代化新圖景。」

　　歷史條件的多樣性，決定各國文明發展的多樣性，世界上沒有任何一種文明高於其他文明。每一個國家自身的文明，如要永續發展，既需要薪火相傳，更需要順時應勢、推陳出新，避免與其他文明對抗。而文明間的交流互鑒，就是避免文明衝突，增進各國人民友誼的重要橋樑，推動人類社會進步的力量，維護世界和平的紐帶，鞏固人類文明、人類命運進步進化進程的基石。所以可以這樣說：人類文明進化的目標，及人類共同追求的理想（和福祉）是一

致的,那就是要做到「公平公正、和平共處、互惠互利、美美與共、天下大同、與自然和諧共生」。

　　2023 年 7 月 22 日《人民日報》的一篇報導指出:「當今世界正面臨百年未有之大變局。各國是走向衝突還是繁榮,歷史是走向倒退還是進步,很大程度上取決於如何對待不同文明之間的差異。」而「中華文明[因為]具有突出的包容性,從根本上決定了中華民族交往交流交融的歷史取向,決定了中國各宗教信仰多元並存的和諧格局,決定了中華文化對世界文明兼收並蓄的開放胸懷。……中華文明[更因為能]博采眾家之長,推動文明交流互鑒,極大豐富了世界文明百花園」,為促進人類文明的進步,文明的多樣性,以及人類命運的進化,作出了重要貢獻。

　　除了文明發展的多樣性,同樣重要的是要維護我們生存在這地球上生物的多樣性。因為,生物多樣性是人類生存、發展和進化的基礎;只有保護生物多樣性,才能有助維護地球家園、氣候、生態環境等的基本穩定,不要形成或產生極端和不利人類生存的情況的出現,讓我們的地球繼續充滿生機活力,保證人類的可持續發展和進化。而在這方面,中國正在大力推進和努力建設的中國新時代生態文明,特別值得我們重視,因為在這方面其能起到非常重要的引領和導向作用。

　　2023 年 7 月 17–18 日全國生態環境保護大會在北京召開,習近平出席了會議並講話。在會上習近平指出:「新時代生態文明建設實現由重點整治到系統治理的重大轉變,實現由被動應對到主動作為的重大轉變,實現由全球環境治理參與者到引領者的重大轉變,實現由實踐探索到科學理論指導的重大轉變。」在講話中,習近平「總結[了]新時代十年的實踐經驗,分析[了]當前面臨的新情況新問題」,並指出必須「繼續推進新生態文明建設,必須以新時代中國特色社會主義生態文明思想為主導,正確處理幾個重大關係。一是高質量發展和高水平保護的關係,要站在人與自然和諧共生的高度謀劃發展,通過高水準環境保護,不斷塑造發展的新動

態、新優勢，着力構建綠色低碳迴圈經濟體系，有效降低發展的資源環境代價，持續增強發展的潛力和後勁。二是重點攻堅和協同治理的關係，要堅持系統觀念，抓住主要矛盾和矛盾的主要方面，對突出生態環境問題採取有力措施，同時強化目標協同、多污染物控制協同、部門協同、區域協同、政策協同，不斷增強各項工作的系統性整體性協同性。三是自然恢復和人工修復的關係，要堅持山水林田湖草沙一體化保護和系統治理，構建從山頂到海洋的保護治理大格局，綜合運用自然恢復和人工修復兩種手段，因地因時制宜、分區分類施策，努力找到生態保護修復的最佳方案。四是外部約束和內生動力的關係，要始終堅持用最嚴格制度最嚴密法治保護生態環境，保持常化外部壓力，同時要激發起全社會共同呵護生態環境的內生動力。五是「雙碳」承諾和自主行動的關係，我們承諾的「雙碳」目標是確定不移的，但達到這一目標的路徑和方式、節奏和力度則應該而且必須由我們自己作主，決不受他人左右。」2023 年 7 月 22 日《人民日報》的一篇評論員文章，更進一步指出：中國「同時，也必須清醒看到，我國生態環境保護結構性、根源性、趨勢性壓力尚未根本緩解，生態環境穩中向好的基礎還不穩固，生態環境品質同人民群眾對美好生活的期盼相比，同建設美麗中國的目標相比，同構建發展格局、推動高質量發展、全面建設社會主義現代化國家的要求相比，都還有較大差距，生態文明建設仍處於壓力疊加、負重前行的關鍵期。」因此，我們「必須深刻認識到，只有持續深入打好污染防治攻堅戰，加快推動發展方式綠色低碳轉型，着力提升生態系統多樣性、穩定性、持續性，積極穩妥推進碳達峰中和，守牢美麗中國建設安全底線，健全美麗中國建設保障體系，推動城鄉人居環境明顯改善、美麗中國建設取得顯著成效，才能以高質量生態環境支撐高質量發展。持續深入打好污染防治攻堅戰，要堅持精準治污、科學治污、依法治污，保持力度、延伸深度、拓展廣度，深入推進藍天、碧水、淨土三大保衛戰，持續改善生態環境品質。」

　　而當前，對中國自身的發展來說，同樣重要的是，如習近平在 2023 年 7 月 11 日主持召開的中央全面深化改革委員會第二次會議審議通過的方案和意見所提到的，例如：《關於建設更高水準開放型經濟新體制促進構建新發展格局的意見》、《深化農村改革實施方案》、《關於推動能耗雙控逐步轉向碳排放雙控的意見》、《關於高等學校科院研所薪酬制度改革試點的意見》、《關於進一步深化石油天然氣市場體系提升國家油氣安全保障能力的實施意見》、及《關於深化電力體制改革加快構建新型電力系統的指導意見》等。而習近平在主持這一個會議時，還特別強調指出：「建設更高水準開放型經濟新體制是我們主動作為以開放促改革、促發展的戰略舉措，要圍繞服務構建新發展格局，以制度型開放為重點，聚焦投資、貿易、金融、創新等對外交流合作的重點領域深化體制機制改革，完善配套政策措施，積極主動把我國對外開放提高到新水準。要錨定實現農業農村現代化、建設農業強國的戰略目標、以處理好農民和土地關係為主線，加快補齊農業農村發展短板，為全面建設社會主義現代化國家打下堅實基礎。要立足我國生態文明建設已進入以降碳為重點戰略方向的關鍵時期，完善能源消耗總量和強度調控，逐步轉向碳排放總量和強度雙控制度。要把推動高校教師、科研人員薪酬分配制度改革作為統籌推進教育、科技、人才事業發展的重要抓手，逐步建立激發創新活力、知識價值導向、管理規劃有效、保障激勵兼顧的薪酬制度，進一步激發高等學校、科研院所創新創造活力。要圍繞提升國家油氣安全保障能力的目標，針對油氣體制存在的突出問題，積極穩妥推進油氣行業上、中、下游體制機制改革，確保穩定可靠供應。要深化電力體制改革，加快構建清潔低碳、安全充裕、經濟高效、供需協同、靈活智慧的新型電力系統，更好推動能源生產和消費革命，保障國家的能源安全。」

　　而同樣重要的是，如習近平在 2023 年 7 月 16 日在《求是》雜誌發表的文章中所指出的：中國還需「深化黨和國家機構改革，

推進國家治理體系和治理能力的現代化。……一要加大統的力度；二要堅持穩的基調；三要做好人的工作。」而在網絡安全和資訊化工作方面，2023 年 7 月 16 日《人民日報》引習近平作出的重要指示時，更強調指出：要大力推動中國的網信事業，要朝高質量發展，所以必須「堅持築牢國家網絡安全屏障，堅持發揮資訊化驅動引領作用，堅持依法管網、依法辦網、依法上網，堅持推動構建網絡空間命運共同體，堅持建設忠誠乾淨擔當的網信工作隊伍，大力推動網信事業高質量發展，以網絡強國建設新成效為全面建設社會主義現代化國家。」

而李強在 2023 年 7 月 12 日主持召開的「平台企業座談會」上，更指出：平台經濟是在時代發展大潮中應運而生的，「為擴大需求提供了新空間，為創新發展提供了新引擎，為就業創業提供了新渠道，為公共服務提供了新支撐，在發展全局中的地位和作用日益突顯。」所以「在全面建設社會主義現代化國家征程上，平台經濟[對中國來說]大有可為。」而依照我的看法，這對中國未來的發展，更是非常的重要，是中國經濟發展最主要的支柱之一。（註：何謂平台經濟？根據 2023 年 7 月 13 日《大公報》的解釋：「平台經濟是以互聯網平台為主要載體，以數據為關鍵生產要素，以新一代信息技術為核心驅動力、以網絡信息基礎設施為重要支撐的新型經濟形態。」）

從以上我們可以看到，當前中國的發展，正「面臨複雜嚴峻的國際形勢」，所以，只有作出有效及具前瞻性的，能引領和導向「完善開放型經濟體制的頂層設計」，才能保證中國可持續發展下去。而在這方面，中國具體還需要認識到：「中國式現代化，關鍵在科技現代化。」而同時還必須堅持「全域意識、長遠意識、統籌協調」的系統思維；「堅持發展實體經濟、構建現代化產業體系」；「促進生成式人工智慧健康發展和規範應用（見 2023 年 8 月 15日起施行的《生成式人工智慧服務管理暫行辦法》）；進一步加強中國生態文明的建設，要視生態文明建設為「關乎中華民族永續發展

的根本大計。」

　　現今，全球人工智慧技術、生態文明建設、平台經濟、生命科技、空間科技等，正在飛速演進，而在這方方面面的發展，中國必須努力開展引領和導向的工作，才能在這新的發展浪潮中，對各種產業的高質量發展，全球經濟的調整、社會的變革、科技的創新、物質文明和精神文明的協調發展、生態文明的建設、人類命運應朝哪一個方向發展和進化等方方面面，提供更多更好的辦法、優質的方案、新的文明思路，為人類文明的進步和進化作出更多貢獻。

　　而在中國自身的發展方面，同樣重要的是，必須依照在 2023 年 7 月 21 日召開的「學習貫徹習近平新時代中國特色社會主義思想主題教育整改整治工作推進會」上所指出的，要妥善落實好在整改整治中出現的問題，例如：「人民群眾急難愁盼的問題、防範化解重大風險中的問題、全面從嚴治黨中的問題，堅持從實際出發，有的放矢開展整改整治。要發揚自我革命精神，勇於動真碰硬，抓實分類整改，深化專項整治」等。2023 年 7 月 24 日的中共中央政治局會議更指出：「要大力推動現代化產業體系建設，加快培育壯大戰略性新興產業、打造多支柱產業。要推動數字經濟與先進製造業、現代服務業深度融合，促進人工智慧安全發展。要推動平台企業規範健康持續發展。」我認為中國必須堅持這樣做，才能取得治國理政的短、中、長期實效，保證中國能行穩致遠，中華民族能永續發達興旺。

　　同時，我們也必須清楚看到，今天我們所處的是一個新發展階段，而這一階段正如 2023 年 7 月 27 日在《人民日報》所發表的一篇題為〈為全面建設社會主義現代化國家、全面推進中華民族偉大復興而團結奮鬥〉的文章中所指出的：「今天我們所處的新發展階段，就是社會主義初級階段中的一個階段，同時是其中經過幾十年積累、站到了新的起點上的一個階段，是我們黨帶領人民迎來從站起來、富起來到強起來歷史性跨越的新階段，我國社會主義發展進程中的一個重要階段。」所以清楚了解中國這一新法展階段具

引領和導向的政治立場、價值導向、發展模式、發展道路；科技自立自強、科教興國戰略，人才強國戰略、創新驅動發展戰略；及完善國家創新體系、社會主義民主，促進民營經濟發展壯大、創造屬於這個時代的新文化等問題，實是至關重要。

　　而同樣重要的是，從未來香港自身發展的角度來看，習近平《在慶祝香港回歸祖國二十五周年大會暨香港特別行政區第六屆政府就職典禮上的講話》，已記錄了全面準確推進「一國兩制」實踐，推動香港進入由亂到治、走向由治及興新階段的歷史進程。那麼現今我們應如何去落實「由治及興」的問題，就成了香港必須盡快解決的問題。而在這方面香港已在行動，例如：融入大灣區、建立科技發展中心提升香港的創新能力等。但在拓展人類命運共同體方面，關於建立中國新文化，以及建設中華新文明方面，香港則還是很缺乏動力（特別是在香港許多的大學內，有些大學甚至還在抵制這方面的建設和發展）。習近平《在中國文聯十一大、中國作協十大開幕式上的講話》指出：「廣大文藝工作者要用自強不息、厚德載物的文化創造，展示中國文藝新氣象，鑄就中華文化新輝煌，為實現第二個百年奮鬥目標、實現中華民族偉大復興的中國夢提供強大的價值引導力、文化凝聚力、精神推動力。」

　　2023 年 7 月 27 日發表在《人民日報》的一篇評論文章指出：「一個國家、一個民族的強盛，總是以文化興盛為支撐的，中華民族偉大復興需要以中華文化發展繁榮為條件。黨的二十大明確了 2035 年建成文化強國、國家文化軟實力顯著增強的發展目標。站在新的歷史起點，繼續推動文化繁榮、建設文化強國、建設中華民族現代文明。……以更高遠的歷史站位、更寬廣的世界視野、更深邃的戰略眼光、更主動的精神力量，充份運用中華優秀傳統文化的寶貴資源，拓展更為廣闊的文化空間。」

　　而就香港來說，我認為香港同樣也應「以更高遠的歷史站位、更寬廣的世界視野、更深邃的戰略眼光、更主動的精神力量，充份運用：[中華優秀傳統文化的寶寶資源 ＋ 中國特色社會主義的寶

貴資源 + 西方優秀文化的寶貴資源]，拓展更為廣闊的香港文化空間，創造以中西文化融合、創新、雜交優勢為主的中國香港新文化 (*註*：其特點可以用以下三個英文字來表達：Cultural Integration, Cultural Innovation, and Cultural Hybrid-vigour)。只有這樣做，香港才能為構建中華新文明、世界新文明或全球文明、人類命運共同體文明，作出有用、有意義和有價值的貢獻。

　　最後，我必須指出，由於我的知識面不夠廣，學術水平也不高，我在本書中作出的分析、判斷和論據，肯定不夠全面和完整，請大家不吝指正。

徐是雄

2023 年 8 月

極 力 推 薦

徐是雄教授近年編著出版的一系列有關「人類命運進化」的中英文專著

《人類命運演進的動力——選擇和抉擇》(2019)

《人類命運的演進印跡和路程》（修訂版）(2019)

《人類命運進化的基石及元素》(2020)

《誰是驅動人類命運演進的未來力量：中國模式+話語權 vs 西方模式+話語權》(2021)

《人類命運演進的終極目標：中國必勝》(2021)

《怎樣提升人類命運的進化？構建：中華新文明、世界新文明、人類命運共同體文明》(2022)

What will be the Driving Force behind Humanity's Progress? The China Model and Chinese Power of Discourse vs The Western Model and Western Power of Discourse (2022)

China Will Win (2023)

《怎樣推動人類心智、心理、命運的進化？
中國如何引領和導向世界未來的發展》

編　著：　　徐是雄
封面設計：　徐是雄
出　版：　　灼見名家傳媒有限公司
　　　　　　香港黃竹坑道 21 號環匯廣場 10 樓 1002 室
電　話：　　2818 3011
傳　真：　　2818 3022
電　郵：　　contact@master-insight.com
網　址：　　www.master-insight.com
FB 專頁：　　http://www.facebook.com/masterinsight.com
發　行：　　香港聯合書刊物流有限公司
　　　　　　香港荃灣德士古道 220–248 號荃灣工業中心 16 樓
印　刷：　　利高印刷有限公司
　　　　　　香港葵涌大連排道 21–23 號宏達工業中心 9 樓 11 室
出版日期：　2023 年 9 月
定　價：　　港幣$108
國際書號 ISBN：　978-988-75361-7-8
圖書分類：　文化、歷史、政治

免責聲明：
本出版社已盡力確保內容正確無誤。
本書只供參考用途。